자랑의 기술

BRAG BETTER

21세기 뉴타입 일개미가 반드시 익혀야 할 성공 공식

자랑의 기술

메러디스 파인먼 지음 유혜인 옮김

문학동네

패티와 데이브 네이선,

모트와 진 파인먼,

조 네이선에게 이 책을 바칩니다.

차례

일러두기

1. 미주는 원주이며, 본문 첨자는 옮긴이주다.
2. 원서에서 이탤릭체로 강조된 부분은 고딕체로 표기했다.
3. 단행본과 잡지는 『 』로, 논문과 기사는 「 」로, 영화와 방송은 〈 〉로 표기했다.

프롤로그

당신은 충분히 자랑할 자격이 있다

지금까지 자랑과 리더십 교육을 해오며 수천 명까지는 아니어도, 족히 수백 명은 만나 가르치고 강연을 해왔다. 대부분 여성이었던 이 사람들은 자기가 어떤 사람인지 어떤 일을 해냈는지 이야기하기가 어렵다고 했다. 아니, '어렵다'라는 말로는 부족하다. 그들 중 대부분이 죽을 만큼 괴롭다고 했다. 가슴 아프지만 클라이언트들은 각자 자기 분야에서 독보적인 실력자임에도 용기가 없어 자기 이름을 크게 외치지 못하고 있었다.

만약 당신이 내 클라이언트들 같은 사람이라면 열심히 일하고도 눈에 띄지 않을 것이다. 시끄럽게 떠들기 좋아하는 동료가 승진하고,

리더 자리에 오르고, 흥미로운 프로젝트를 채가는 모습을 지켜만 봤을 것이다. 소수의 선택받은 자들만 척척 말을 하는 마술 같은 능력을 갖추고, 사람들에게 관심과 인정을 받는 것 같다. 실력을 우대하지 않는 현실에 짜증이 난다.

시끄러운 사람을 조용히 시킬 방법이 있다고 말하고 싶지만 아무래도 그런 날은 오지 않을 것 같다. 우리 사회는 관심과 칭찬을 받을 자격이 있는 사람을 잘못 판단하고 목소리만 큰 사람에게 보상하는 경향이 있으니까 말이다. 하지만 말없이 묵묵히 일해온 사람이 목소리를 높이도록 용기를 북돋는 일은 할 수 있다. 자신이 해낸 일에 건강한 자부심을 품고 허심탄회하게 자신의 커리어에 대해 이야기하면 된다. 바로 그 방법을 이 책에서 알려줄 것이다.

당신과 주변을 위해 목소리를 높이려니 긴장이 되는가? 당신은 절대 혼자가 아니다. 그렇게 행동하기가 쉽다면 내가 이 일을 여태 계속 했겠는가? 이쯤에서, 자랑을 한다고 모두 똑같은 불안감을 느끼는 건 아니라는 얘기도 덧붙이고 싶다. 주변에 건전한 자부심을 보이는 롤모델이 없었다면 망설이는 것도 당연하다(잠깐은 말이다!). 성별, 인종, 섹슈얼리티, 나이, 능력, 유년 시절에 따라서도 자랑에 대한 인식이 다를 것이다. 자랑을 할 때 남들보다 더 눈총과 손가락질을 감수해야 하는 사람들이 있다. 다른 사람 귀에 들리도록 목소리를 낼 자유는 어떤 특권인 셈이다. 이 책 중간중간에 나와 일대일 인터뷰를 진행한 분들의 '자랑론'을 담았다. 복잡하고 힘든 환경에서 사회생활을 한 분들이 일터에서 자신의 목소리를 내기 위해 어떻게 싸워야 했는지 듣게 될 것이다. 이성애자 백인 여성으로서 내가 누려온 특권을 알기에 받은 것을 나누고자 한다. 내 목표는 주변의 모든 사람들이 자랑의 기술을 깨치도록 돕는 것이다. 당신도 동참하면 좋겠다.

당신이 자랑을 잘하도록 돕는 게 내 목표다. 올바른 표현을 찾아 자신이 하는 일을 설명하고, 회의실이나 무대에서 자기가 거둔 성과를 공유하고 활용해 각자의 분야에서 승승장구했으면 한다. 장담하는데 당신의 성과는 이야기할 가치가 있다. 그뿐인가? 전략을 짜서 신중하게 이를 전달한다면 당신의 커리어와 인생이 달라질 것이다.

이 책을 다 읽었을 때 진심으로 당신이 자기 자신과 하는 일에 자부심을 가졌으면 좋겠다. 당신만의 자질과 경험을 자랑할 기술을 익혀 스포트라이트에 가까이 다가가기를 바란다. 무엇보다도 『자랑의 기술』을 읽고 마음가짐이 달라지면 좋겠다. 당신이 해낸 일들이 부족하지 않다는 걸 알게 되면 좋겠다. 당신은 충분히 잘하고 있다. 현재 커리어가 어느 지점이든 무언가를 이뤄냈으면 자랑할 만하다. 자, 그럼 지금부터 이야기해보자.

당신의 자랑을 응원하는

메러디스 파인먼

1부
기초편

자랑이 아니다,
사실을 말할 뿐이다

'자랑'이라는 말, 어떻게 들릴까?

몇 년 전, 매력적이고 능력과 배려심을 겸비한 한 클라이언트가 나를 찾아왔다. 끊임없이 과소평가를 받는 기분이라면서 왜인지 알고 싶다고 했다. 여기서는 그를 니나라고 해보자.

니나는 직장에서 투명인간 취급을 받고 기회를 빼앗기는 현실에 지쳐 있었다. 누가 봐도 그런 기회를 얻을 자격이 충분했는데도 그랬다. 내 클라이언트가 대부분 그렇듯 니나도 '조용한 실력자'였다. 역량은 몹시 뛰어난데 자기PR 전략이 없어서 과소평가를 받는 경우였다. 일만 잘하면 알아줄 거라 생각하지만, 실상은 그렇지 않다.

니나는 스타였다. 자기 전문 분야인 정치에 관해서라면 모든 자료를 훤히 꿰뚫고 있었다. 구체적인 인구 통계와 인구 대표성에 대해 보고서를 정리하는 일을 했는데 실력이 아주 좋았다. 다른 사람들보다 더 많이 노력한 덕에 뉴스레터를 어느 정도 성공 궤도에 올려놓았다. 매일 16~18시간 일했지만 온라인에서든 오프라인에서든 한발 물러나 자기 일 이야기는 하지 않았다. 이렇게 되는 경우가 많은데, 니나는 이러지도 저러지도 못하는 상황에 빠져 여러 선거전을 분석하고 보고서와 연구 자료를 종합하는 일만 하고 있었다.

다른 조용한 실력자들처럼 니나도 일만 열심히 했지 실력을 남에게 충분히 보여주지는 않았다. 자기 작업을 홍보할 때도 자신의 업적이나 자격증을 강조하지 않았고, 유머 감각을 드러내지도 않았다. 지금 활동중인 대부분의 재미없는 전문가들보다 유머 감각을 갖춘 니나가 호감을 살 만했는데도 말이다. 성격 같은 자기 강점을 몰라보고 니나는 '일'에만 초점을 맞추는 실수를 저질렀다. 니나는 스타성도 갖추고 있었다. 말로 설명하기는 힘들지만 딱 보면 그런 느낌이 들었다.

나를 찾아왔을 무렵, 니나는 TV에 진출하는 문제로 고심하고 있었다. 방송에 몇 번 출연한 적이 있지만 시청자의 관심을 끌 친숙한 얼굴이 되고 싶었다. 니나의 지식을 전파할 다음 단계로 TV만한 매체가 없었다. TV 출연으로 뉴스레터를 더 키울 수 있을 뿐만 아니라 정치 전문가로서 입지를 다질 수도 있었다. 게다가 TV에 지겹게 나오는 재미없는 패널을 물갈이한다는 아이디어도 마음에 들었다. 니나에게는 그럴 능력이 있었다. 아무한테나 하는 말이 아니다. TV는 가장 뚫기 힘든 언론 매체고, 일단 나가면 잘해야 하니까.

니나를 홍보하기 위해 사람들에게 니나 이야기를 들려주고 그가 얼마나 특별한지 보여줘야 했다. 함께 일하는 동안 나와 니나는 이미 잘되고 있는 뉴스레터를 꾸준히 운영하면서 철저히 니나에게 초점을 맞춰 개인 웹사이트를 만들었다. 일관성 있으면서 강렬한 인상을 주도록 니나의 약력을 업데이트했다. 프로필 사진도 새로 찍었다. 니나의 자신감을 높이고, 왜 니나가 자기 성과를 자유롭게 이야기하지 못하는지도 파악했다. 니나는 스타가 되고 싶어했다. 그렇다면 스타처럼 생각하고 행동해야 했다.

이렇게 전략을 펼치는 동안, 나는 니나를 전문 패널로 출연시켜 달라고 TV 프로듀서들을 졸랐다. TV는 뚫기 힘들기로 악명 높은 매체다. 출연 자체가 불확실하기 때문이다(취소되거나 밀리거나 떨어져나가는 일이 다반사다). 방송을 잘하는 사람이 많지 않다보니 캐스팅 담당자는 모르는 사람을 캐스팅하는 모험을 거의 저지르지 않는다.

어떻게든 니나를 출연자 후보군에 넣어야 했다. 니나에게 뉴욕으로 여행을 가라고 하고, 캐스팅 담당자들에게 "근처에 있을 것"이니 언제든 출연이 가능하다고 말했다. (내가 니나를 뉴욕으로 여행 보냈으니 엄밀히 말하면 사실이었다. 요즘도 만나고 싶은 거물이 있을 때 이런 수법을 쓴다. 비행기나 기차로 닿을 수 있는 곳에만 있어도 "근처에 있다"고 말할 수 있다.) 내가 알기로 프로듀서는 그 지역 사람을 캐스팅할 가능성이 컸다. 그래서 니나를 그 지역으로 보냈다. 슬슬 반응이 왔지만 빠르게 진행되지는 않았다. 니나는 패널 한 명을 포함해 방청객이 다섯 명인 토론회 같은 짧은 방송에 나가 웃기만 하다 돌아온 적도 있었다.

목표가 분명했기 때문에 니나를 홍보하는 일 자체는 어렵지 않았다. 니나는 자신의 타깃, 메시지, 출연을 원하는 매체가 무엇인지 알았다. 목표를 정확히 파악하고 있었다. 니나는 TV에 출연하는 정치 평론가가 되길 바랐고, 구체적으로 어떤 방송에 나가고 싶은지도 알았다. 니나는 정치에 관심이 있는 사람들을 타깃으로 삼았다.

몇 개월 뒤, 니나는 기회를 얻었다.

목표로 하던 방송에 니나가 처음 출연한 날은 평생 잊지 못할 것이다. TV 없이 사는 코드커터 밀레니얼cord-cutter milenial로서 니나가 출연하는 방송을 볼 장소를 찾아야 했다. 우리 아파트 옥상 라운지에서 스포츠 채널을 보던 남자들에게, 미안하지만 여자가 일하는 모습을 볼 때라며 채널을 돌렸다.

니나는 완벽하게 해냈다. 당연히 그럴 줄 알았지만 기대 이상이었다.

방송 초반에만 해도 니나는 여러 평론가 중 하나에 불과했다. 그러나 진행자가 니나를 소개하고 니나에게 질문을 던졌을 때, 니나는 준비되어 있었다. 번개 같은 속도로 거침없이 사실과 관련 정보를 줄줄 말했다. 핵심 요점으로 무장한 가운데 주어진 짧은 시간을 최대로 활용해 정치를 얼마나 잘 아는지 보여줬다. 진행자는 긍정적인 의미에서 놀랐고, 방송이 끝날 때까지 니나에게 집중적으로 말을 걸었다. 나중에는 아예 니나에게 조언을 구하고 의견을 물었다. 지금까지 클라이언트를 출연시킨 방송 중에 최고였다. 마법 같은 순간이었다.

코너가 끝나자 조정실에서 카메라를 보며 숏과 앵글을 결정하는 프로듀서들까지 스튜디오로 나와서 니나에게 말을 걸었다고 했다. 웬만해서는 일어나지 않는 일이었다. 그만큼 니나는 대단했다. 평론가를 일상적으로 보는 사람들이 자리에서 일어나 잘했다고 말하러 올 만큼 관심을 끌었다.

일을 똑바로 하고 자랑할 준비까지 마친 사람에게 번개처럼 찾아오는 순간이었다. 그날 이후로 니나는 쉬지 않고 방송에 출연중이다. 그 프로그램에 적어도 일주일에 한 번은 출연하고, 다른 방송에도 나가면서 거물 방송인으로 성장했다. 방송 출연이 얼마나 편해졌는지 이제는 농담도 하고 부당한 일도 당당히 지적하며 심지어 단독 출연하는 코너까지 생겼다.

니나 같은 사람이 있을 것이다. TV에 나가고 싶지 않아도, 단상에 오르고 싶지 않아도 자기 분야에서 존재감을 드러내고 싶어하는 사람이 있을 것이다. 일을 잘한다고 인정받고, 심사숙고해서 낸 의견을 존중받고 싶은가? 당신의 목표가 무엇이든 어떤 매체를 선택하든 『자랑의 기술』을 통해 자기 성취를 이야기하게 해줄 도구를 얻을 수 있다. 시작에 필요한 준비물은 이미 다 갖고 있다. 그러니 나와 함께 다음 단계를 지나 그 이상까지 나아가보자.

자랑의 재정의

'자랑'은 꺼림칙한 말이다. 자기 이야기를 하는 행위에 관한 부정적인 인식을 바꾸기 위해 일부러 이 단어를 사용했다. 당신의 관심을 끈 다음에 자랑을 어떻게 하는지 보여주고 싶었다.

당신은 대단한 사람이고, 나는 그 사실을 모두에게 알리고 싶다. 자기 이야기를 하면 사람들이 "기분 나쁘다" "자기밖에 모른다"고 생각할까봐 무섭다는 말도 이제는 지겹다. 이런 정서를 바꾸겠다고 마음먹고, 지난 10년간 코치, 트레이너, 강연자, 자문가로 일하며 사람들이 더 잘 자랑하는 법을 익히고 원하는 커리어를 쌓아갈 수 있게 도왔다.

자랑이라고 하면 많은 사람이 곧장 자기 과시를 떠올린다. 과시도 일종의 자랑이다. 무슨 수를 써서든 자기 과시를 하라. 하지만 여기서 '자랑을 잘한다'라는 말은 자기 과시와는 좀 다르다. 자랑을 잘한다는 말은, 자기 일에 자부심을 기른 다음 작은 행동들로 그 자부심을 주위에 표현한다는 뜻이다. 세계적인 운동가로 '포르노가 아닌 사랑을MakeLoveNotPorn'을 만든 강연자 신디 갤럽은 자랑이 "자기 자신의 공로를 인정하는 행위"이자 "메가폰을 꺼내드는 행동"이라 말한다. 갤럽은 자기 일을 광고하는 일이 "스스로의 진가를 발휘하는 행위"이며 살아남기 위해서 꼭 필요하다고 믿는다.

자기 자신에 대해, 자기 인생과 업적에 대해 분명하게 얘기하는 걸 겁내지 않으면 말하는 사람 기분만 좋은 게 아니라 듣는 사람에게도 긍정적인 인상이 오래간다. 자랑만 부추기겠다고 『자랑의 기술』을 쓴 게 아니다. 물론 그것도 하나의 목표다. 하지만 당신이 자랑을 하면서 진정한 기쁨을 느끼고 옥상에서 거침없이 자신의 강점을 외쳤으면 좋겠다. 그런 다음 동료와 친구에게도 자랑의 기술을 전수하면 좋겠다.

자신에게든 타인에게든 자신의 능력이나 자신감을 실제보다 부풀려서 연기하라는 게 아니다. 가짜로 하다보면 진짜가 된다는 말이 있고 필요할 때 다들 그렇게 하기도 하지만 자랑의 기술은 그것과도 다르다. 대화중 부적절한 순간에 은근슬쩍 자기PR 하는 법을 가르칠 생각도 없다. 여기서 그런 유치한 수법은 다루지 않는다.

하지만 이제부터 자신의 의견, 능력, 배경에서 확실한 자신감을 찾은 뒤 목소리를 높여 상사, 클라이언트, 북클럽, 이웃, 지역사회, 세상에 자신의 능력을 자랑할 것이다. 당신의 업적과 내세울 만한 자질을 써내려가게 해주겠다. 상대가 받아들이기 쉬운 방식으로 자기 업적을 사실대로 이야기하고 능력을 강조하는 법을 배울 것이다. 이 책을 통해 효과적으로 자랑하는 간단한 공식을 배우고 잘 먹히는 자랑을 실전에 적용하는 법도 배울 것이다. 여기에 더해 한 단계 높은 전략도 몇 가지 습득할 것이다.

자신이 어떤 사람인지 파악하고 자신감과 확신을 바탕으로 자신을 표현하는 즐거운 모험을 함께 떠나보자.

조용한 실력자

이 책을 읽어야 할 사람은 '조용한 실력자'다. 자신이 가진 대단한 능력·자질·성과를 찾고, 이를 파악하며 인정하고, 이해하고, 표현하는 데 도움이 필요한 사람 말이다. 즉, 자기 이야기를 꺼내기가 불편한 99.99999퍼센트의 우리다. 정도는 달라도 우리는 모두 조용한 실력자다. 내향형이든 외향형이든 원하는 목표를 성취하려면 삶의 어느 부분을 이야기해야 함에도 침묵한다.

어떤 일을 해냈지만 그 사실을 어떻게 이야기하고 자랑할지 모르는 사람도 조용한 실력자다. 조용한 실력자는 진실을 무시하거나 초점 없이 시끄럽게 자랑만 하는 사람들과는 전혀 다르다. 경험이 풍부하지만 그에 대해 이야기할 줄 모른다. 지금보다 더 큰 목표를 이루고 싶으면서도 그렇다고 말하기를 겁낸다.

자신이 '일을 잘해냈는지'는 어떻게 확인할까? 설사 당신이 콕 집어 말하기 어려워한다 해도 이미 많은 성과를 냈을 거라고 장담한다(참고로 제대로 일하지도 않으면서 '목소리만 큰' 사람들은 본인이 일을 잘해냈는지 궁금해하지도 않는다). 그렇다고 '일'이 뭔지 결정하는 공통된 기준이 없는 것은 아니다. 아래에서 아이디어를 얻어 보자.

- 내 업무와 전문 분야에 관해 할말이 있다.
- 전문 분야에 오래 몸담으며 공부하고 일했다.
- 업계에서 유명한 사람들보다 자신이 훨씬 많이 아는 것 같다.
- 팀이나 회사를 이끄는 위치다.
- 내 분야에 석사 이상의 학위가 있다(다른 분야도 가능하다).
- 패널로 나가서 전문 지식을 이야기한 경험이 있다.
- 내 분야와 관련한 정보가 필요하면 기자들이 나를 찾는다.

많은 사람이 실제로 이런 목표를 성취했다는 사실을 종종 잊고 산다. 자신의 성과는 간과하기 쉽기 때문이다. 다른 기술을 배울 때처럼 자랑하기도 끊임없이 연습해야 한다. 자신이 이룬 것에 자부심을 느끼고 다른 사람과 공유하는 연습을 해야 한다.

시간을 내서 자랑하지 않으면 커리어에 흠집이 생길 수도 있다. 손들고 나서지 않아서 큰 프로젝트를 놓치는 클라이언트, 친구, 지인을 정말 많이 봤다. 강연만 하면 앞길이 창창할 텐데 긴장된다며 기회를 포기하는 전도유망한 친구들이 많았다. 실력이 부족하다거나 카메라 앞에 서는 게 불편하다며 TV 출연 기회를 고사하는 대가들도 있었다. 그럴 때면 화가 난다. 그런 선택을 하는 사람들에게도 화가 나지만, 무엇보다 도전보다 회피가 더 쉬운 이 시스템에 넌더리가 난다(더 열심히 노력해서 시스템을 바꿔야겠다는 마음만 커진다).

오랜 시간 집중해서 회사 브랜드를 완벽하게 키워낸 사람이 아이러니하게도 개인 퍼스널브랜드를 만들고 커뮤니케이션 전략을 세우는 일에 투자하지 않는 경우도 있다. 언뜻 이해하기 힘들지만 커뮤니케이션 일을 하는 사람 중에 이런 경우가 흔하다. 클라이언트는 죽을힘을 다해 홍보하면서 자기PR은 두렵고 생소하다고들 한다.

당신이 조용한 실력자라면 **다행**이다. 그건 약점이 아니라 강점이다. 우리는 당신이 필요하다. 조용한 실력자는 우리 사회와 직장을 떠받치는 기둥이나 다름없다. 당신이 이야기를 들려줘야 한다. 조용한 실력자는 비주류가 아니라 주류다. 결코 당신만 자기 얘기를 꺼내기 불편해하는 게 아니다. 사람들이 자랑하도록 돕는 일로 먹고 사는 나 같은 사람도 있다. 다들 자랑을 잘했으면 나는 백수였을지도 모른다.

조용한 실력자는 누구인가?

내가 잘한 일을 남에게 말하기가 힘들다.

절대로, 결단코 당신 혼자만 이런 생각을 하는 게 아니다. 나는 매일같이 사람들이 이 산을 넘게끔 가르친다. 다들 이 문제로 어느 정도는 힘들어한다. 이 세상에 완벽한 자랑을 하는 사람은 없다. 얼마든지 개선될 수 있다.

자기PR 하는 사람을 보면 오글거린다.

자신감 있게 이야기하는 사람을 보면 소름이 돋는가? 그런 모습에 익숙지 않기 때문일 수 있다. 혹은 나라면 어떻게 할까 하는 생각이 들어서 그럴 수도 있다.

숫자, 데이터, 기술, 과학처럼 확실한 답만 존재하는 분야에서 일한다.

연구, 과학, 기술 분야에서 이런 사람을 자주 본다. 더 구체적으로 말하면 수학, 화학, 보건, 의학, 공학, 생물학, 데이터 과학 분야 종사자들이다. 숫자나 확실한 결과를 내야 하는 업계에 몸담은 사람들은 자랑이라는 개념을 낯설어하는 편이다.

강연을 한다고 생각하면 토할 것 같다.

나는 강연을 할 때마다(한 달에 몇 번이나 하는데도) 처음 30초 동안은 진짜 기절할 것 같다. 물론 그런 적은 없다. 대중 앞에서 이야기하는 걸 두려워하는 사람이 엄청나게 많다. 겨우 그런 이유로 포기하지는 말자.

친구의 장점은 쉬지 않고 이야기할 수 있지만 내 자랑을 하려면 말문이 막힌다.

이러는 사람도 정말 많다. 친구와 클라이언트가 얼마나 좋은 사람인지, 우리를 위해 어떤 일을 하는지 이야기하기는 참 쉽다. 그래서 더욱더 혼란스럽다. 우리도 분명 '어떻게' 홍보하는지를 알고 매일 그렇게 한다. 그러면서 자기 자랑을 할 차례만 되면 사고가 정지된다.

답을 알아도 수업 시간에 손을 들지 못한다.

교실에서든 회의실에서든 확신해서 손을 들어 답을 말하려 해도 겁이 난다. 그래도 나는 그런 당신을 돕고 싶다.

결과물만으로 인정받기를 기대한다.

다들 잘못 생각하는 얘기라서 특히 중요하다. 일만으로는 아무것도 설명되지 않는다. 자신이 어떤 일을 했고, 얼마나 많은 시간을 투자했는지는 자기 자신만 안다. 당신이 다른 사람에게 일 이야기를 직접 하지 않으면 누가 해주겠는가. 고도의 기술이 필요하거나 설명하기 까다로운 일을 한다면 일을 잘한다고 인정받도록 명료하게 설명하는 법을 배워야 한다.

인정받을 만한데도 나서지 않는다.
그룹의 일원으로 일하거나 중하급 직책이라서 이름이 프로젝트 전면에 드러나지 않는 사람들이 자주 그런다. 이런 상황에서 공을 인정받으려면 팀 전체와 상사가 돋보이게 하면서 자기 기여도도 눈에 띄도록 해야 하니 그 사이에서 균형을 세심하게 잡아야 한다.

소리 내서 말하기를, 특히 대중 앞에 서는 걸 두려워하는 사람은 많다. 나뿐만 아니라 내가 아는 거의 모든 사람이 이런 두려움을 느꼈다. 2012년 연구에 따르면, 사람은 연설을 죽음보다도 두려워한다고 한다.[1] 얘기했듯이 나도 무대에 올라가서 강연을 할 때 처음 30초는 공황 상태에 빠진다. 여기서 꼴까닥하겠다는 확신이 든다. 하지만 여기 이렇게 멀쩡히 살아 있다.

도망쳐 숨고 싶어도, 토하거나 사라져버리고 싶어도(다 실제로 들은 얘기다) 이 두려움은 이겨낼 수 있다. 지난 10년간 똑똑하지만 자기가 누구인지, 대중 앞에 어떤 모습으로 보이고 싶은지 모르는 사람들을 돕는 회사를 운영해왔다. 처음에는 이러한 질문의 답을 모르고 시작한 사람들도 일단 명쾌한 답을 찾으면 한 기업의 이사가 되고 TED 강연을 하는 등 멋진 목표를 달성했다. 당신의 성과를 효과적으로 자랑하고 목표를 달성하게 해줄 검증된 계획을 지금부터 소개해보겠다.

내 자랑은 내가 한다

'패션계의 대모', 뉴욕 패션위크의 창시자, 컨설턴트, 행사 주관자, 『패션 라이브스Fashion Lives』의 저자인 펀 말리스는 멋지게 그 비결을 표현했다. "자신의 경적은 스스로 울려라. 경적을 대신 울려줄 사람이 항상 옆에 있는 건 아니다." 자신을 위해 스스로 싸우지 않는다면 당신의 일은 인정받지 못한다. 본인 말고 또 누가 당신 일을 위해 싸우겠는가?

『자랑의 기술』은 자기만의 목소리를 찾아 당신이 크게 외칠 때까지 이끌어줄 것이다. 왜 아직 자기 자신을 위해 싸울 준비가 안 되어 있는지 현상황을 가늠하고, 10년 넘게 갈고 닦은 전략과 훈련법이 담긴 로드맵을 제시하려고 한다. 이 책에 나오는 모든 전략은 나뿐 아니라 나와 함께 일했던 사람들의 엄격한 테스트를 거쳤다. 다음을 염두에 두자.

- 나는 생각보다 준비가 확실히 된 사람이다.
- 성공하려면 내 이름이 화제에 오를 수밖에 없다.
- 자격이 있기에 지금 이 자리까지 왔다.
- 내 성과는 이야기할 가치가 있다.
- 그 일을 맡을 수 있다. 승진할 수 있다. 돈을 더 많이 벌 수 있다. 내 일

에 더 만족할 수 있다. 주목받을 수 있다.

당신이 자기 성과를 소리 높여 당당하게 말하는 동시에 전략적으로 행동하면 좋겠다. 자기PR에는 계획이 필요하고 자랑의 기술이 무슨 의미인지도 이해할 필요가 있다.

자랑의 세 가지 핵심 요소

▼

자랑의 토대가 되는 세 가지 핵심 요소는 당당한 태도, 커다란 목소리, 치밀한 전략이다. 이 세 가지만 갖추면 원하는 커리어를 향해 나아갈 수 있다. 그 다음 단계는 사람마다 다르다. 누군가는 새로운 직책을, 누군가는 스타트업 투자금 모집을 바라겠지만 이 세 가지 요소를 갖춘다면 확실하게 다음 단계로 나아가는 원동력이 생길 것이다. 타이밍은 걱정하지도 말라. 자랑에는 너무 이른 시기도, 너무 늦은 시기도 없다. 현재 있는 곳에서 시작해 반복하자. 모두가 목표를 향해 달려가는 처지다. 그러니 지금 신발끈 꽉 묶고 출발하자.

첫번째 핵심 요소: 당당한 태도

열정과 자부심이 있어야 한다. 성과를 말로 설명하거나 사무실에서 자기PR을 하기 전에, 자신의 업적을 분명한 사실로 대해야 한다. 본인이 자기 성과에 열정을 보이지 않는다면 누가 대신해주겠는가. 아직 그 경지에 도달하지 못했더라도 조만간 그렇게 될 것이다. 일단은 확신을 갖고 꿋꿋한 태도로 일하라. 언젠가는 다른 사람들도 당신을 믿을 것이다.

이 말을 끊임없이 되새기자. **자랑은 사실을 말하는 것일 뿐이다.** 유명 잡지에 내 기사가 실렸다. 사실이다. 패널로 나간 자리에서 크게 활약했다. 사실이다. 거물 클라이언트를 잡았다. 이것도 사실이다. 중요한 회의에서 메시지를 분명히 전했다. 역시 사실이다. 자신이 대단한 일을 하지 않았다고 생각하기는 쉽다. 하지만 당신의 일, 성과, 인생과 관련된 사실에 초점을 맞추자. 이 모든 것은 단단한 현실에 뿌리를 두고 있다. 실제 일어난 일을 토대로 자랑을 구성하면 표현하기가 훨씬 쉽다. 무엇을 두려워하는지 재구성하고 사실을 쭉 적어보면 수월하게 자랑할 수 있다.

게다가 우리 사회와 세계를 위해서라도 자랑을 해야 한다. 제발 그러자. 지금 이 세계는 사실에서 너무 멀어졌다. 그래서 실제로 존재하고 눈에 보이고 증거로 뒷받침되는 세계에 발을 굳게 디디면 자랑할 때뿐만 아니라 진실을 지킬 때도 도움이 된다.

두번째 핵심 요소: 커다란 목소리

'커다란 목소리'라고 해서 실제 목소리를 크게 내라는 말은 아니다. 자기 자신에 대해 그리고 일에 대해 끊임없이 이야기하고 옹호하라는 뜻이다. 내 목소리를 낸다는 것은 나뿐 아니라 다른 사람을 돕는다는 의미도 된다. 먼저 말해주지 않으면 사람들은 당신이 누구인지, 무엇을 하려는지, 무엇을 원하는지, 무엇을 필요로 하는지를 모른다. 당신이 보여줘야 한다. 의도적으로 목소리를 높이면 상상 이상으로 성공에 가까워질 수 있다.

고용주, 클라이언트, 친구, 동료, 상사 모두가 당신의 목소리를 듣고 싶어한다. 말하지 않으면 자기 손해다. 침묵하고 있으면 같이 일하는 동료뿐 아니라 회사의 상품에, 나의 메시지에도 피해를 준다. 당신의 관점으로 당신의 가치가 생겨나는 것이니 그걸 공유하자. 솔직히 회사도 그런 점 때문에 당신을 뽑지 않았겠는가. 그러니 큰 목소리를 내는 것은 일의 일부다.

세번째 핵심 요소: 치밀한 전략

여러 사람의 관심을 받는 게 인생 최고의 목표가 아니라면 굳이 관심을 얻으려 노력하지 않아도 된다. 소음만 만들 뿐이다. 자랑의 채널을 목표에 적합한 전략에 맞춰야 한다. 목표를 강화할 전략에 자랑의 채널을 맞춰야 한다. IT 혁명가 스티브 잡스는 이렇게 말했다.[2]

사람들은 집중해야 할 대상에 예스yes라고 말하는 것이 초점 맞추기라고 생각한다. (…) 사실 수많은 다른 좋은 아이디어에 노no라고 말하는 게 초점을 맞추는 일이다. 신중하게 선택해야 한다. 사실 나는 우리가 해낸 일만큼이나 하지 않은 일에도 자부심을 느낀다. 혁신은 천 가지 일에 "노"라고 말함으로써 이루어진다.

자랑을 잘하려면 왜 자랑을 하려는 건지 알아야 한다. 무엇을 바라는가? 간절히 원하는 게 무엇인가? 걱정할 필요는 없다. 그처럼 거창하고 인생을 바꿀 만한 질문을 작게 쪼갤 테니 말이다. 강연을 하고 싶을 수도, 중요한 승진을 노릴 수도, 아니면 그저 얼마나 열심히 노력했는지 상사에게 말하고 싶을 수도 있다. 긴장해서 땀 흘리는 일 없이 자기소개를 하고 회의 때 손 드는 게 목적이어도 좋다. 전략을 짜면 타깃을 찾아 거기서 당신의 메시지가 더 잘 흡수되도록 공략할 수 있다. 전략을 통해 자랑의 방향을 잡고 원하는 목표를 이룰 수 있다.

자랑의 기술이란?

▶ 올바른 자랑의 기술

사실을 이용해 능력을 보이고 내가 진짜로 한 일을 알린다.

누누이 이야기한다. 성과를 냈으면 사실만 말하면 된다. 우리는 진실을 고수해야 한다. 우리는 진짜 정보와 가짜 뉴스가 뒤섞인 시대를 살고 있다. 당신도 오해가 있으면 바로잡고 진실이 중요하다는 걸 보여줘야 한다. 자부심을 뿜어내보자. 어떤 일을 해냈든 제대로 자랑할 방법은 있다.

자신과 자기 목소리를 믿는다: 불안감이나 남의 시선에 흔들리지 않는다.

자기 몫을 다하고 가치를 나눔으로써 자신감을 키운다. 당신의 목소리는 특히 자신에게, 친구들에게, 회사에, 그리고 당신의 미래에 귀중한 가치다. 이렇게 가치를 키우다보면 남의 시선 따위는 의식하지 않게 된다.

목소리를 높인다: 자신에게 중요한 순간뿐 아니라 주변 사람에게, 모두에게 이로운 순간에도 그렇게 한다.

혼자만 이득을 보려고 자랑하는 게 아니다. 자신감 있게 일 이야기를 하는 당신의 모습을 보면 두려워서 목소리를 못 내던 사람들도 용기가 생길 것이다. 이미 성과를 냈고 인정받아야 마땅한 사람들의 목소리를 어떻게 보여줄 수 있을까도 고민해야 한다. 혼자서 다 할 수는 없다. 선한 영향력을 발휘하면 뿌듯할뿐더러 알든 모르든 간에 다른 사람을 진정으로 도울 수 있다.

온라인에서나 오프라인에서나 메시지를 전달하는 연습을 했다: 무엇을 말할지, 어떻게 말할지, 그다음에는 무엇을 할지 안다.

자랑을 잘하려면 많이 연습해야 한다. 뭐든 가치 있는 것을 얻으려면 시간과 노력을 투자하고 훈련해야 하는 법이다. 근육을 과시하는 법을 배우려면 체육관에 가서 반복 훈련을 해야 한다. 자랑도 마찬가지다. 거울 앞에서든, 친구나 직장 동료 앞에서든 '무엇을'뿐 아니라 '어떻게' 말할지 이해하는 게 이런 연습의 핵심이다.

간단명료하게 자랑한다: 귀에 쏙쏙 들어오는 자신만의 특별한 표현을 찾는다.

타인이 당신의 메시지를 알아듣고 이해하려면 특별해야 한다. 기발하고 재미있는 메시지는 사람들의 기억에 잘 남는다. 자신감이 커질 뿐 아니라 연습을 지나치게 많이 해서 뻣뻣한 로봇 같다는 인상을 주는 일도 사라질 것이다. 그게 무슨 재미냐고? 자기 자신으로 존재하는 것, 얼마나 재미있는가.

자신이 어떤 사람인지, 어떻게 보이고 싶은지를 안다.

타인에게 어떻게 보이고 싶은지 의식하면서 자신을 드러낼 방식을 선택하는 사람은 드물다. 나는 사람들이 큰 그림을 어떻게 그릴지 방향을 잡아주기도 한다. 그러려면 한발 물러나 직장에서 어떤 사람이 되고 싶은지 생각해야 한다. 쉽지는 않다. 무서울 수도 있다. 하지만 문을 열고 들어가기 전에 어떻게 알려지고 싶은지, 어떤 영감을 주고 싶은지 생각해두면 남들보다 먼저 우위를 점하는 셈이다. 대부분은 이런 생각을 잘 안 하고 생각해보려고 하지도 않는다.

자랑의 목표를 명확하게 세운다: 원하는 타깃을 파악하고 목표를 달성했을 때 자신과 커리어가 어떻게 달라질지 완벽하게 이해한다.

목표가 있으면 더욱 노력하고 더욱 깊이 생각하며 명쾌하게 일할 수 있다. 프로젝트 이야기를 하고 싶든, 강연에 나가고 싶든, 온라인으로 PR을 하고 싶든 다 좋다. 목표가 아무리 소박해도(회의 시간에 손 들기, 자기 글을 친구에게 보여주기처럼) 이를 달성했으면 성공이다. 기록하고 축하할 일이다. 지금까지의 성과를 자축하고 돌아보는 것도 자랑의 기술이다.

목적과 감사하는 마음을 갖고 홍보를 명확하게 요청한다: 다른 사람에게 도와달라고 다정하게 부탁하고 홍보의 방향을 안내한다.
사람들은 근본적으로 당신의 성공을 돕고자 한다. 하지만 언제, 어떻게, 어디서 도와야 하는지는 알려줘야 한다. 그러지 않으면 돕고 싶어도 뭘 어떻게 해야 할지 모른다. 어떻게 하면 도움이 되는지 정의하고 상대에게 그렇게 부탁하라. 도움을 청했다가 상처받을 수도 있다. 하지만 다른 사람에게 도움을 요청하는 일이 얼마나 의미 있는 행동인지 그 중요성을 보여줄 것이고 자신도 할 수 있다고 느끼게 해줄 것이다.

▸ 잘못된 자랑의 기술

속이거나 부풀린다: 자신이 한 일만 이야기하고 거짓말은 절대로 하지 말자.
거짓말은 비생산적이고 불필요한 짓이다. 거짓말을 하면 자신과 주변의 진정성이 훼손된다. 거짓말을 하고 싶어지는지 점검해보라. 당신의 성과는 지금 이대로 충분하다. 좋은 인상을 남기려고, 자랑을 잘하려고 과장할 필요는 없다. 본질은 '어떻게' 자랑하느냐지 '무엇을' 자랑하느냐가 아니다.

마구잡이로 큰 소리를 낸다: 전략 없이 목소리만 높이면 괜히 역효과만

생기고 목표를 이룰 수 없다.
문자 그대로 목소리가 크든, 존재감이 돋보이든 간에 누구보다 큰 소리로 말하면 주목을 받을 수는 있다. 하지만 엉뚱한 곳에서 소리를 낸다면 목소리가 커도 아무 소용 없다. 다시 말해 목소리만 크고 전략이 없으면 득보다는 실이 더 많다. 자랑의 기술을 배우면 전략을 세우고 기회가 나타났을 때 어떻게 포착할지 보인다. 메시지의 방향만 맞춰도 지난 업적, 전문 지식, 힘겹게 일궈낸 성취를 토대로 원하는 바를, 배우고자 하는 바를 손에 쥘 수 있다.

자랑해달라고 부탁하기만 하고 보답하지 않는다: 자랑은 서로 돕는 행위이며, 다른 사람의 자랑을 들어주는 것이 얼마나 중요한지도 이해해야 최대 효과를 발휘한다.
다른 사람에게 대신 자랑해달라고 부탁하는 것은 반드시 연마해야 하는 중요한 기술이다. 자랑을 부탁하는 시점과 방법, 타인에게 언제 대신 자랑해줬으면 하는지 제안하는 타이밍도 파악해야 한다. 간혹 자기 자랑을 참아야 할 때도 있다. 다른 사람을 알리고 빛나게 도우면 모두가 이득을 본다.

다른 사람이 빛나는 걸 막으려 한다: 모든 사람이 자기 업적을 자랑할 공간은 충분하고 질투는 발전을 막을 뿐이다.
질투하기는 쉽다. 현대사회는 자로 잰 듯 완벽하게 사는 것처럼 보이는 아름답고 행복한 사람들의 이미지에 끊임없이 노출되도록 설계돼 있어 열등감을 자극한다. 기분이 좋지 않지만, 사실은 보이는 게 전부가 아니다. 그런 깨달음을 얻기까지는 상당한 시간과 자제력이 필요하다. 질투는 무엇보다도 당신의 발전을 가로막는다. 질투에 사로잡히면 자기 삶의 아름다운 면을 보지 못한다.

해로운 언어를 사용한다: 자기 자랑을 하겠다며 남을 깔아뭉개거나 공격하면 목표를 이루지 못한다.
당신이 뜨면 친구들도 뜬다. 목표를 이루려고 다른 사람을 깔아뭉개거나 그 사람의 일을 공격하는 행위는 순간적으로 기분을 좋게 만들어줄 수도 있지만 길게 보면 나쁜 습관이고 유독한 에너지다. 그런 걸 세상에 내놓고 싶지는 않을 테다. 내가 대접받고 싶은 만큼 남을 대접하라는 말이 있다. 스스로 모범이 되어라. 먼저 본을 보이면 사람들도 뒤따를 것이다.

자신에 대해, 자기 일에 대해 부정적으로 말한다: 자기방어나 자기비하 표현을 쓰지 않는다.
스스로를 제일 괴롭히는 사람이 본인일 때가 많다. 나도 남에게 들어본 적 없는 독한 말을 스스로에게 한 적이 있다. 누구보다 엄격하게 비평한다. 자기 자신과의 대화법을 바꾸기란 정말 힘들다. 건설적으로 비판하고 자기 일을 빈틈없이 집중해서 봐야 한다. 그 일을 하는 사람, 곧 당신에게 못되게 굴지는 말아라.

이런 자랑의 법칙들을 꼭 알아두자. 이 책을 읽다가도, 평소 생활을 하다가도, 자신에게 못된 마음이 들 때나 남에게 질투심이 들 때, 언제든 필요할 때면 참고하라. 해야 할 일과 하지 말아야 할 일의 지침을 새기자. 절대적인 진리까지는 아니겠지만 자랑하다가 샛길로 빠지지 않게는 막아줄 것이다.

앞장서야 할 이유

내 사명은 목소리만 크고 실력 없는 사람에게 보상을 주는 시스템을 개선하는 것이다. 하지만 이 점은 분명히 하고 싶다. 우리가 자랑한다고 해서 임금 격차가 마법처럼 사라지지는 않는다. 이 세상의 변방에 있던 비주류파의 의견이 하루아침에 반영되는 것도 아니다. 사랑하는 독자들에게 너무 큰 짐을 지우고 싶지는 않지만, 목소리를 높이고 자신과 타인을 위해 말하는 법을 배우게 도와줌으로써 시스템에 압력을 가하고 조금씩 시스템을 바꿔나갈 수 있다.

이처럼 망가져 있는 시스템은 특히 젊은 하급자들에게 타격이 크다. 내가 운영중인 회사인 파인포인트에 인턴으로 지원한 청년들이, 그중에서도 특히 여성들이 큰 영향을 받는다. 이들에게 어떤 경험을 했느냐고 물으면 거북해하면서 자기비하 섞인 답을 한다. 수줍어서 자기 성과를 소리 내어 말하지 못하는 내 친구들도 마찬가지다. 직업상 PR을 돕고 있지만, 이런 사람들이 스스로 자기 자랑을 하는 법을 배웠으면 좋겠다. 심지어 CEO, 정치인, IT 전문가, 세일즈의 귀재 같은 높은 자리에 있는 클라이언트들도 자랑의 기술을 모른다. 그러니 이런 현실을 바꾸기 위해 앞장설 수밖에 없다. 이 문제에 도전한 사람은 많지 않다. 그래서 더 힘들지만, 계속 노력하며 메시지를 전파하는 중이다.

지난 10년 동안 파인포인트에서 수백 명의 클라이언트들에게 존재감, 목소리, 퍼스널브랜딩, 프로필을 어떻게 만드는지 가르쳐왔다. 클라이언트들은 대개 스타트업, 브랜드, 기업의 리더였는데 자신이 누구인지, 온라인과 오프라인에서 어떻게 보이고 싶은지 별 생각도 하지 않고 나를 찾았다. 수백 차례 워크숍을 주최해 사람들에게 자기 목소리를 찾는 법을, 그걸 이용하는 법을 가르쳤다. 기업, 대학, 행사에서 강연을 하며 청중에게 다들 중요한 일을 하고 있다고, 인정받을 만하다고, 그 사실을 전하는 게 정말 중요하다고 강조했다.

자랑의 기술을 실천한다면 건전한 자부심을 기르게 될 것이다. 목소리를 높이고 자신과 타인을 위해 자랑하는 능력을 키운다는 말은 곧 자신의 성과, 기술, 자질을 깎아내리거나 겸손한 척하지 말고 있는 그대로 이야기하는 훈련을 한다는 뜻이다. 갓 일을 시작한 신입도, 성공 가도를 달려 업계에서 거물이 될 사람도 이 책을 읽고 나면, 소음 속에서도 자기 자랑을 대화의 중심에 놓고 사람들의 관심을 사로잡는 법을 터득할 것이다.

자랑할 근거를 찾느라 깊이 파헤치고 조사할 필요는 없다. 조금만 살펴도 내세울 만한 멋진 일이 수십 가지는 나올 테니 말이다. 조용한 실력자인 당신은 자랑할 능력을 갖췄고 그럴 준비도 마쳤다. 내 클라이언트들처럼 당신에게도 자랑거리가 넘쳐난다. 게다가 자랑해서 잃을 것은 하나도 없다.

체크 포인트

- '자랑'이라는 말을 들으면 어떤 기분이 드는가? 아직도 껄끄럽다면 각자 자신을 위해 싸우는 투사가 되어야 한다는 사실을 기억하라. 앞으로 나아가려면 반드시 자기 이름을 대화에 넣어야 한다. 당신은 그럴 만해서 지금 그 자리에 올라간 것이다. 자신이 무엇을 이뤘는지 이야기해야 한다. 당신은 원하는 일을 따낼 수 있다. 승진에 성공하고, 돈을 더 많이 벌 수 있다. 자기 일에 보람을 더 느끼고, 존재감을 키울 수도 있다.
- 혹시 조용한 실력자인가? 자랑을 잘하겠다는 목표를 달성하려면 현재 위치를 알아야 한다. 그래야 얼마만큼 발전했는지가 보이고, 앞으로 어떻게 진행될지 가늠할 수 있다.

대놓고 자랑하기 어려운 이유

자랑은 왜 그토록 어려울까? 조용히 있기가 쉽기 때문이다. 누가 쉬운 일을 싫어하겠는가? 어려운 일을 하려면 상당한 배짱이 필요한데 당신은 이런 능력을 키우고 과시해야 한다. 자랑을 하면 비난의 타깃이 될까봐 두려울 수 있다. 자랑은 스스로 스포트라이트 가운데로 걸어들어가 자기 약점을 노출하는 일과도 같기 때문이다. 인간이기에 우리는 상처받는 상황을 꺼린다. 비난의 타깃이 되기 쉬운 상황에 처하는 것은 무서운데다 고통스러울 수도 있다.

자랑도 업무다

사람들은 자랑이 '일'이 아니라고 생각한다. 나를 찾는 클라이언트 열에 아홉은 이렇게 말한다. "자랑하는 데 시간과 에너지를 쏟느니 그냥 묵묵히 일만 할래요." 그거 아는가? **자랑도 일의 한 부분이다.** 그것도 큰 부분을 차지한다. 업무 진행은 퍼포먼스의 일부일 뿐이다. 비난을 각오하고 앞에 나서기, 올바른 표현 찾기, 자기 긍정하기, 자신감 드러내기. 당신은 이 모든 걸 해야 하고, 경력을 쌓는 내내 이를 연습해야 한다. 아무래도 통념에 어긋나다보니 사람들이 제일 힘들어하는 일이기도 하다.

"실제로 여성은 자기 업적을 내세우기보다는 축소해서 말하는 경우가 많다." 마이티 포스의 창립자이자 회장인 어맨다 허슈의 말이다. 허슈는 여성과 자기PR의 관계를 주제로 동료 여성 기업가인 제시카 브룸, 재닛 해리스와 진행한 2019년 연구 결과를 인용한다.[1] "그와 동시에 성공담을 이야기하는 다른 여성에게 영감을 받았다는 여성도 많다. 여기서 간극이 생긴다. 우리는 모두 다른 여성의 이야기를 듣고 도움을 받았다고 하면서 자기 목소리는 내고 싶지 않아한다. 발언을 꺼릴 뿐만 아니라 실제보다 자신을 깎아내리려고 한다." 허슈는 대체 언제부터 자기비하가 '훌륭한 에티켓'이 되었느냐고 의문을 제기한다. 왜 매너를 지킨다는 이유로 자기가 가진 능력을 내던지는 걸까?

자연스럽게 느껴지지도 않는데 왜 공연히 노력하면서까지 보여줘야 하느냐고? 이렇게 말하기는 싫지만, 사람들은 심령술사가 아니기 때문이다. 당신이 무엇을 하는지, 무엇을 했는지, 또는 무엇을 하고 싶은지 말해주지 않는 한 저절로 알아줄 수 없다. 내가 자주 쓰는 저널리즘 지침이 있다.[2] "첫째, 사람들에게 무슨 얘기를 할지 미리 말해줘야 한다. 둘째, 사람들에게 그 말을 해야 한다. 셋째, 사람들에게 그 말을 했다고 말해줘야 한다." (알려줘서 고마워요, 아빠!) 이런 발상은 표현의 일관성에 대해 썼던 아리스토텔레스까지 거슬러올라가는데 1908년 영국인 목사가 설교문 쓰는 법을 소개하면서 구체적으로 기술했다. 반복의 힘은 강력하다.

고대 그리스 철학자들과 1900년대 초 활동한 설교자들이 알려준 덕분에 사람들에게 주목받고자 한다면 자기 주장이나 자랑을 커다란 목소리로 당당하게 밝혀야 한다는 사실을 예전부터 알았다. 그런데 완전히 상반되는 생각이 뿌리깊게 박힌 사람도 많다. 업적을 세웠어도 '겸손'해야 한다고 생각한다. (특히 여자들에게 겸손은 침묵을 의미한다.) 베스트셀러 작가이자 강연자, 디지털 전략가인 러비 아자이는 이렇게 말한다. "우리는 침묵을 고결하게 여긴다." 그리고 이제 겸손을 그만 떨고 자랑해야 할 때라고 덧붙인다. "침묵한다고 해서 우리가 고결하다고 생각지 않는다. 우리는 정당하게 인정받아야 한다. 지나친 겸손은 자신을 헐값에 파는 일일 뿐이다."

우리는 대체로 주목받기를 원하지 않으며 자랐다. 하지만 자신의 일이 세상을 바꾼다면(실제로도 그럴 것이다) 주목받는 일 또한 커리어의 일부임을 받아들여야 한다. 양적 미래학자이자 베스트셀러 작가인 에이미 웨브는 "내가 의도를 갖고 공인이 됐는지는 모르겠다"고 했다. 그러나 웨브는 사람들에게 의미 있는 일을 하고 있다면 자랑도 필수라고 강조한다. "내가 퓨처 투데이 인스티튜트의 연구를 훌륭하게 이끈다면, 또 그게 중요하고 가치 있는 일이라면 사람들은 내 이야기를 듣고자 할 것이다. 나는 대중을 상대하는 것도 내 일의 일부라고 생각한다."

만약 당신이 경쟁이 치열한 인턴 자리를 노린다고 해보자. 구체적이고 인상적인 표현으로 자기를 알리기보다 자꾸 쓸데없는 수식어만 덧붙여 자기 업적을 언급한다면 바람과 달리 절호의 기회를 놓칠 수도 있다. 당신이 사진가라고 해보자. 의뢰인이 사진에서 더 균형 잡히고 유쾌한 모습으로 보이게 당신이 몇 시간씩 들여 모든 사진에 색감을 보정했다는 사실을 의뢰인은 모를 수도 있다. 당신이 스타트업 투자금을 유치한다고 해보자. 무엇을 만들지 간결하고 영리하게, 차분하고 솔직하게 보여주지 않는다면 자금을 모으는 데 필요한 씨앗을 심지도 못한다. 사람들은 바쁘다. 그렇기에 당신이 보이지 않는 곳에서 무슨 일을 했는지 능력의 진가를 알아차리게 가르쳐줘야 한다. 돈을 벌고 싶고 인정을 받고 싶다면 자기 능력을 자랑해야 한다.

승진이나 리더직에 국한되는 이야기도 아니다. 마이티 포스의 창립자 어맨다 허슈는 이렇게 말한다.

> 더 많은 여성이 앞으로 나서서 자신의 이야기를 고백한다면, 그러니까 자신이 누구이고 이 세상에 무엇을 내놓으려 하는지 장대하게 선언한다면 여성의 성취 가능성에 대한 사회의식이 달라질 것이다. 게다가 더 많은 여성 리더가 시간을 내어 전문가로서 자기 이야기를 들려준다면 여성이 정부, 기업, 방송, 기술 등 모든 분야를 이끌 가능성이 지금보다는 큰 세상이 만들어질 것이다. 그렇게 되면 리더라고 하면 늙은 백인 남성을 떠올리는 세상에서 마침내 벗어날 수 있다.

목소리 큰 사람이 이긴다

경제계와 언론계는 목소리가 큰 사람에게 필요 이상의 가치를 부여한다. 특히 미국은 시끄러운 사람에게 보상해주는 나라다. 목소리 크기와 능력은 충격적일 정도로 반비례한다. 그래서 불공정한 결과도 나온다. 어느 분야든 잡지 표지를 장식하거나 콘퍼런스에서 기조 연설을 하는 사람이 항상 제일 유능한 사람인 것은 아니다. 오히려 자기 일과 기술을 잘 홍보하는 사람이다. 모두 주목하는 무대에서 자기 생각을 늘어놓는 사람은, 업적으로 빼곡한 이력서를 가졌다거나 학벌이 월등히 뛰어나다기보다는 두려워하지 않고 앞장서서 이야기하는 사람인 경우가 많다. 누가 돈, 권력, 대통령직을 차지하는지를 보라.

큰 목소리가 능력을 이긴다

시스템을 역이용하는 법을 간파하고 시끄럽게 떠드는 사람들은 자기 실력이 출중해야 한다고 생각하지 않는다. 아예 그럴 필요가 없다는 사실을 알아챘다. 다른 사람들은 모두 자기가 가진 실력에 의문을 제기하느라 바쁘고, 목소리 내는 걸 두려워하기 때문이다.

개인적인 차원에서, 무시당하고 능력을 인정받지 못하면 고통스럽고 수치스럽다. 그뿐만 아니라 사회적인 차원에서, 실력을 우대하지 않는 사회에서 살아감으로써 더 큰 피해가 생긴다. 과학계, 경제계, 언론계, 법조계를 막론하고 세계 모든 분야에서 목소리를 독점하는 사람들이 있기 때문에 필요한 정보를 제대로 다 얻지 못한다. 큰 목소리와 쇼맨십 때문에 너무 오랫동안 엉뚱한 사람이 관심을 독차지했다.

최악의 자랑: 범죄

한때 실리콘밸리의 여왕이었고 스템STEM(과학, 기술, 공학, 수학) 및 경영 분야의 새로운 아이콘이 될 줄 알았던 엘리자베스 홈스. 그는 사기 문화, 허세, 거짓말쟁이에 대한 우리 사회의 병리적인 태도를 보여주는, 유해한 목소리의 전형이다.[3] 많은 여성에게, 특히 여성 사업가에게 홈스는 다가올 미래를 보여주는 등대와도 같았다. 영향력 있고 특이하며(스탠딩자전거를 타고 실리콘밸리를 누볐고 고체 음식을 먹지 않았다고 한다) 자수성가한 억만장자로 기존의 IT 기업가 누구와 견주어도 뒤지지 않을 감각을 갖춘 사람이었다. 엘리자베스 홈스는 『포천』부터 뉴욕 타임스까지 모든 잡지의 표지를 장식했고 『잉크』에서는 그를 '차기 스티브 잡스'라고까지 칭했다.

하지만 '혁신적'이라던 홈스의 스타트업 기업 테라노스는 사기였다. 테라노스의 발명품은 아무 효과도 없었다. 홈스의 몰락 과정은 성공 과정과 마찬가지로 전부 기록되었다. 홈스는 자신을 신격화해 끊임없이 언론에 얼굴을 내밀고 돈을 쓸어모았지만 진정으로 성공하기 위해 노력하지는 않았다. 심지어 사람 목숨으로 장난을 쳤다. 테라노스가 내세운 것은 시중에 널린 평범한 앱이 아니었다. 홈스는 현재의 혈액검사 기법을 대체할 더 좋은 건강 관리 기술을 고안했다고 주장했다. 끔찍한 일이다.

테라노스만 요란하게 사기를 친 게 아니다. 엔론의 CEO도 잡지

표지를 장식했다. 두 기업 모두 목소리 큰 허수아비 대표를 내세워 자기네 분야의 선두주자가 되었지만 대중에 알려진 성공을 뒷받침할 기반이 없었다. 더 충격적이게도, 이들은 성공을 위해 불법까지 저질렀다. 극단적인 사례이지만 이로써 우리가 제일 시끄럽게 떠드는 사람을 믿으려 한다는 걸 알 수 있다. 우리는 다른 사람을 믿게 길들었다.

그렇다면 어떻게 해야 할까? 시끄러운 사람을 조용히 시키려면 어떻게 할까? 아니, 그렇게는 하지 않는다. 그보다는 조용한 능력자가 더 큰 목소리를 내게 해서 큰 소리로 떠드는 사람들과 마이크를 나눠 써야 한다. 너무 오랫동안 우리는 경험 없는 '전문가', 번지르르한 평론가, 강연자, 노력하지 않는 지도자를 견뎌왔다. 이제는 노력해온 조용한 실력자가 자랑할 때다. 다시 말해, 조용한 실력자가 목소리를 높이고 자기가 성취한 것들을 이야기해야 한다. 당신은 조용한 실력자로서 자랑거리가 많을 것이다. 그렇다면 막상 입을 떼기가 왜 이렇게 힘든 걸까?

다 들었던 이야기

다음은 지난 10년 동안 내가 만난 클라이언트와 관객들에게 들은 말 중 극히 일부다.

- 떨려요/무서워요/부끄러워요/긴장돼요/불안해요.
- 재수없어 보이지 않을까요?
- 전에 자랑이 심한 사람을 만났는데 별로더라고요. 그렇게 되고 싶지는 않아요.
- 아는 게 별로 없어서요.
- 다들 저를 싫어하면 어떡해요?
- 다른 사람이 저보다 더 많이 알아요.
- 아무도 관심을 안 주면요?

브라바 인베스트먼츠의 창립자이자 『리프프로그Leapfrog』를 쓴 나탈리 몰리나 니뇨는 더욱 뿌리깊은 이유로 자랑에 거부감을 갖는 사람들이 있다고 말한다. 이들은 자랑을 지름길이라고 여긴다. 나와의 인터뷰 자리에서 니뇨는 이렇게 말했다.

여성, 특히 유색인종 여성은 제가 『리프프로그』에서 사용한 '지름길'이라는 말에 정말 부정적으로 반응해요. 지름길이라고 하면 많은 이들이 '속임수'를 떠올리더라고요. 어떻게 하면 나를 잘 알릴 수 있을까 고민할 때 내면의 트라우마를 들여다봐야 한다는 생각이 들어요. 차별 철폐 조치 때문에, 아니면 할당제 때문에 일을 따낸 것 같다는 기분이 들게 하는 사람들이 많았어요. 아니면 토큰 우먼token woman▼이라서 다른 사람보다 빨리 그 자리까지 올랐다고 보는 사람들도 있었고요. 이런 폄하를 일상적으로 듣고 느끼기에 우리 여성들은 효율적인 지름길로 가지 않으려고 하죠.

따지고 보면 그게 자랑의 기술 아닐까? 우리의 일, 업적, 천재성, 영향력에 효과적이고도 효율적으로 관심을 모으는 방법 말이다. "일을 잘하면 알아주겠지"라고 생각하고 남이 알아차려주기를 기다리기보다 직접 자랑하는 게 더 빠르니까 말이다.

니뇨는 반대로 행동하라고 촉구한다. "지름길이라는 개념을 당당하게 받아들여야 해요. 까놓고 말해서 권력, 영향력, 자본을 가진 사람은 그 빌어먹을 지름길로 갔기 때문에 그 자리에 오른 거죠. 시카고 남부가 아니라 베벌리힐스에서 태어난 것처럼 의도적으로 그런 게 아니었대도 말이에요. 그것도 지름길이죠. 우리는 한참을 따라잡아야 해요. 그러려면 지름길로 가는 게 낫죠." 그러니 어서 자랑을 하자.

▼ 능력보다는 상징적인 의미로 고위직에 올라간 여성.

"사기꾼이 된 것 같아요."

당신이 사기꾼이고 실제로는 말과 다른 사람임을 모두가 간파할 것 같다고 느끼는 가면 증후군은 자랑 공포증과 긴밀히 연결된다. 사촌지간이라고나 할까. 둘 다 자존감이 낮고, 자기 약점을 혐오하고, 자신감이 부족할 때 나타나는 증상이다. 게다가 둘 다 생각만 그렇게 하는 거다. 진실이 아니다. 가면 증후군과 자랑 공포증은 우리는 그런 일을 할 자격이 없다고, 인정받을 가치가 없다고, 칭찬받을 만하지 않다고 우리를 설득한다. 더 깊이 들어가면 이러한 감정 때문에 우리의 일이나 인생이 무의미하다는, 대단히 보편적인 두려움이 생긴다.

지금은 가면 증후군에 대한 논의가 많이 이뤄지지만, 이 용어는 1978년 『정신치료: 이론, 연구, 실습』이라는 학술지에 실린 「성공한 여성의 가면 증후군: 정신 역학과 치료적 개입」이라는 논문에서 처음 사용됐다.[4] 논문 저자 중 한 명인 폴린 클랜스 박사는 가면 증후군을 인간이기에 겪는 일이 아닌 심리적 문제로 만들지 말았어야 했다고 후회한다. 그는 『슬레이트』와의 인터뷰에서 이렇게 말했다. "처음부터 다시 할 수 있다면 가면 경험이라고 부를 겁니다. 증후군도 콤플렉스도 정신적인 질병도 아니기 때문이죠. 사람이라면 대부분 경험하는 기분입니다."

가면 증후군에 속지 말라. 거의 모든 사람이 낮은 자존감 때문에 힘들어한다. (여기서 말하는 모든 사람은 내향적이고, 자기비판적이고, 자신에게 높은 잣대를 들이대는 사람이다. 즉, 대부분의 여성 말이다. 이 책을 읽는 당신도 그럴 것이다.) 나도 가끔(사실은 정말 정말 자주) 오늘이 그날일까 싶은 때가 있다. 모든 것이 끝나는 날 말이다. 내가 아무것도 모르면서 일한다는 사실을 사람들이 알게 되는 날이 오늘이 아닐까. 많이들 그러겠지만 나도 그런 생각을 항상 한다. 겸손도 좋지만 이제 가면 증후군을 떨치고 나아가야 할 때다. 그러려면 자랑을 해야 한다.

경험, 노하우, 전문 지식이 확실하면 사기꾼 같다는 느낌이 불안감 때문에 생긴 환상에 불과하다는 사실을 깨달을 것이다. 사실을 전달하고 자신의 전문성만 고수해도 스스로 믿지 못하는 생각이 훨씬 덜 든다.

"공격적이거나 재수없게 들리면 어쩌죠?"

내 말이 어떻게 들릴지 걱정하는 것도 당연하다. 특히 여성이라면 근거 있는 걱정이다. 누구든 과거에 그런 일을 겪었거나 다른 사람에게 그런 얘기를 들어서 남이 내 말을 어떻게 생각할지 신경쓴 적이 있을 것이다. 내 경우는 TV 인터뷰에서 "무엇무엇 한 것 같다"는 표현을 너무 빈번히 쓴다고 비판받은 적이 있다. 또 기업가 만찬에서 누가 내 자기소개를 듣고 "너무 재수없다"고 한 적도 있다(속삭였다고 생각했겠지만 다 들렸다!). 고등학교 때는 친구가 나를 두고 수업 시간에 손을 너무 자주 든다며 내가 졸업 앨범에 쓴 글을 바꿔서 조롱한 적도 있다. 나도 그 심정 잘 안다. 짜증나고 상처받았다. 오래전 일이지만 아직도 잊히지 않는다.

남자든 여자든 재수없다는 말을 들을까 두려워하지만 여성이 이를 더 신경쓴다. 여자들은 "과하다"는 말을 너무 많이 듣고 살았다. 나도 "과하다" 혹은 "지나쳐"라는 말을 늘 듣는다. 수세기 동안 여성은 입을 다물고 예쁘게 보여야 했다. 『월간 주부생활』 1955년 5월호에 실린 「좋은 아내를 위한 지침」이라는 기사에서는 이런 격언을 전한다.[5] "남편에게 꼭 해야 할 말이 많아도 남편이 집에 도착하자마자 그러지는 말자. 그의 이야기부터 듣자. 나의 화제보다 남편의 화제가 더 중요하다는 사실을 잊지 말자."

여자라면 조용히 있어야 한다는 관념은 유구히 이어져 왔다. 케임브리지대학교 역사학자이자 고대 그리스 로마 연구자인 메리 비어드는 서양 문학에서 "남자가 여자에게 입 닥치라고 말하는 최초의 예"가 기원전 800년경 작품인 호메로스의 『오디세이아』에 나온다고 말한다.[6] 오디세우스의 아들 텔레마코스는 인고의 세월을 보낸 능력 있는 어머니 페넬로페에게 이렇게 말한다. "어머니는 집 안으로 들어가셔서 베를 짜고 물레를 돌리고 어머니 일을 하십시오. (…) 연설은 남자들, 그중에서도 제가 할 일입니다. 이 집의 가장은 저 아닙니까." 그러니 여성이 목소리를 내려면 남의 눈치를 볼 수밖에 없다. 여성이 무언가를 원하고 자신의 욕구를 소리 내어 말할 수 있다는 발상은 금기시되었고 우리는 지금도 이런 구조와 싸우고 있다.

여성은 자신의 실제 목소리에도 깊은 의구심을 품고 스스로를 단속하는데 목소리 음역대가 남보다 더 높으면 아예 말을 꺼내기도 어려워한다. 『플로스원』에는 이런 연구 결과가 실렸다.[7] "남성과 여성 모두 목소리가 남성적인 여성 후보자를 선호했다. 마찬가지로 남성도 목소리가 남성적인 남성을 선호했다. 그러나 여성은 남성의 목소리는 구분하지 않았다."

우리는 저음을 선호하도록 배웠다.[8] 어느 정도인지 볼까? "연구 결과, 목소리가 저음인 남성과 여성이 리더직을 맡을 가능성이 높다. 평균적으로 여성이 남성보다 목소리 톤이 높기 때문에, 여성 리더가 남성 리더보다 적은 이유로 목소리의 높낮이를 꼽을 수도 있다." 답답한 일이지만, 달라질 거라고 믿는다. 여성의 목소리와 말투를 비판하는 사회 분위기에 내 친구들, 그러니까 팟캐스트 진행자부터 텔레비전 앵커까지 많은 이들이 영향을 받는다. TV에 고정 출연하는 친구들을 가까이에서 지켜보았는데 칭찬을 받기보다는 목소리나 외모로 트집부터 잡히는 경우가 많았다. 여성 팟캐스트 진행자는 보컬 프라이vocal fry▼나 말끝을 올리는 버릇 때문에 악성 메일을 자주 받는다(나도 그렇다). 여성의 목소리를 단속하려는 사회의 일반적인 욕구를 보여주는 단적인 예다.

게다가 그게 먹힌다. 여성은 정숙해야 한다는 규범이 전해 내려온다. 여성이 자랑하는 걸 '정상'으로 여기지 않기에 익숙지 않을 뿐이다. 우리 사회는 진전을 가로막는 위험을 무릅쓰고라도 '정상'이 아닌 사회적 행동을 거부한다. 다 아는 얘기다. 이런 선례를 따르며 일생을 보낼 수도 있지만 잘못된 관습이 우리 모두에게 영향을 준다는 사실을 인식하고 "뭐야, 거지 같네" 하고 앞으로 나아갈 수도 있다. 불편해도 괜찮다. 굴하지 않고 그냥 자랑하면 좋겠다. 자랑은 여성에게 가치 있는 행위다. 경험자로서, 또 지난 10년간 수많은 사람들을 만나며 가르쳐온 사람으로서 누구보다 확실히 그렇게 말할 수 있다.

"하지만 저는 내향적인걸요."

내향적인 사람은 소수의 무리 안에서 일대일로 깊이 대화하기를 선호하고 여러 사람과 함께하면 금세 지친다. 당신만 그런 게 아니다. 대부분 사람에게는 내향성과 외향성이 혼재한다. 그리고 자랑을 한다고 해서 당신이 내향성을 버려야 한다는 말은 아니다.

베스트셀러 작가이자 내향성 전문가로 '콰이어트 레볼루션'을

▼ 말끝의 음역을 낮춰 긁는 듯한 소리를 내는 말버릇.

설립한 수전 케인은 사람마다 각자의 방식으로 말을 꺼내고 목소리를 높인다고 말한다.

연설가 중에도 내향인이 아주 많다. 케인은 말한다. "사람들은 인상 깊게 메시지를 전달하려면 어떤 성향이어야 하는지, 무엇이 필요한지에 관해 정말 큰 착각을 하고 있다. 지금까지 순회 강연을 하면서 많은 사람을 만났는데, 흥미롭게도 그들 대다수가 내향인이었다."

우리는 전략적으로 목소리를 높여야 한다. 케인의 말을 마저 들어보자. "나는 이름을 알리기 위해 사람들과 어울리고 소리 높여야 했다. 본연의 자신과 조화를 이뤄서 하면 된다. 순수하게 아이디어를 나눈다는 마음가짐으로 매체나 SNS에 나서면 된다. 코미디언이라면 웃기겠다는 마음가짐을 가지고 나서면 된다. 어떤 일을 하든 자신만의 기술, 대사 프롬프트, 메시지 등을 토대로 삼고 나서면 된다."

"원래 그런 사람이 아닌걸요."

'성장통', '과거사', 유년 시절의 경험은 늘 우리를 따라다니며 업무와 자랑 수행 능력에 영향을 준다. 전반적인 직장 생활도 좌우한다. 클라이언트를 만나면 그의 유년 시절을 필수적으로 파헤치는데 그러다보면 중학교 때 발표를 망친 일처럼 마음속에 깊이 각인된 사건이 등장한다. 이런 경험 때문에 오늘날 남들 앞에 나서지 못하고 머뭇거린다.

이 일을 시작했을 때만 해도 개별 클라이언트의 심리 상태를 분석하거나 유년 시절에 어떻게 훈육을 받았는지 탐구하게 될 줄은 꿈에도 몰랐다. 부모님이 변덕스러워서 그에 맞춰 행동을 억제해야 했든, 특정 방식으로 말하지 말라고 혼이 났든, 이런 경험은 성인기까지 따라와서 일에도 영향을 미친다. 깨닫고 변화하기는 힘들지만 불가능하지 않다. 패턴을 인식하고 왜 아직도 그 패턴을 따르는지 깨달으면 자랑을 방해하는 요소를 조금은 제거할 수 있다.

가정에서만 이런 일이 생기는 게 아니다. 어린 시절 따돌림을 당했던 기억이 지금도 내 옆에 끈질기게 붙어 있다. 괴롭힘을 당하면서도 입을 다물지는 않았다. 어쨌든 나는 계속 떠들었고 그래서 다행이었다. 인격이 형성되는 시기에 고통받을 일이 너무나 많지만 그런 고통을 좋은 쪽으로 받아들여서 당신만의 자랑하는 기술과 목소리를 찾는 데 활용하면 좋겠다.

과거 때문에 자랑을 멈출 필요는 없다. 자기 자신과 자기 일에 자부심을 갖고 스스로를 사랑하면 된다. 과거에서 비롯된 감정에 휘둘리는 것은 당연하다. 그러니 이해하고 치유하는 시간을 갖자. 자신에게 너그러워져라. 현재를 살다가 과거의 경험이 떠오를 때면 (예를 들어, 어린 시절 나를 괴롭혔던 누군가를 연상시키는 사람과 함께할 때면) 무엇을 진정으로 전해야 하는지 유념하라. 당신은 성인이다. 그런 걸림돌 따위는 뛰어넘을 수 있다.

"저는 그렇게 자라지 않았어요."

이 일을 하다보니 가족 규모가 자랑에 대한 태도에 많은 영향을 끼친다는 사실을 알게 됐다. 자랑에 대한 태도는 몇 가지 형태로 드러나는데, 누군가가 열의를 보이는 대신 내향적으로 침묵하는 데 가족의 규모도 한몫한다. 많은 클라이언트가 자기는 대가족 출신이라서 가족 간의 관계를 신경써야 했다며 목소리를 내고 자신의 가치를 표현한다는 생각을 내키지 않아했다.

특히 발언하기와 관련한 과거 일화를 살펴보면 부모님이 목소리를 내라고 가르쳤느냐, 가르치지 않았느냐가 큰 영향을 미친다. 다행히 우리 엄마는 의사 표현을 확실히 했다. 엄마는 의견을 제시하고 생각을 전달하는 것을 조금도 두려워하지 않았다.

하지만 모두가 그런 건 아니다. 어머니나 아버지가 조용하거나 수줍은 성격이라, 혹은 전통적인 성역할에 충실했던 탓에 자식도 자랑하는 걸 불안해하는 경우가 많다. 가정 분위기가 전통적일수록 더 그렇다. 이런 집에서 자라면 현재 이야기를 하면서도 "여자는 얌전히 있어야 한다" 같은 규범에 영향을 받는다.

자랑이 어렵다고 나를 찾아온 클라이언트 중에는 종교인이나 군인 가정에서 자란 사람이 많다. 이 둘은 성격이 다르지만 둘 다 강력한 구조를 바탕으로 개인의 일탈을 억제하는 집단이라는 점이 비슷하다. 특히 군대는 집단의 가치를 중시하고 개인에게 국가를 위해 희생하라고 강요한다. 개인보다 집단에 초점을 맞춘다. 군복무는 고결하고 용기 있는 선택이지만, 이런 환경에서는 누구라도 선뜻 자랑하기 힘들 것이다.

그렇다고 해도 이런 특별한 성장 환경은 약점이 아니다. 결국에는 강점으로 작용한다. 이런 환경 속에서 자신만의 특별한 관점을 만들고 경험을 쌓아 오늘날 당신이라는 사람이 됐다. 자랑의 기술은 (때때로 유년 시절만큼이나 깊은) 경험과 영향력을 토대로 공감하고, 빛나고, 성장하는 과정을 말한다. 과거를 지울 필요 없다. 오히려 그런 과거 때문에 당신이 남과 다르다고 드러내 보여야 한다.

"날 봐주지 않아요."

하지만 목소리를 높이지 못하게 막는 외부의 걸림돌은 어떻게 해야 할까? 사람들이 이쪽으로 고개를 돌리고 귀기울이게 만들려면 어떻게 해야 할까? 다른 사람들이 목소리를 높일 때 활용하는 방법이 당신에게는 안 맞는다면? 외부에서 당신의 권위와 경험을 믿지 못한다면? 자신의 존재가 '투명'하다면 어떻게 해야 할까?

"소수자 사회에서도 현실이 아니라 취향을 우선시한다." 이마니

바버린은 이렇게 말했다. 작가, 커뮤니케이션 전략가이자 크러치스 앤드 스파이스라는 이름으로 잘 알려진 장애인권 지지자 바버린은 나이가 들면서 다섯 명 중 한 명이 후천적 장애인이 된다고 지적하면서 흑인과 유색인종 원주민이 이 사실에 더 큰 영향을 받는다고 말했다. "장애인을 대변하는 사람은 다 백인이다. 좀더 구체적으로 말하면 백인 남성이다. (…) 한 흑인 청각장애인은 이런 말을 했다. '어떤 백인이 나한테 귀먹은 흑인이 있는지 몰랐다고 하더군요.'"

바버린은 그런 비가시성이 우리 문화에 수십 년 동안 깊이 배어들었다고 지적한다. "40년 전에야 겨우 장애인이 진정한 의미로 사회에 통합되었는데 그마저도 아직 100퍼센트는 아니다." 통합이 되었다는 거지 인정받았다는 말도 아니다. "우리 같은 사람들의 능력을 의심받을 때가 많다. '여기서 뭐해? 여기 왜 왔지? 너 같은 사람을 위한 특별한 공간이 따로 있지 않아?' 장애인이 한 공간에, 한 자리에 있으면 안 된다는 암시 같다. 매우 조용한 방식으로 그런 일이 매일 일어난다."

이렇게 장애인이 주목받지 못하도록 막는 장벽은 시스템과 문화에 깊이 뿌리박혀 접근성을 막는 차단막으로 작용하면서 악순환이 이어진다. "장애인의 활동을 깎아내리는 사람이 많다. 대개는 직접 대면하지 않아서다." 바버린은 말한다. "그런 결과가 발생하는 이유는 장애인만의 표현과 장애인만의 방식으로 이야기할 공간을 아무도 내주지 않기 때문이다. 우리가 쓰는 방법이 효과적이겠느냐는 의구심 섞인 질문을 계속해서 받는다. 인구 중 4분의 1을 차지하고 늘 활발하게 활동하는데도 그렇다." 바버린은 "나는 존재한다"라고 말할 수 있는 플랫폼을 찾아서 다른 사람들에게, 특히 '비주류 중의 비주류'라고 불리는 사람들에게 내줘야 한다고 주장한다.

만약 당신이 장벽에 부딪혀 분투중이라면 무엇을 할 수 있을까? 바버린은 그냥 자랑을 해버리라고 말한다.

> 잃을 것이 없다는 깨달음이 내겐 큰 힘이 됐다. 흑인 사회에서도, 장애인 사회에서도 나는 이미 비주류였다. 사람들은 내가 틀렸다고 외칠 수 있었다. (…) 하지만 현실에는 존경할 인물이 아무도 없는 누군가가 있다. 나를 대변하는 사람이 없고, 내 목소리를 전해줄 사람이 없다는 문제는 전부터 존재했다. 어렸을 때 늘 원했던 롤모델을, 자라면서 필요하다고 생각했던 대변자를 스스로 할 수 있다면 그렇게 하는 거다. 욕하거나 의심하는 사람은 신경쓰지 말자. 그는 처음부터 당신 편이 아니었으니까.

신디 켄트: 하루하루가 외줄타기다

헬스케어 기업의 임원이자 강연자인 신디 켄트는 흑인 여성으로서 기업이라는 환경에서 버티는 일을 불가능한 외줄타기에 빗댔다. 일을 시작한 후로 켄트는 쭉 "과하다"는 평가처럼 회사가 멋대로 들이대던 기준을 의식했다고 한다.

"그들은 처음에는 이랬다. '좀 진정하지. 회의 때 임원들한테 말을 너무 많이 해.' 두 달 후에는 정반대의 피드백을 받았다. '있는지도 모르겠어. 의견 좀 자주 내라고.' 나처럼 소수자 중의 소수자일 때는 하루하루가 아슬아슬한 외줄타기다.
능력도 자신감도 갖췄지만 사람들은 그런 면을 인정하지도 기대하지도 않는다. 웬만해서 눈에 띄지 않으니 그런 사람은 유니콘이 된다. 신기한 존재 말이다. 쿡쿡 찌르고, 대놓고 구경한다. 홀린 듯 좋아하고 경외심을 보이는 사람도 있지만 별별 반응을 예상하고 각오해야 한다. 어떻게 보면 생존 본능 문제다. 하나밖에 없는 사람이 되었을 때, 남보다 더 활약하지 않으면 무시당할 테니까."

자랑을 하면 힘이 생긴다. 다른 사람이 선수를 치기 전에 자기 서사와 이야기의 주도권을 쥐자. 자기 이야기는 직접 하는 것이다. 청중과 비평가, 시스템까지 통제할 수는 없다. 하지만 최강의 힘을 느끼도록 자기 위치를 정할 수는 있다. 상황을 바꾸기보다는 대화를 만들어가는 게 훨씬 쉽다. 자기 자신, 본인이 하는 일, 추구하는 목표에 관해 자기만의 이야기를 정성껏 쌓아올리자. 사람들이 자랑할 수 있도록 매일 돕는 내 말을 믿어보라.

처음에는 의심스러울 수도 있다. 지극히 당연한 반응이다. 자신의 힘을 편안하게 받아들이면 좋겠다. 그리고 자부심을 충분히 가지고 당신이 한 일을 알리면 좋겠다. 사회가 소리를 내지 못하게 억누르더라도 말이다. 의심이 들더라도 자의식을 기르고 의심에 이의를 제기하며 앞으로 나아가다보면 결국 강력하고 신중하고 효과적인 메시지가 나올 것이다. 다음 장에서는 그런 메시지를 구성하는 표현을 알아보겠다.

체크 포인트

- 스스로 생각했을 때 당신은 내향인인가, 외향인인가? 성향이 자랑에 대한 인식에 어떤 영향을 준다고 생각하는가?
- 이번 장에서 정리한 두려움 중에서 어떤 내용에 가장 공감하는가?
- 자랑과 관련해서 어린 시절 배운 '원칙'이 있으면 두세 가지 적어보라.

첫번째 핵심 요소
당당한 태도

캣이라는 클라이언트 얘기를 해보자. 캣은 상을 받게 됐는데 수상 소감을 말할 때 자랑을 잘하게 도와달라며 나를 찾아왔다. 캣은 당당한 태도도, 커다란 목소리도, 치밀한 전략도 없었다. 심지어 자기가 상을 받아도 될지 모르겠다고 했다. 상을 받을 만한 사람이 아니라는 말을 들으니 환장할 노릇이었다. 그런 얘기에 속이 상했지만, 수상 소감을 말하려면 누군가의 도움이 필요하다는 사실은 인지해 나를 찾아왔으니 그나마 다행이었다.

우선 캣이 상을 받기까지 성취한 업적들을 하나하나 짚었다. 캣은 수십 년 동안 열심히 일했고, 그 결과 회사의 성장을 이끌었고

(직원 수, 수익, 인지도로 측정했을 때), 눈부신 리더십을 발휘했으며, 함께 일한 동료들에게 극찬을 받았다. 캣은 어쩌다 우연히 상을 받은 게 아니었다. 20년 동안 노력해온 결과였다. 클라이언트의 자랑을 돕다보면 지난 업적만 되짚어줘도 충분할 때가 있다. 누구나 주변에서 해줄 수 있는 일이다. 우리 인간은 원래 다른 사람이 말을 해줘야 자신을 믿게 되는 법이다.

당신도 어쩌다가 지금 같은 성과를 달성한 게 아니다. 마법을 부릴 때처럼 손가락을 튕겨 승진을 하거나 방송 출연 기회를 얻은 것도 아니다. 그게 가능했다면 너도나도 지팡이를 휘둘렀을 것이다. 당신은 기회를 얻으려고 피나는 노력을 했다. 그곳에 설 자격도, 관심과 주목을 받을 자격도 있다. 러비 아자이는 이렇게 말한다. "같이 일하는 사람들이 호의를 베푼다고 생각하지 마라. 당신도 당신의 가치를 내놓고 있지 않은가. 그 사실을 잘 알아둬라. 수없이 생각해보니 우리가 자신의 가치를 내놓는다고 믿지 않기에 스스로의 뜻을 고수하지 않는다." 당신이 이 자리까지 온 것은 우연이 아니다. 그런 생각을 좀 버리자. 건설적이지 않을뿐더러 사실도 아니다.

캣과 일할 때 가까운 친구가 할 법한 일을 했다. 객관적으로 들을 수 있게 그의 업적을 줄줄이 읊어준 것이다. 자신의 성과를 다 듣자 캣은 상을 받을 만하다는 사실을 분명히 이해했고, 기쁜 마음으로 상을 기대하게 됐다. 목표를 세우고 전략을 짜서 끝내주는 수상 소감을 말했더니 새로운 사업도 따낼 수 있었다.

여기 왜 왔는가?

클라이언트를 처음 만나면 무엇을 얻고 싶어서 내게 자랑의 기술을 배우러 왔는지부터 명확히 찾게 한다. 그다음 자랑을 못하게 막는 감정적 요소가 어떤 유형인지 확인한다. 앞에서도 말했지만 자랑을 돕다보면 유년기와 청소년 시절에 고착된 심리적·정서적 패턴과 자주 부딪힌다. 사전에 그런 문제를 해결하지 않으면 아무것도 이루지 못한다. 이를 염두에 두고 다음 질문에 스스로 답해보자. 찬찬히 고민한 뒤 나중에 따로 찾아볼 수 있는 곳에 답변을 적어보자.

- 여기 왜 오셨나요?
- 자랑을 잘하고 싶은 이유가 있나요?
- 이 책을 다 읽었을 때 무엇을 해내고 싶은가요?
- '자랑'이라는 말이 어떤 의미로 와닿나요?
- '자랑'이라는 말을 듣거나 말할 때 어떤 생각이나 기분이 드나요?
- '자랑'이라는 말이 부정적으로 느껴진다면 그걸 묘사해볼까요?
- 그런 느낌이 든다면 어떤 이미지나 기억이 떠오르나요?

- 이런 기분과 생각이 왜 드는지, 이런 기억과 관련되는 과거 경험은 무엇인지 하나씩 설명해볼까요? (예를 들어 가족이나 친구들 사이에서, 직장이나 집단에서 불쾌한 일을 겪었을 수도 있죠.)
- 자기 자랑이라고 하면 떠오르는 느낌에 영향을 줬을 다른 사건이 또 있나요?
- 부정적인 느낌이 사라진다면 무엇을 할 수 있을까요?
- 어떻게 하면 더 발전적으로 일과 성과를 이야기할 수 있을까요?
- 자랑을 부탁하는 방법은 무엇일까요?
- 누구에게 부탁하면 좋을까요?
- 거부감을 완화하고 목표한 자랑을 이루기 위해 이번주에 실행할 수 있는 한 가지 일로 뭐가 있을까요?

자랑의 기술을 배우는 동안, 의심스러울 때마다 이 질문에 대한 답변을 다시 보자. 목표를 확인하면 애초에 왜 이 책을 골랐는지 깨닫게 될 것이다. 과거의 이야기를 다시 보면 왜 거부감이 드는지 알 수 있다. 자랑을 해야 하나 의구심이 들 때 모쪼록 당신의 목표가 과거의 부정적인 기억보다 더 큰 힘을 발휘하기를 빈다.

무엇을 했는가?

그다음에는 펜을 들고 지금까지 성취한 것들을 가감 없이 종이에 적어보자. 객관적이고 확실한 사실을, 작은 성과든 커다란 승리든 다 적어보자.[1] 소소하지만 자랑스러운 일이나 기념하고 싶은 일을 적어도 좋다. 아래 목록은 『인정받고 싶으면 자랑하라Brag!』를 쓰고 '브래그 커넥션스'를 세워 많은 여성과 소녀에게 용기를 준 페기 클라우스에게 영감을 얻어 만든 것이다. 그동안 사람들에게 자랑하는 법을 알려주면서 얻은 아이디어도 포함돼 있다. 하지만 이 내용에 얽매일 필요는 없다. 공적인 일이든 사적인 일이든 자랑스러운 일을 다 적어보자.

- 작년에 성취한 업적을 한 달에 한 가지 이상씩 써보자.
- 지난 5년 사이 제일 자랑스러웠던 업적을 적어보자.
- 업무 외적인 성과도 포함해야 한다. 비영리 재단의 이사로 일하는가? 뜻깊은 활동에 자원봉사를 한 적이 있는가? 뭐든 성취했다 싶으면 적어보자.
- 예전 직장에서 자랑스러웠던 성과가 있으면 써보자.
- 본인의 어떤 성향을 일할 때 적용하는가? 외향성? 내향성? 직관력? 유쾌함? 성격이 일에 어떻게 도움이 되는가?

- 작년에 진행한 프로젝트 중 가장 자랑스러웠던 것은 무엇인가? 어떤 점에서 자랑스러웠나? 좋아했던 프로젝트는 무엇이고, 이런 프로젝트를 통해 어떤 능력을 선보였는가?
- 현재 직책에서 어떤 일을 가장 잘하는가?
- 지금 고정적으로 하는 업무 가운데 가장 설레는 것을 다섯 가지 꼽아보자. 이를 최대한 상세히 설명해보자. 거창한 업무가 아니어도 즐겁게 하는 일이면 충분하다. (내 경우에는 중요한 미팅을 앞두고 폴더 정리를 한다. 정돈되고 중심이 잡힌 느낌이 들어서다.)
- 작년에/지난 5년 사이에 업무와 관련해 무엇을 배웠는가?
- 작년에/지난 5년 사이에 새로 습득한 기술, 능력, 자격증, 학위가 있다면 정리해보자.

생각보다 훨씬 많은 것을 성취했다는 게 눈에 보일 것이다. 무엇을 업적으로 치느냐는 자신이 결정한다는 사실을 잊지 말자. 다른 사람이 가타부타 논할 입장이 아니다.

업무 성과도 쭉 적어보자. 당신의 노력과 성취가 주변 사람들에게 어떤 영향을 미쳤나? 우리는 외따로 떨어져 있지 않다. 어떤 행동을 하면 직장, 사회, 친구 집단의 생태계에도 영향을 미친다. 내가 낸 결과를 잘 모르겠다면 동료, 친구, 다른 지지자에게 물어보자. 당신이 회의에서 낸 아이디어 덕분에 회사가 돈을 더 많이 벌었을지 누가 알겠는가. 그건 대단한 성과다. 강연을 마친 뒤 들은 사람이 찾아와 훌륭한 강연이었다며 자신의 사업에 긍정적인 영향을 끼쳤다고 말할 수도 있다. 관객 천 명을 변화시키는 것만 성과가 아니다. 단 한 명만 변화시켜도 똑같이 훌륭한 성과다.

일할 때 당신의 강점이 무엇이냐고 동료에게 묻는 일을 두려워하지 말자. 다른 사람의 관점을 통해 자신의 가치를 발견할 수 있고, 전에 미처 깨닫지 못했던 업적도 눈에 띌 것이다. 우리는 태생적으로 자신의 능력을 알아차리지 못하곤 한다. 게다가 동료에게 칭찬을 들으면 기분도 좋아진다.

다음은 내 클라이언트들이 자랑스럽다고 썼던 업적의 예시다.

- 거액의 보너스를 받아 가치를 인정받은 기분이었다.
- 어느 때보다 신사업을 많이 추진했다.
- 직장 내 폭군에게 맞섰다.
- 의뢰인 수를 두 배로 늘렸다.
- 상사와 부하 모두 잘 대하고 있다.
- 가정에 개인적인 문제가 있었지만 치열한 경쟁을 뚫고 승진했다.
- 투자 유치 발표를 완벽하게 해냈다.

어떨 때 가슴이 설레는지 적어보라고 했을 때는 이렇게 응답했다.

- 잠재 클라이언트와의 아이템 미팅
- 유명 저자의 북토크 행사를 성공적으로 개최하기
- 부하 직원들에게 조언 나누어주기
- 커다란 과제를 실행 가능한 업무로 작게 쪼개기
- 신규 고객을 상대로 브랜드 홍보하기

자신의 특기에 대해서는 이렇게 이야기했다.

- 클라이언트가 어떤 일로 화내기 일보 직전일 때도 말로 설득할 수 있다.
- 분위기를 파악하고 프로젝트 진척도를 정확히 판단하는 능력이 부서에서 제일 뛰어나다.
- 필요할 때 선뜻 도움을 요청할 줄 안다.

같이 일하는 동료에게 이런 피드백을 들었단다.

- 믿을 수 없을 만큼 중간 역할을 잘하고 같이 있으면 편안하고 배려받는 기분이다.
- 까다로운 클라이언트에게 인내심을 잃지 않고 품위 있게 대응한 덕에 거래가 끊길 뻔한 위기에서 벗어났다.
- 침착하고 유머 감각도 있는 분위기 메이커다. 긴장이 감도는 상황에서

도 존재감을 발휘한다.

- 프로젝트에 특별히 더 노력해준 덕분에 클라이언트가 대단히 만족해하며 계약을 2년 연장했다. 그 덕에 회사가 수십만 달러를 벌었다.

자기 통계

회사에서 핵심적으로 내세울 자랑의 윤곽을 잡으려면 무엇보다 '자기 통계'를 알아야 한다. 일을 더 쉽게 자랑할 수 있게 객관적이고 확실한 수치를 드는 것이다. 자기 통계를 통해 당신이 만들어내는 가치를 전통적인 방식으로 빠르게 측정할 수 있다.

- 당신이 하는 일의 가치를 금액으로 환산할 수 있는가? (본인이 완성한 프로젝트, 담당 클라이언트, 본인이 판매한 상품 각각의 가치를 환산할 수 있는가?)
- 소속 부서에 어느 정도의 돈을 벌어다주는가? 회사 전체에는 얼마나 벌어다주는가?
- 자신의 몸값은 얼마인가?
- 당신이 참여해 거래를 성사시킨 대규모 피칭이 있는가?
- 부하 직원은 몇 명 있는가? 처음과 비교해 그 수는 얼마나 늘었나?

- 작년에/현재 직책에 오른 후로/입사한 후로 프로젝트를 몇 건이나 맡았는가?
- 입사 몇 년 차인가?
- 얼마나 빨리 승진했나?

이런 질문에는 다음과 같이 대답할 수 있다.

- 예산 150만 달러를 다루며, 내가 부장이 된 후 우리 부서 예산은 매년 25퍼센트씩 늘었다.
- 일 년에 클라이언트 75명과 일하는데 내가 일을 시작한 후로 클라이언트 수는 매년 증가했다.
- 팀장으로서 부하 직원 5명을 관리하고, 다른 팀장급 관리직을 교육하는 일도 한다.

자기 통계를 추적하고 아무리 사소해 보여도 전부 적어둔다.

성과를 올렸을 때의 상황도 고려해야 한다. 실제로 잘한 일보다 상황이 더 중요할 때가 있다. 대대적인 정리해고 기간에 팀을 유지했는가? 다른 부서들은 돈을 마구 써댈 때 지출을 줄였는가? 최연소로 부사장 자리에 올랐는가? 아니면 반대로, 다른 사람들보다 20년 더 오래 회사에 헌신했는가?

자기 통계는 일의 직접적인 결과를 확인하는 데에도 좋다. "보호소에서 봉사하며 첫해에만 노견 입양률을 200퍼센트 높였다" 같은 서술을 생각해보라. 수치는 반박하기 어렵다(그리고 강아지는 누구나 좋아한다).

자랑을 구성하는 법

성과를 사실로 구성할 때는 최대한 단순하게 말한다. 수식어를 가급적 사용하지 말고 다른 사람과 비교하는 내용은 빼자.

- 내가 상을 탄 이유는 우리 부서의 거래처 세 곳을 새로 확보해서다.
- 내가 승진한 것은 내 부하 직원 6명이 모두 만족스러운 성과를 냈고 승승장구했기 때문이다.
- 내가 패널로 선정된 이유는 정기적으로 업계에 관한 칼럼을 연재하며 독특한 견해와 경험을 전하기 때문이다.

사무실 내에서 거둔 성과 말고 회사 밖에서 성취한 일도 자랑할 수 있다. 우리는 회사에 속한 로봇이 아니라 인간이니까. 회사나 지역사회에 기여하는 활동, 업무 외 관심사, 주변 사람들의 삶을 개선하고 싶다는 욕구 등 뭐든 좋다. 때로는 취미도 자랑거리가 된다. 사실이나 수치만 말할 때보다 더 인상 깊을 수도 있다. 만약 직장 동료끼리 선물을 주고받는 이벤트를 열었다면, 동료들에게 웃음과 재미를 줘서 사무실 분위기를 바꿔 사기를 높였다고 말할 수 있다. 더 많은 동료가 당신을 따라서 무료 급식소에서 자원봉사를 시작했다면 그것도 진정한 가치를 창출하는 활동이니 인정받아야 마땅하다.

우리가 자유자재로 사용할 수 있는 가장 강력한 도구는 언어다. 설명하지 않아도 잘 알겠지만 반복해서 말할 필요가 있다. 자기 메시지를 전하는 방식을 의식적으로 결정하지 않는 경우가 잦기 때문이다. 우리는 언어로 커뮤니케이션을 하고 성공과 실패를 알리며 주변 세계와 상호작용한다. 자랑을 잘하려면 자신만의 자기PR 언어를 만들어야 한다. 무슨 언어를 써야 하는지 다 알려줄 수는 없지만 유용할 지침은 줄 수 있다.

만약 타깃과 방향을 정하고 편하게 씀직한 언어를 사용한다면 개인적으로든 업무적으로든 무궁무진한 기회가 찾아올 것이다. 말을 하지 않는 사람은 없다. 하지만 정말 진지하게 단어를 선택해 말을 하는가? 당신의 일을 정확히 어떻게 설명하는가? 어떤 말을 쓰느냐에 따라서 사람들이 당신의 말을 듣는 둥 마는 둥 할 수도, 온 주의를 집중해서 들을 수도 있다. 영향력을 발휘할 타깃은 명확할수록 더 효과적이다.

당신이 사용하는 단어 하나하나가 중요하다. 단어를 잘못 선택하면 자랑이나 사업을 망칠 수도 있다. (중요한 단어나 이름에 오타를 내는 실수는 말할 것도 없다. 오타는 집중하지 않는다는 걸 확실히 보여주는 증거다.) 일관성 있는 메시지와 당신만의 강렬하고 독특한 단어와 말투를 조합하면 승리할 수 있다. 자신만의 이상적인 커뮤니케이션 스타일을 파악하는 데는 시간이 걸리지만, 일단 알아내면 원하는 사람의 관심과 주목, 보상을 받을 수 있다.

초강력 단어들

단어에는 아주 강력한 힘이 있다. 각자 선택한 초강력 단어는 자기 이야기를 하는 방식에 영향을 끼친다. 초강력 단어에는 몇 가지 효과가 있다. 첫째, 기분이 좋아진다. 둘째, 자랑의 중심을 잡을 수 있다. 셋째, 자랑을 구성하는 표현을 이룬다.

예를 들어 나는 내 말과 자랑이 재미있고, 사려 깊고, 당신에게 도움이 되도록 신경쓴다. 당신이 나를 유쾌한 사람으로, 시간을 많이 투자하고 열심히 일하는 사람으로 여기면 좋겠다. 하지만 당신이 목표를 성취하게 돕고도 싶다. 그래서 나는 재미있다, 사려 깊다, 도움이 된다 이 세 가지 조합을 '초강력' 단어로 선택했다. 꼭 세 가지일 필요는 없지만 이렇게 시작하면 좋다. 당신이 선택한 단어는 당신이 목소리를 낼 때의 태도와 체계를 만들고, 자랑을 할 때 당신을 묘사하는 이상적인 방법이 된다. 내 경우 다른 사람이 봐줬으면 하는 모습에 맞춰 세 가지 단어를 선택했지만, 한편으로는 이런 단어를 선택한 덕분에 내가 목표하는 목소리에 더 가까워졌다.

블로그에 글을 쓸 때마다, 기사를 쓸 때마다 셋 중 최소한 한 요소라도 넣으려고 한다. 초강력 단어를 한 번에 다 넣어서 표현할 필요는 없다. 이번 글을 재미있게 썼으면 사려 깊고 도움이 되는 내용은 다음 글에 담아 전달하면 된다. 시간이 지나도 초강력 단어가 일관성 있게 전달되었으면 한다.

한걸음 물러나 어떻게 목소리를 내고 무엇을 전달하고 싶은지 생각해보자. 당신의 모습과 일치되는 '초강력' 단어 세 가지는 무엇인가? 다음 페이지에서 당신의 발언을 묘사했으면 하는 단어에 체크하거나 메모를 해보자. 읽을 때, 말할 때, 아니면 들을 때 가슴이 뛰는 단어가 있는가? 얼마 안 되는 예시일 뿐이지만 생각의 시작점이 되어줄 테고, 자랑이 벽에 가로막혔을 때도 길을 열어줄 것이다. 어떤 말로 자랑할지, 특정한 행사를 앞두고 자기소개를 어떻게 연습할지 감이 잘 안 잡히면 내가 선택한 초강력 단어로 돌아가서 내가 전달하려는 메시지가 장기적인 목적과 일치하는지 확인하자. 성공의 열쇠 중 하나인 일관성을 점검하는 기준으로 삼는 것이다.

자신에게 맞는 단어가 있으면 체크해보자. 당신만의 단어를 추가해도 좋다.

□ 에지 있는
□ 개방적인
□ 편안한
□ 영향력 있는
□ 전문적인
□ 실리적인
□ 화려한
□ 적격인
□ 대담한
□ 뽐내는
□ 명랑한
□ 비범한
□ 당당한
□ 과단성 있는
□ 우아한
□ 나무랄 데 없는
□ 사근사근한
□ 매력적인
□ 교양 있는
□ 뛰어난

□ 세련된
□ 진지한
□ 권위 있는
□ 활발한
□ 저명한
□ 품위 있는
□ 색다른
□ 느긋한
□ 독특한
□ 명석한
□ 꾸밈없는
□ 용감한
□ 결단력 있는
□ 공손한
□ 호평받는
□ 떠들썩한
□ 정직한
□ 유쾌한
□ 똑똑한
□ 돋보이는

□ 자신만만한
□ 인기 많은
□ 예리한
□ 믿음직한
□ 친근한
□ 예의 바른
□ 엉뚱한
□ 야심 있는
□ 사랑스러운
□ 밝은
□ 인정 많은
□ 창의적인
□ 즐거워 보이는
□ 감성적인
□ 책임감 있는
□ 재미있는
□ 솔직한
□ 다정한
□ 생기 넘치는
□ 협조적인

□ 진실한	□ 의지가 되는	□ 민첩한
□ 주목할 만한	□ 별난	□ 섬세한
□ 과감한	□ 독창적인	□ 열정적인
□ 사려 깊은	□ 낙관적인	□ 가치 있는
□ 활기찬	□ 발랄한	□ 따뜻한
□ 기발한	□ 재치 있는	□ 열정적인

잊지 말자. 여기 적힌 단어에 얽매이지 않아도 된다. 당신만의 목록을 적어 점차 발전시키자고 마음먹을 수도 있다. 나만 해도 10년 전쯤에는 영향력보다 기발함을 더 중시했다. 여기서는 시간이 흘러도 일관성 있게 전하고 싶은 뜻과 인상을 신중하게 선택하는 게 더 중요하다.

세라라는 클라이언트를 도울 때의 일이다. 세라는 대단한 책을 썼지만 홍보에 애를 먹고 있었다. 지금까지 쭉 보이지 않는 곳에서 일해왔고 대중 앞에 나서는 사람은 신뢰감이나 진정성이 부족하다고 생각했기에 세라는 자기 이야기 하는 걸 어려워했다. 세라는 복잡한 문제의 본질을 꿰뚫어볼 줄 아는 사람이었기에 자기 목소리를 낼 때도 핵심을 분명히 찌르는 식으로 해야 했다. 우리는 세라의 능력을 세 가지 초강력 단어로 묘사하기로 했다. '열정적인' '사려 깊은' '진실한'. 앞으로 어떤 자랑과 이야기를 하든 이 세 가지 키워드와 연결지어 해야 한다고 강조했다. 표현에서든, 어조에서든, 분위기에서든, 이 세 가지 초강력 단어에 집중했더니 무대 중앙에 서도 세라는 더 진정성 있고 편안해 보였다. 가면을 쓸 필요가 없었다. 결국 세라는 책을 홍보하고 언론에 더 자주 얼굴을 비추며 강연 기회를 얻을 수 있었다.

당당하지 않은 태도

하지 말아야 할 말도 알아야 한다. 자랑의 기술에는 자신을 깎아내리는 말을 하거나 자신을 부정적으로 바라보며 자학하는 습관을 끊는 전략도 포함된다. 쉬지 않고 자기비하를 하는 행위는 주변인을 괴롭힐뿐더러 당신이 한 일의 가치를 떨어뜨린다.

자조self-deprecation와 자기비하self-loathing를 구분하기가 쉽지는 않다. 자조는 이런 것이다. '나는 스스로를 비웃을 수 있고 그런다는 걸 자각하지만 그래도 진지하다.' 한편 자기비하는 부정적인 감정을 조장하고 사람을 쫓아내며 정반대 효과를 가져온다. 우리 모두 자조와 자기비하를 가르는 줄 위를 아슬아슬하게 걷기 때문에 늘 의식해야 한다. 자기비하를 안 하는 사람은 없다. 하지만 의식할수록 자기비하하는 말버릇을 고칠 수 있다.

얼마간 시행착오가 있을 수 있다. 나는 강연 때 점프슈트를 입는 습관에 대한 농담을 자주 한다. 자랑에 관한 습관을 갈아주기 위해 무대에 올랐지만 '기름을 갈아주기 위해' 이런 옷을 입었다고 말한다. 반응이 좋았다. 의상을 웃음거리로 삼지만 스스로를 모욕하지는 않는다. 자기비하가 지나치면 몇몇 사람은 표정을 찡그린다. 가끔 농담이 너무 어두워질 때가 있는데 그러면 듣는 사람이 질겁한다. 차차 교정해가면 되니 첫 시도에 망쳤다고 너무 걱정하지는 말자.

잘 드러나지 않는 자기비하도 있다. 미묘할 수는 있지만 그렇다고 피해가 덜하지는 않다. 스테이시라는 클라이언트는 자기 일에 대해 이야기할 때마다 버릇처럼 쓸데없는 수식어를 붙였다. 진정 조용한 실력자답게 스테이시는 20년 동안 소매업계에서 압도적인 능력을 보여주고 있었는데도 자꾸만 업계에서 "시도중"인 혁신이라고 말했다. 스테이시는 이미 20년 동안 업계를 혁신해왔다. 미치고 팔짝 뛸 노릇이었다.

스테이시가 만든 기술과 패션 플랫폼이 이제 초기 단계에 들어섰는데도 스테이시는 아무것도 하지 않은 사람처럼 행동했다. "노력중이다" 혹은 "시도중이다"라는 식으로 당신이 그 일을 하지 않는다는 듯이 표현하면 안 된다. 이렇게 표현함으로써 스테이시는 잠재적 사용자, 고객, 투자자에게 자신의 망설임과 자기 불신을 전했다. 사람들이 스테이시의 능력도 의심하게 만들었다. 내가 스테이시의 능력을 몰랐다면 나도 스테이시를 경험이 한참 부족한 사람이라고 여겼을 것이다. 실제로는 진지하게 대해야 마땅한 사람이지만 정말 그렇게 보일지는 알 수 없었다.

이것은 은근한 자기비하 표현의 한 가지 예일 뿐이다. 자신이 어떻게 활동중이고 얼마나 발전했는지 보여주려면 수동적인 태도는 버리고 능동적으로 표현해야 한다. 우리의 핵심 신조를 다시 보자. **자랑은 사실을 말하는 것이다.** 그러니 사실을 소리 높여 의도적으로 말하자. 스테이시는 IT 회사를 창업했다. 사실이다. 업계에서 20년 동안 일했기에 내부 사정에 빠삭하다. 사실이다. 스테이시의 상품은 시중에 출시된 다른 상품과 객관적으로 차별화되었다. 이것도 사실이다. 트랙에 들어서기도 전에 달리기를 포기하지 말자. 자신에게 피해를 입히는 행동이고, 그 피해는 함께 일하는 동료와 부하 직원에게까지 번진다.

더 노골적인 자기비하 표현은 자기를 낮추는 말이다. 자랑과 직결된다고 해도, 그렇게 말하는 건 최악이다. "뻔뻔하게 홍보하자면" "겸손한 자랑이지만"(최악이다!) "자랑하고 싶지는 않지만" 같은 표현은 빼자. 제발, 나를 봐서라도 부탁한다. 이런 표현은 "난 무능해!" 같은 말보다 덜 노골적이지만 그에 못지않게 해롭다. 가면을 쓴 자학일 뿐이다. 반사적으로 그런 말이 나올 수 있다. 우리는 불편하거나 불안할 때, 자랑하면 안 될 것 같을 때 그렇게 말하도록 배웠으니까. 그래서 자랑의 기술은 마음에서 시작한다. 실제로 해낸 일을 스스로가 자랑스러워하고 굳게 믿어야 한다.

자랑을 할 때 이런 표현은 절대 사용하지 말자.

- 자기PR 예고!
- 철판 깔고 광고합니다.
- 자랑하기 싫지만……
- 뻔뻔한 자기PR(이게 최악이다. 하나도 아니고 둘을 합쳤으니).

우리는 자기비하 표현을 너무 익숙하게 사용해서 그렇게 말했는지 의식도 못 한다. 내가 그런 표현을 지적하거나 전화 너머에서 소리를 지르면(물론 좋은 의도로 정중하게 그러는 거다) 클라이언트는 자기가 그런 말을 한 줄도 모른다. 다른 사람이 들어봐주어야 한다. 이제 당신은 자기비하를 자제하는 법을 배웠으니, 친구가 그런 말을 쓸 때 조심스럽게 바로잡아주는 법도 깨달았을 것이다.

얼마 전 자랑의 기술을 알려주는 프레젠테이션을 마친 후 마무리 발언을 하고 질의응답 시간을 가졌다. 처음 손을 든 관객은 이렇게 질문을 시작했다. "저는 목소리가 너무 크고 말이 너무 많아요." 자기비하가 얼마나 뿌리깊게 박혔는지 방금 자랑에 대한 강연을 듣고도 내가 하지 말라고 정확히 경고한 그 표현을 쓴 것이다.

나는 곧바로 지적했다. 내 귀에는 아무렇지 않게 들린다고. 그리고 방금 그가 한 말을 그대로 다시 들려줬다. 또 나를 친한 친구로 상상해보라고 한 뒤 만약 친구에게 질문을 한다면 어떤 식으로 하겠느냐고 물었다. 그는 차이를 이해하고 처음부터 다시 말했다. "나는 내 목소리가 커서 좋아. 질문이 있어." 그는 수첩을 넘기고 당당하게 질문을 이어갔다. 힘있는 목소리가 울려퍼졌다. 누구나 자신을 낮추거나 불안감을 공공연히 드러낼 때가 있다. 당신도 주변 사람에게 어떤지 봐달라고 부탁해보자. 자기 말버릇은 혼자 알아채기 어렵다.

자기비하는 누가 지적한다고 해결될 문제가 아니다. 우리가 언제, 어떻게 자신에게 해로운 말을 하는지 이해해야 한다. 친한 친구나 사랑하는 사람을 대하듯 스스로에게 말을 걸어보자. "네가 그런 표현을 쓰니까 힘이 빠진다. 꼭 널 스스로 모욕하는 것처럼 들려. 부끄러울 것 하나도 없어." 질문자의 말을 지적했지만 그가 그 일로 더 부끄러워하기보다는 한 번쯤은 괜찮다고 느꼈으면 했다. 우리는 너무도 익숙해서 이런 말이 발전을 가로막는다는 생각조차 하지 않는다. 다만 상대가 피드백을 들을 자세나 각오가 있는지부터 확인하자. 그럴 마음이 없으면 괜히 역효과만 일어나 방어적인 태도를 보일 테니까.

자기비하 표현의 내막을 알고 보면 이렇다. 무언가를 성취했지만 자랑하는 당신과 그 자랑을 듣거나 보는 사람이 불편해하지 않을 방법을 모르기 때문에 자기비하 표현을 하는 것이다. 그래서 다른 사람이 뭐라고 하기도 전에 자신을 모욕하거나 비하한다. 자랑을 하다보면 비난을 받기도 쉬우니 그게 무섭고 불편할 수 있다. 하지만 그 정도 위험은 다들 예측 가능하다. 자기비하는 너무 익숙해서 보통 알아차리지도 못한다. 비하하는 말만 의식해도 절반은 승리한 셈이다.

자기비하 표현은 자존감도 해치지만 당신의 이야기를 들어줄 사람도 떠나보내기 때문에 더 중요하다. 당신의 목소리와 전달 방식에 불안감이 묻어나면 듣는 사람은 당신을 응원해야 하는지 의문스럽다. 불안감은 자랑을 할 때 가장 필요한 사람, 그러니까 자랑을 듣는 사람에게 전달된다. 듣는 사람이 즐겁다, 강해진 것 같다고 느끼길 바란다면 그런 모습을 보여줘야 한다. 관객이 당신의 말을 가치 있게 여기기를 원한다면 그렇게 느끼도록 보여줘야 한다.

지난 10년 동안 그런 사람들이 대중 앞에 서게끔 도와주며 발견한 사실이 있다. 누군가 나서서 당신을 모욕할 가능성은 아주 희박하다는 것이다. 그럴까봐 두려울 수는 있다. 우리 주변에서 벌어지는 끊임없는 인신공격을 보면 두려운 마음이 드는 것도 당연하다. 하지만 그런 식의 공격은 생각보다 드물다. 당신이 잘한 일을 이야기하면서 자기비하로 시작할 필요 없다. 특히 여자들이 자기비하 표현을 많이 쓴다. 왜 그럴까? 큰 소리로 자랑하는 여자를 무시하고,

또 창피해하는 시선이 있기 때문이다. 여성 전문가들이 남들이 그러기도 전에 스스로 본인 주장에 혹평을 해서 토론을 망치는 경우를 많이 봤다.

부정적인 수식어를 사용하면 실제로 듣는 사람의 정서도 부정적으로 바뀐다. 글을 읽다가 "슬쩍 자랑 좀 할게요"라는 표현이 나오면 그 사람을 돕거나 응원할 마음이 안 든다. 그러기는커녕 그 글에서 얘기하는 정보로 뭘 해야 할지 확신이 서지 않아 아예 글을 읽지 않게 된다. 당신의 부정적인 감정은 독자에게도 전달된다. 독자나 지켜보는 이들에게 어떤 내용을 고려해야 하는지, 어떻게 당신을 응원할 수 있는지 알려줘야 한다. 당신도 응원하지 않는 성과라면 나도 그러고 싶지 않다.

표현을 아래와 같이 바꿔보자.

이런 말 대신	이렇게 말하자
자랑하기 싫지만……	제가 쓴 기사를 읽어봐주면 좋겠어요.
철판 깔고 광고합니다.	제가 업계에 관해 글을 썼는데 공유 부탁드립니다.
자랑 좀 할게요.	최근 제가 출연했던 방송을 봐주시면 감사하겠습니다.
자기PR 예고!	제가 패널로 나갔던 토크쇼 영상 좀 봐주세요! 진짜 재미있었어요.

자조와 자기비하는 확연히 다르다. 자조는 스스로를 조롱하는 말이지만 나쁜 의도는 없다. 자조 섞인 말은 귀엽게 보일 수 있어도, 유머나 가벼운 느낌 없이 자신을 깎아내리는 자기비하는 해롭다. 구분하기 힘들겠지만 아래의 예시로 차이를 알아보자.

전달 내용	자조	자기비하
결점 지적	대학생 때도 시험지를 늘 꼴찌로 냈잖아.	내가 원래 뭐든 제시간에 못 끝내는 거 알잖아.
프로젝트	이번 프로젝트도 즐거웠고 결과도 자랑스럽습니다. 여기 세라가 PPT 능력으로 우리를 다 초라하게 만들었지만요.	제 프로젝트가 마음에 드셨다니 다행입니다. 사실 정말로 큰일을 한 사람은 세라였어요.
자기소개	비영리 재단에서 부서 하나를 관리하는데 이번에 저희 부서가 10년 만에 가장 높은 성과를 올렸어요. 대단하다는 건 아니지만 사실이 그래요.	너무 대놓고 말하고 싶지는 않지만 비영리 재단에서 부서 하나를 관리하는데 이번에 저희 부서가 10년 만에 가장 높은 성과를 올렸어요.

둘의 차이를 구분할 줄 알아야 한다. 재미있고 친근감을 유발하는 것(자조)과 불안과 거리감을 유발하는 것(자기비하)은 다르다. 앞으로도 계속 구분해야 하고, 그 과정에서 실수도 할 테다. 하지만 그러면서 뭐가 다른지 배울 것이다.

체크 포인트

▸ 자신의 성과를 목록으로 만들어보자.

- 즐겁다고 느끼는 고정 업무 다섯 가지를 생각한다. 최대한 구체적으로 생각해보자. '클라이언트와 대화하기' '보고서 구체화하기'도 가능하다.
- 일할 때 당신의 강점이 무엇이냐고 동료에게 물어본다. 이런 자질이 앞서 얘기한 업무와 관련되는지 생각해본다.
- 제일 자랑스러웠던 업무 경험, 회의, 피칭, 프레젠테이션이 뭐였는지 적어본다. 왜 자랑스러운가? 어떤 점에서 즐거웠는가? 다른 사람 말고 자신이 그 일에 적합했던 이유는 무엇인가?
- 현재 위치에서 자신이 최고라고 내세울 장점이 있다면?

▸ 자기 통계를 정리하자.

- 소속 부서에 어느 정도의 돈을 벌어다주는가? 회사 전체에는 얼마인가?
- 자신의 몸값은 얼마인가?
- 어느 정도로 큰 피칭에 참가해봤는가? 거기서 성과를 냈는가?
- 관리하는 부하 직원이 몇 명인가? 처음보다 관리 인원이 늘었나?
- 작년에/현재 직위에 오른 후로/입사한 후로 프로젝트를 몇 건이나 맡았는가?
- 입사 몇 년 차인가?
- 얼마나 빨리 승진했나?

▸ 초강력 단어 중 마음에 드는 세 가지를 골라보자. 이 세 가지로 묘사할 수 있도록 말하고 글 쓰는 연습을 한다.

▶ **하루 동안 본인이 어떻게 말하는지 관찰해보자. 혹시 말로 스스로를 깎아내리고 있지는 않은가? 만약 그렇다면 다음과 같은 표현을 연습한다.**

- 제가 쓴 기사를 읽어봐주면 좋겠어요.
- 업계에 관해 글을 썼는데 공유 부탁드립니다.
- 최근 제가 출연했던 방송을 봐주시면 감사하겠습니다.
- 제가 패널로 나갔던 토크쇼 영상 좀 봐주세요! 진짜 재미있었어요.

두번째 핵심 요소
커다란 목소리

리사는 분위기가 보수적인 마을에서, 마찬가지로 보수주의자인 부모님 아래 자랐다. 리사의 유년기는 가족과 지역사회가 요구하는 전통적인 성역할에 따라 형성되었다. 수동적인 태도가 여성스럽고 적절하다는 분위기였다. 집에서도 자유롭게 말하지 못하고 마을 어디를 봐도 강하고 크게 목소리 내는 여자가 없었기에 리사는 자기 생각 말하기를 유독 힘들어했다.

그런 환경에서 자랐음에도 리사는 악바리처럼 일했다. 남자들이 독점한 금융계에 들어갔고 실력도 뛰어났다. 하지만 증권맨과 고래고래 소리를 지르지도, 은행 간부와 파티를 하지도 않았다. 여자가 버티기 힘들기로 악명 높은 업계에서 자기 일 하나는 끝내주게 잘 하고 있었다.

편하게 목소리를 못 내는 이런 성향은 리사가 승진을 원하면서 점점 문제가 되었다. 실력으로는 자신이 있었지만 성장 환경과 업계의 분위기 탓에 자기 주장을 내세우기가 너무너무 힘들었기 때문이다. 그래서 나와 일해본 클라이언트에게 소개를 받아 내게 도움을 청해왔다.

우선 리사의 성장 환경과 그동안의 커리어를 나란히 놓고 리사가 얼마나 훌륭히 잘해왔는지 이야기했다. 작은 마을에서 금융계라는 커다란 무대로 진출한 것이 결코 쉬운 일이 아니라고 말해주었다. 그동안에는 아무도 그런 말을 해주지 않은 듯했다. 두려움이 몰려오고 뭔가를 하지 말라는 말을 들었음에도 굴하지 않고 어쨌든 그 일을 해냈다는 사실을 깨닫는 게 때로는 자랑의 기술에서 큰 부분을 차지한다.

그런 다음 승진을 위해 어떻게 움직일지 머리를 맞댔다. 우선 리사와 달리 거리낌없이 자기 의견을 표하는 남자 동료에게 회의 때 뒤를 받쳐달라고 부탁했다. 그 남자 동료가 회사에서 어떻게 자기 이야기를 하는지도 관찰했다. 몇 번 시도한 끝에 리사는 회의에서 발언하며 자신이 아는 정보를 조금씩 추가할 수 있었다. 리사에게 하고 싶은 말을 적으라고 했다. 직급이 높든 낮든 이 방법이 통한 클라이언트가 많다. 할말을 다 적기만 해도 얼마나 유용한지 모른다. 종이에 "안녕하세요, 저는 메러디스라고 합니다"라고만 적어둬도 두려움이 줄어든다. 나도 무대에 오를 때마다 대본을 써둔 종이를 들고 올라간다.

회의에서 목소리를 높이고 의견을 냈지만 승진을 하려면 목소리가 더 큰 남자들과 싸워야 했다. 그래서 어떤 피칭을 하든 기본적으로 해야 할 일을 알려주었다. 자신만의 피치 덱pitch deck▼과 프레젠테이션 자료를 만들 것. 상사에게 보여줄 관련 문서와 인쇄물도 완벽하게 준비할 것. 또 리더가 되고 싶다면 리더의 길을 걸어야 했다. 리사는 적극적인 문체로 프로필을 구성하고, 유능한 리더로 일했던 프로젝트를 일부러 노출하고, 그야말로 스스로를 리더처럼 묘사했다. 말로 토대를 깔고 리더처럼 행동도 했다.

승진에 지원할 때가 왔을 때, 리사는 만반의 준비가 되어 있었다. 파워포인트 자료를 만들었고, 검증된 실적 자료도 리더 역할에 맞춰 썼다. 리사는 자신감 있게 지원했다. 비록 승진은 못 했지만 상사는 리사의 변화를 알아차렸다. 다음에 임원으로 승진할 기회가 다시 생기면 계속 도전하라고 했다. 상사의 신임을 받자 리사는 자신감이 붙었다.

▼ 투자자들에게 보여주려고 만든 파워포인트나 키노트 자료.

자랑의 기술을 구성하는 두번째 핵심 요소는 '커다란 목소리'다. 물론 이 책에서 하는 말 중 절반은 요란한 사람들 때문에 당신의 말이 묻히고 앞으로 못 나아간다는 얘기긴 하다. 하지만 여기서 말하는 커다란 목소리는 볼륨을 키우고 주파수를 높이라는 뜻이다. 일주일에 한 번씩 회의에 참여만 해도 괜찮다. 분기별로 뉴스레터를 보내고 그것을 SNS에 홍보해도 좋다. 볼륨은 상대적인 기준이고, 데시벨은 당신에게 달렸다. 일에 더 자부심을 갖고 당연한 인정을 받도록 볼륨을 키우며 사람들에게 성과를 공유하는 데 집중하면 좋겠다. 목소리를 조금씩 높이려면 시간과 노력, 지금부터 알려줄 약간의 기술이 필요하다.

베스트셀러 작가이자 내향성 전문가 수전 케인은 자신에게 진실하게 느껴지는 방법대로 목소리를 높이라고 한다. "당신이 누구인지 보여주는, 그리고 이러한 목표를 이루게 해줄 자기 표현 방법을 찾을 수 있는가? 칼럼을 쓰는 일일 수도, 전문 지식을 전하고 나누는 일일 수도 있다. 당신이 하는 행동은 여전히 당신이 누구인지 그리고 어떤 가치에 중점을 두는지에 맞춰진다."

테드위민TEDWomen의 공동 창립자이자 PBS CEO, CNN 프로덕션 회장을 역임한 『위험한 여자가 되는 법Becoming a Dangerous Woman』을 쓴 팻 미첼은 자신의 목소리를 듣는 게 핵심이라고 말한다. "일단 자기 목소리를 들으면 자격을 갖춘 것처럼 들린다. 경험이 풍부하고 영리하게 느껴진다. 여자들은 준비되어 있기 때문이다. 준비하고 숙제까지 마쳤으면 꼭 목소리를 내야 한다." 사실 미첼은 공개적인 장소에서 발언하는 여성이, 그중에서도 젊은 여성이 너무나 부족하다고 느껴 훈련 과정을 열었다. "첫번째로 질문한 사람에게 오늘밤 술 한잔 살게요"라는 말로 뇌물까지 썼다고 했다. 재미를 위한 전략이기도 했지만 의도는 더없이 진지했다. 미첼은 이렇게 말한다. "우리는 연봉 인상 요구를 너무 안 한다. 승진을 위해 너무 안 나선다. 어느 직책을 맡든 자격이 없고 경험이 부족하다고 생각한다. 남자들은 안 그러는데도 말이다."

루스 앤 하니슈: 선의의 목소리를 높여라

직업 코치, 자선사업가로 하니슈 재단을 창립한 루스 앤 하니슈는 목소리를 높일 줄 안다.

"왜 시끄럽게 떠드느냐고? 목소리를 **낼** 수 있다면 말을 못 하는 사람들을 대신해 크게 떠들고 싶지 않겠는가? 과소평가, 불공정한 시스템, 고통스러워하는 사람이 사방에 널렸는데 왜 그걸 무시하고 넘어가는지 이해할 수 없다. 중요하다고 생각하는 문제에는 전략적으로 큰 소리를 내야 한다."

솔직함의 힘

목소리를 높이라고 할 때 빼놓으면 안 될 이야기가 있다. 사람들은 대부분 솔직함을 두려워한다. 솔직하게 행동한다는 것은 자기 의도를 정확하게 전달하고 원하는 대로 행동하는 것이다. 내가 매일같이 만나는 클라이언트들은 솔직하게 행동하면 재수없다거나 무례하다거나 "과하다"는 말을 듣지 않을까 걱정한다.

나는 아주 솔직한 어머니 밑에서 자랐다. 엄마는 거리낌없이 생각을 표현하고 원하는 것을 요구했다(지금도 그러신다). 운좋게도 엄마 같은 여성 롤모델을 보고 자랐기에 내 클라이언트들과는 다르게 훈련됐다. 솔직한 사람으로 컸고 그런 태도가 몸에 배어 있다.

하지만 나를 찾는 클라이언트 대다수는 솔직하게 구는 걸 불편해하고, 원하는 것을 어떻게 요구해야 하는지 보여준 롤모델도 없었다. 정도의 차이는 있겠지만 여성은 대부분 듣기 좋게 부탁해야 한다고 배웠다. 다른 사람의 기분을 배려해 에둘러 말하고 자기 주장이나 기분을 포장해야 한다고 배웠다. 한마디로 솔직하면 안 된다고 배웠다.

진심을 이야기하고 원하는 것을 요구할 능력만 길러도 자랑의 기술을 마스터한 셈이다. 듣기 좋은 말로 포장하지도, 다른 사람이 불편할까봐 에둘러 말하지도 말자. 이를테면 반창고를 확 잡아떼듯

하는 말이 빙빙 돌려 하는 말보다 훨씬 효과적이다.

내 친구의 예를 들어보겠다. 직원이 150명인 IT 기업을 창업해 운영하는 대단한 친구다. 전도유망한 IT 기업을 선정하는 영광스러운 목록에도 회사 이름을 올렸고 본인의 능력도 엄청나다. 수상 소식을 전하는 글을 올리며 친구는 "자기PR을 하고 싶지는 않지만"이라고 운을 뗐다. 나는 즉각 메시지를 보냈고 함께 글을 새로 썼다. 자신이 인정받아서 얼마나 기쁜지 모르겠다는 문장으로 시작하는 글이었다. 친구는 충분히 상을 받을 만했고, 기뻐하는 것도 당연하다. 이 사례만 봐도 우리가 남 앞에 나서고, 관심을 받고, 자신의 업적을 말로 표현하는 일을 얼마나 어려워하는지 알 수 있다. 내 친구가 쓴 이런 표현이 자기비하로 인식된다는 것을 이전 장을 통해 깨달았을 테다. 솔직하려면 말할 때 이런 표현을 빼야 한다.

아주 솔직한 어머니 밑에서 자란 나도 자랑과 의사 표현을 할 때 나만의 문제를 해결해야 했다. 지난 10년 동안 나는 내 일과 다른 사람들의 일을 어떻게 변호하는지 연구해왔다. 대화를 더 잘하는 법, 갈등을 회피하지 않는 법, 욕구와 성과를 분명하게 표현하는 법을 배워야 했다. 이 일을 하기 전에는 하고 싶은 말을 빙빙 돌려서 하곤 했고, 뜻이 제대로 전해지지 않으면 스스로에게 화가 나 자책했다. 이것만큼은 확실히 말할 수 있다. 주변만 빙글빙글 돌며 회피하기보다는 솔직하게 말하는 게 훨씬 쉽고 효율적이다.

여기서 잠깐 '솔직하게'가 의미하는 것(과 의미하지 않는 것)을 짚고 넘어가자. 솔직하다는 말을 들으면 '직설적'이나 '대립' 같은 말을 떠올리는 사람이 너무나 많다. 여기서 내가 말한 건 그런 뜻이 아니다. 자기 자신을 위해 싸울 때야 그 두 가지도 무기로 소지해야겠지만 말이다. '솔직하게'는 중간에 멈추거나 우회하지 않고 A지점에서 B지점으로 곧장 간다는 뜻이다. 그러니까 이야기를 들려줄 필요도, 자신을 정당화할 필요도, 다른 사람의 감정을 배려할 필요도, 완벽한 타이밍을 기다리거나 '착하게' 이야기할 필요도 없다는 말이다. 상대에게 알려주고 싶은 말을 간단하고 명료하게 전하면 그만이다.

가볍게 하는 말이 아니다. 여성과 남성은 직장에서 자기 성과를 공유하는 방식이 어마어마하게 다르다. 결과도 다르다. 0점에서 100점까지 점수로 자기 평가를 요청한 연구를 보면, 남자는 여자보다 자기 점수를 15점 더 높게 매겼다고 한다.[1] 자기PR을 한 사람은 회사에 합격하고 후한 임금을 받을 확률도 더 높았다.

다른 연구 결과도 보자. 동료 심사를 거쳐 의학 및 과학 학술지에 게재된 연구 논문 600만 편 이상을 토대로 '과학 연구시 자기표현에 따른 성별 차이'를 분석한 연구가 있다.[2] 이 연구는 제1저자와 마지막 저자가 전부 여성일 경우, 제1저자와 마지막 저자가 남성인 경우보다 연구 결과를 덜 긍정적인 용어로 표현하는지 보고자 했다. 남성 연구자들이 쓴 논문에서는 '새로운' '독특한' '전례 없는' 같은 단어를 사용했다. 여성 연구자가 함께 쓴 논문에서는 대부분 연구 결과를 '긍정적으로 표현'할 확률, 즉 연구 결과를 대단히 중요하다고 서술할 확률이 평균 12퍼센트 낮았다. 그뿐만이 아니다. 긍정적인 단어로 작성된 논문은 그렇지 않은 논문에 비해 9퍼센트 정도 더 많이 인용됐다. "인용 횟수는 채용과 승진을 결정하는 중요 요인이기 때문에 성별에 따른 언어 사용 차이가 연구자의 경력에 분명한 영향을 미친다고 할 수 있다"고 논문의 주저자인 독일 만하임대학교의 마르크 레르헨퓰러는 이야기했다. "여성은 자기 연구를 소심한 언어로 표현해 상대적으로 적은 관심과 인정을 받는다"고도 했다. 안 그래도 남성 연구자보다 승진이 늦고, 연봉이 낮고, 연구비를 적게 받는 학술의학 분야에서 여성 연구자들은 연구 결과를 자신 있게 내보이지 않아 경력에 심각한 타격을 입는다.

대체 우리는 왜 목소리를 높이지 않는 걸까? 자랑을 하면 반발이 뒤따른다[3]는 것을 알기 때문이다. 또다른 연구진은 미국의 한 대기업에서 여성을 위한 전문 개발 프로그램에 참가해 이런 사실을 알게 됐다고 한다.

연구 결과, 여성들은 존재감을 내보이면 보상이 뒤따른다는 사실을 분명히 인식하고 있었다. 회의에 참여하고 크레딧에 이름을 올리는 것처럼 다른 사람 눈에 띄게 행동하는 것이 일반적인 출세 전략임을 알았다. 그럼에도 많은 여성이 그런 전략을 의식적으로 사용하지 않았다. 그 대신 사무실에서 리스크와 갈등을 회피하는 전략을 택했다. 동료와의 갈등을 피하기 위해 이런 '의도적인 투명인간' 전략을 택하는 여성은 다정한 태도를 취해 주장의 강도를 낮추고, 관심을 끌지 않으면서 조용히 일을 진행해 "자기 할일을 끝냈다". 이런 방법을 택한 결과, 인망은 얻었지만 인정을 못 받는다고 느끼게 됐다.

이 여성들은 존재감을 드러내야 출세한다는 사실을 알았지만 대부분 눈에 띄지 않는 길을 택했다. 연구진은 이 여성들이 무엇보다 자랑에 대한 반감을 피하고 싶어한다고 파악했다. 이들 중 다수가 권위나 자기 주장을 내세운 여성이 불이익을 받는 상황을 경험하거나 목격했기 때문이다.

커리어를 발전시키고 자기PR법을 배우겠다며 나를 찾아온 클라이언트도 대부분 자랑의 역효과를 걱정한다. 물론 역효과가 일어날 수도 있다. 하지만 자랑을 해도 부정적인 결과를 전혀 경험하지 않을 가능성도 존재한다. 사실 자신을 위해(또 타인을 위해) 목소리 높이는 법을 배우면 커리어를 키우고 비약적으로 발전할 확률이 훨씬 더 크다.

분명하게 말하지만 당신이 밖에 나가서 용감하게, 건방지게, 거만하게, 직설적으로, 냉담하게 행동한대도 걱정하지 않는다. 그보다 그런 평가를 받을까봐 자랑을 피하고, 당신의 성과를 이야기하지 않으면 어쩌나 싶다. 계속 '친절'하게 행동하도록 돕거나 다른 사람의 감정을 배려하는 법을 가르치려고 이 책을 쓴 게 아니다. 이 책을 통해 자랑의 기술을 배우고 다른 사람에게도 비법을 전수해주면 좋겠다.

주변에 솔직하게 말하는 사람이 있는가? 특히 여자 중에 그런 사람이 있는가? 만약 그렇다면 그런 솔직함을 배우자. 롤모델로 삼아 그 사람을 보면서 어떻게 자기비하 표현을 쓰지 않고 자신의 성과와 요구를 명확하게 표현하는지 되새기자.

목소리를 높이기 위해 자신의 성과와 의도, 요구를 포장하지도 말고, 빙빙 돌리지도 말고 가능한 한 단순하고 명쾌하게 말하는 연습을 하면 좋겠다. 그런다고 단번에 임금 격차가 사라지고 직장에서의 성차별과 인종차별이 없어진다고 장담할 수는 없다. 하지만 자신의 목소리로 진심을 말한다면 업무 환경도 더 나은 쪽으로 변화하리라 믿는다.

신디 갤럽의 자랑론: 남자처럼 헛소리를 지껄이자

여성을 대변해 목소리를 내는 활동가이자 웹사이트 '포르노가 아닌 사랑을'을 만든 신디 갤럽에게 허풍은 없어서는 안 될 기술이다. 갤럽은 모든 여성이 본인을 위해 남자들처럼 쉽게 쉽게 말할 줄 알아야 한다며 다음과 같은 방법을 소개한다.

자기PR은 좋은 행동이다

나는 주저 없이 여자들한테 말한다. '왜 자기PR이 잘못이라도 되는 것처럼 말하죠?' 자기가 PR을 안 하면 누가 대신해주는가? (…) 여자도 남자들처럼 '헛소리'를 지껄이면 좋겠다. 굳이 이렇게 표현한 건 여자들에게 헛소리를 하라고 해도 그렇게까지 하지도 않는다는 걸 알기 때문이다. 여성들이여, 자신이 헛소리를 하는 걸까 고민할 필요가 없다. 절대, 결단코 남자들만큼 헛소리를 많이 하지는 않으니까.

자랑은 그저 해야 할 일이다

헛소리를 한다고 생각하지만 사실은 '진정한 모습을 보여줄' 뿐이다. 자기가 '자랑질'을 한다고 생각하는 여자들도 마찬가지다. 자랑은 자신의 모습을 보여주는 행위일 뿐이다.

세상이 입을 막는다면 더 자랑하라

여자로 태어난 순간부터 우리는 외모든 말투든 옷 스타일이든 자신에게 불안해할 수밖에 없다. '여자라면 이래야지.' '여자는 그러면 안 돼.' 평생을 여기서 벗어나는 데 쓰고, 죽을 때까지 못 벗어나는 사람도 있다.

생각을 말하라

이런 사소한 행동만으로 인생이 달라지고 커리어가 발전한다. 생각을 말하자. 아니, 정말로. **진짜** 자기 생각을 말하자. 왜냐하면 안 하니까. 특히 여자들이 맨스플레인mansplain, 맨터럽트manterupt를 겪는 건 일상이다. 말을 해도 가로막히고 무시당한다. 내려다보고, 가르치려들고…… 때로는 말을 해야만 자신이 정말 생각한 것이 무엇인지 깨닫게 되므로 자기 생각을 말해야 한다. 진짜 내 의견을 계속해서 억누르다보면 생각을 멈추게 되고 더는 자기 생각도 못 갖게 된다.

내 목소리는 내 가치다

자신만이 보일 수 있는 능력, 자신만의 시각과 관점과 통찰력이 있기에 그 일을 맡은 것이다. (…) 어색한 웃음을 터뜨리지 않을 선에서 최대한의 액수를 큰 소리로 말한다. 그러면 그만이다. 자기 가치를 보여줘야 한다. 지금까지 성취한 것들을 보고 자기 능력을 인정하자. 그리고 자신의 가치만큼 요구하자.

좋은 자랑을 만드는 법

완벽한 자랑은 없다. 하지만 좋은 자랑을 더 쉽게 구성해줄 네 가지 요소는 있다. 네 가지 요소를 어떻게 사용할지는 상황에 따라 크게 다르다. 요란스럽게 자랑하고 싶을 때도 있으니까(나는 자주 그런다. 알지 모르겠지만 관심받는 게 좋다). 때로는 단호하게, 때로는 절제하며 우아하게 자랑하고 싶다. 다 당신에게 달렸다. 운전대는 당신이 잡고 있다.

일단 자랑의 기술은 자기 자신, 자신의 일, 겉으로 보이는 업무 수행 능력을 어떻게 생각하는지, 그런 감정을 다른 사람에게 어떻게 전달하는지 마음속으로 계속해서 대화하는 과정이다. 당신 내면의 감정이 자랑의 필수 요소다.

좋은 자랑을 위해 네 가지 요소가 필요하다. 감사하는 마음, 자부심, 제대로 된 전달 방식, 쇼맨십이다. 빨간 글씨로 쓴 주의 사항이라고 생각하라. 얽매일 필요는 없지만 손을 잡고 함께 가야 한다. 자랑할 때마다 네 가지 요소를 다 집어넣으라는 이야기는 아니다. 하지만 앞에 나서서 말할 때 중요하게 고려할 지점이다. 하나만 적용해도 되고, 여러 개를 조합해도 된다.

감사하는 마음을 담자

감사하는 마음을 갖고 이를 말로 표현하면 놀라운 일이 벌어진다. 내가 경험한 바로는 감사함을 드러내면 나도 그렇고 주변 사람도 기분이 좋아졌다. 막연하게 들리겠지만 일반적으로 감사하는 마음이란 지금 무엇을 하고 있는지를 인식하고 그걸 즐긴다는 의미다.

자랑할 때는 감사하는 마음으로 하자. 당신은 여기에 멋진 여성으로서(아니면 남성으로서, 젠더 비순응자로서) 이 일을 하기로 나섰다. 축하한다! 크든 작든 각각의 성과는 당신과 주변 사람들의 노력덕이다. 한걸음 물러나 자신이 무엇을 성취했는지를 보고 현재 위치를 가늠하고 기뻐하자. 가끔 스스로에게 그리고 주변 사람에게 고맙다고 말하는 것도 감사함을 표현하는 방법이다. 쉽지는 않겠지만 하고 나면 뿌듯하다. 자신의 과거와 현재, 미래에 감사하는 긍정적인 마음가짐이 생긴다. 인터넷상에는 눈부신 자랑이 가득한데 나는 어느 목표에도 '도달'하지 못했다고 느낄 수도 있다. 그런데 그거 아는가? 확실한 결승점은 누구에게도 없다. 그러니까 진정한 의미의 도달은 존재하지 않는다.

주변 사람들이 자신보다 잘나간다고 느껴질 때는 감사한 마음이 들지 않을 것이다. 매일 기분이 아주 별로일 것이다. 이해한다. 나도 늘 다른 사람의 인스타그램이나 새로운 회사를 보고 '이 사람은 나보다 잘나가네' '나보다 예쁘네' '나보다 근사한 옷이 많네' 이런 생각을 한다. 그럴 때마다 우울해진다. 내가 하지 않은 일이 아니라 해낸 일을 감사하고 소중히 여기며 감사하는 연습을 하면, 단순히 기분을 좋게 해주려는 무의미한 말처럼 들릴지도 모르겠지만, 실제로 효과가 있다. 요즘의 처음what's new, 현재what's now, 다음what's coming up next 문화에서, 감사하는 마음을 지켜나가기란 참으로 힘들 것이다. 단련을 해야 한다.

감사하는 마음을 가지려면 시간과 연습이 필요하다. 당신의 일에서 감사거리를 찾아보라. 나는 종종 목록을 만들어서 감사할 만한 일이 생기면 아무리 사소해도 다 정리해둔다. 내 목록에는 이런 내용이 있을 것이다. "오늘 기사를 다 썼다." "오늘 침구 정리를 했다." "우리 강아지가 너무 예뻐서 심장이 터질 것 같다." 강연을 해서 감사하든, 어려운 회의를 무사히 마쳐서 감사하든 작은 성과가 쌓여 커다란 승리가 된다. 자신이 어디서 왔는지 잊지 않도록 되돌아보는 습관도 훌륭하다. 나도 다시 한번 되새길 필요가 있는 얘기다.

클레어 사피츠: 부담감은 선물이다

클레어 사피츠는 설마 자신이 입소문을 타고 유튜브 스타가 되리라고 상상도 못 했다. 사피츠는 셰프로, 푸드 매거진 『보나페티』의 유튜브 채널에서 '고메 메이크스'라는 시리즈를 진행하며 요리책도 출간 준비중이다. 그는 원래 보이지 않는 곳에서 요리만 하던 사람이었다. 정크푸드를 따라 만드는 도전에 수백만 명이 관심 가질 줄은 꿈에도 몰랐다.

"카메라 앞에 서고 싶다고 한 번도 생각한 적이 없었어요. 정해진 연기를 하는 제 모습을 그려본 적도 없고요. 사람들 앞에 나서거나 주목받는 상황이 편한 적도 없었어요. 카메라 앞에 서면서 예전에는 미처 몰랐던 성향을 탐구해보게 되었죠. 그러기에는 적합하지 않은 제 성향도 직시해야 했고요. 너무 내성적이었거든요."

내향성은 어떻게 극복해야 하나?

"저는 부담감이 감사해야 할 선물이라고 봐요. 영상을 보고 재미있다고 말해 주면 얼마나 고마운지 몰라요. 피드백을 받고 사람들이 왜 제 영상을 보는지 알게 됐어요. 사람들은 일상에 기분전환할 만한 거리가 없었던 거죠. 그걸 알게 되니 정말 행복해지더라고요."

감사할 줄 아는 건강한 태도는 자신이 인생의 어떤 점에 감사해하고 행복을 느끼는지 의식하게끔 도와주기도 한다. 하버드대학교에서 발행하는 뉴스레터 헬스비트는 여러 연구를 종합해 "감사를 표현하면 더 행복해진다"는 결론을 내렸다.[4] 감사한다는 말이 나왔으니 하는 얘긴데, 이 책을 읽어주셔서 감사하다! 친구에게도 한 권씩 선물해주시면 더 고맙겠다. 윙크, 윙크.

자랑을 할 때는 아래와 같은 말로 감사를 표현할 수 있다.

- 메인 프로젝트 프레젠테이션에 제 아이디어가 반영돼서 정말 기쁘고 감사합니다. 기분 좋네요. 다음에도 기회를 얻으려면 어떻게 해야 할까요?
- 이번 클라이언트와 일하면서 즐거웠습니다. 그쪽에서도 제 일 처리 방식을 마음에 들어했다고 들었습니다. 맡겨주셔서 감사합니다. 다음에도 비슷한 클라이언트와 하는 프로젝트가 있으면 진행해보고 싶네요.

- 그날 회의 때 저를 칭찬해주셔서 정말 고마웠어요. 제 일을 인정받은 듯해서 기뻤습니다.
- 제가 패널로 참가한 토크 영상을 감사한 마음으로 공유합니다.
- 업계를 대표하는 임원진 명단에 올라서 영광이에요.
- 특집 기사 써주셔서 정말 고마워요. 거기다 표지 기사까지! 열두 살 때 제게 이런 날이 올 거라는 걸 알았더라면 놀라서 기절했을 거예요.
- 이렇게 대단한 여성분들과 한 공간에 있다니 믿을 수가 없네요. 정말 감사합니다.

평소 대화에서 사용하는 어휘와 일치해야 한다는 점을 유의하라. 딱히 자랑을 하지 않는 상황에서도 직장 동료에게 영광, 감사, 행운 같은 말을 자주 썼다면 이렇게 표현해도 진정성 있게 들릴 것이다. 자랑할 때만 이런 어휘를 사용한다면 주변에서 당신을 의뭉스러운 사람으로 여길 것이다.

감사하는 마음을 나누면 주위에도 긍정적인 기운이 퍼져나간다. 같이 성과를 낸 사람들에 대한 이야기도 빼놓지 않고 하면 서로 힘을 실어주는 환경이 만들어지고 함께 발전해나간다. 감사를 전하면 자랑할 때의 찝찝함도 줄어든다. "이렇게 특별한 프로젝트에 참가하다니 정말 운이 좋네요"라거나 "부서의 발전을 이끌 기회를 주셔서 진심으로 감사합니다" 같은 말로 감정을 드러내면 사람들도 당신의 성과에 마음을 쏟고, 그런 따스함 때문에라도 당신과 더 함께 일하고 싶어한다. 일단 기분이 좋으니까.

자부심을 가지자

자신이 한 일에 자부심을 갖고 다른 사람들에게도 이를 전해야 한다. 사람들은 보통 무언가를 "해야 한다"는 엄격한 표현으로 스스로를 재단하며 자신이 하지 않은 일에 초점을 맞춘다. 하지만 자부심을 가지자는 건 당신의 일과 아이디어가 관심과 칭찬을 받을 가치가 있어서 하는 말이다. 그 사실을 받아들이기가 쉽지 않겠지만, 자신이 칭찬을 받을 만하다는 사실을 받아들이고 그런 칭찬을 어떻게 활용할지 궁리하는 과정도 자랑의 기술에 포함된다. 계속 자기비판을 해야 한다고 배운 사람은 자부심을 표현하는 걸 껄끄러워하거나 자신은 그럴 만한 사람이 아니라고 생각하기 쉽다. 거기서 벗어나려면 깊게 생각하고 자신에 대해 그리고 일에 대해 믿음을 가져야 한다. 나도 그런 연습을 끊임없이 한다. 그러지 않으면 깐깐한 비평가처럼 스스로를 깎아내리는 말이 본능적으로 튀어나온다.

자부심이 중요하다는 걸 알아도 입에서 선뜻 말이 나오지 않는다. 우리는 너무 빨리 자기비하를 한다. 러비 아자이도 이렇게 말했다. "누군가 당신에게 일을 형편없이 했다고 말하면 '그 말이 맞아'라고 생각할 것이다. 하지만 누군가 당신에게 어쩜 그렇게 대단한 일을 했느냐고 하면 그 말을 의심한다. 대체 왜 비판은 받아들이면서 칭찬은 인정하지 않을까?"

자부심의 묘미는 남 앞에서 모범을 보인다는 데 있다. 해방감을 맛보자. 감정을 공유하면서, 당신의 자랑을 듣거나 읽는 사람들도 다 같이 자기 일에 자부심을 갖자고 응원하자. 일을 해냈으면 그 사실을 알리고 자부심을 가져야 한다. 맨 앞줄에 서서 춤을 추라. 일단 춤을 추면 다른 사람들도 뒤따를 것이다.

SNS 전략가이자 역사학자, 미술 평론가인 킴벌리 드루도 이렇게 말한다. "너무 많은 사람들, 특히 나처럼 여자이면서 유색인종인 사람들은 미디어의 족쇄와 유해한 근무 환경 때문에 자신을 믿지 못하고 겁을 먹는다. '너무 거만하다' '콧대가 높다' '자기중심적이다' 이런 말만 들으니까. 하지만 자기 자신이 아니면 누가 중심이어야 하는가? 내가 중심이면 왜 안 되는가? 나를 찬양하면 안 될 이유가 있나? 내가 아니어도 어차피 세상에서 당신의 존재를 원하지 않는 곳들이 있는데 나는 그냥 더 뽐내면 안 되는가?" 이런 태도는 다른 사람이 자랑할 때도 힘을 실어준다. 당신이 자랑하는 모습을 보면서 그 사람도 마음속에 간직하고만 있던 이야기를 공유할 수 있다. 그러니 훌륭한 본보기가 되도록 노력하자.

다음과 같은 표현을 사용해보자.

- 지난주에 쓴 이 보고서가 너무 자랑스럽다.
- 업계를 이끄는 분들과 함께 패널로 참가하게 되어 기쁘다.
- 이번에 대형 프로젝트를 기한 내에 끝내서 정말 자랑스럽다. 이 프로젝트 덕분에 우리 회사의 중요한 거래처도 좋은 결과를 얻었다.

전달 방식을 고민하자

감사하는 마음과 자부심은 마음가짐으로, 이 두 가지 마음을 길러야 자신을 완벽하게 보여줄 수 있다. 당신이 다가가고 싶은 타깃층에 맞게 자랑하려면 전달 방식을 그에 맞추어야 한다. 자랑을 잘하는 사람은 자신이 한 일을 무작정 말하기보다는 의도적으로 표현한다. 엉뚱하게 전시하거나 활용하는 매체를 잘못 택하면 낭패를 볼 수 있다. 그러면 아무 효과도 얻지 못하고 멋진 옷만 쓸데없이 낭비할 수도 있다(내 개인적인 두려움이다).

자랑이 어떻게 보일지를 고려하라. 누가 당신의 이야기를 들어줄지, 그 사람들이 무엇을 원할지 고민해야 한다. 그런 다음 자랑을 가장 효과적으로 전달할 수단을 고른다. 말로 자랑할 것인가? 이메일로 할 것인가? SNS로 할 것인가? 회의나 강연에서 자랑할 것인가? 아니면 여러 가지를 조합해서 자랑할 것인가?

표현은 타깃마다, 목적마다 달라져야 한다. 예를 들면 인스타그램 같은 플랫폼에서 자랑을 할 때는 무엇을 자랑하는지 분명하게 보여주는 사진을 넣어야 한다. 해시태그와 다른 플랫폼의 주소는 물론 프로필에 링크를 넣어뒀다고 안내해야 한다. 자신이 어떤 내용을 공유하는지, 어떤 환경에서 공유하는지 늘 염두에 둬야 한다.

또한 자기만의 개성 있는 방법으로 자랑해야 한다. 다른 사람처럼 되려고 무리하지 말자. 너무 심각하지 않게, 솔직하고 진실하고 진정성 있게 자랑하자. 당신에게 편안한 단어를 사용하고 존재감을 조금 과시한다고 두려워하지 말자.

아래 예문에 나오는 표현을 사용해보자.

- 떨리는 마음으로 강연 사진을 공유합니다. 프로필에 올려둔 링크로 들어가면 영상도 볼 수 있어요. 관계자 여러분 @(주최자)와 @(다른 참가자) 감사합니다. (인스타그램에 자랑할 때)
- 제가 쓴 기사를 공유하고 싶습니다. 널리 퍼져나갈 수 있게 도와주세요. "@(내 ID)가 쓴 기사 참 좋더라. 자세한 내용은 (링크)에서." (트위터에 자랑할 때)

에마 그레이의 자랑론: 내 자리 지키기

『소녀들이여, 함께 세상에 고하자A Girl's Guide to Joining the Resistance』를 쓴 작가이자 팟캐스트 진행자 에마 그레이는 메시지를 일관성 있게 전하기가 어렵다고 말한다. 그렇지만 그레이는 어려움에 굴복하지 않고 다른 사람들에게도 선한 영향력을 발휘했다. 다음은 그가 사용한 방법이다.

거창한 행동을 하지 않아도 자기 자리는 지킬 수 있다

팟캐스트 진행자가 되고 싶으면 팟캐스트 에피소드를 하나 녹음한다. 노트북으로 시험 삼아 녹음해보자. 글을 쓰고 싶으면 글을 쓴다. 그냥 해보는 것이다. 외면받아서 실망할 가능성, 인정받아서 기쁠 가능성을 다 열어둔다. 둘 다 어떤 일을 해도 빠지지 않는 감정이니까. 여성은 다른 사람을 보살피는 존재로 사회화됐다. 자랑을 하면, 아니 자신이 성취한 걸 인정만 해도 설 자리가 넓어진다. 자신이 가치 있는 일을 했고, 실질적으로나 심적으로나 존재감을 인정받아야 한다는 사실을 세상에 알리자.

일에 대해 이야기하라

설치지 말고 가만히 있으라고 배운 (너무나도 많은) 여성들은 자기 성과를 쉽게 인정하지 못한다. (…) 나도 프로필을 쓰다보면 책을 썼다는 사실을 까먹고 빼놓곤 한다. 사람들이 '책 쓴 거 축하해'라고 할 때도 감정을 억제하고 그냥 이렇게 말한다. '에이, 작년 얘기야. 별 내용도 아니었어. 베스트셀러도 아니었고.' 나도 모르게 내 성과를 깎아내린다. 다른 사람들은 그런 수치를 신경 안 쓰는데 말이다. 내가 실패자가 된 것처럼 느끼든, 옆 사람보다 일을 더 잘했든 아무도 관심 없다.

친구는 최고의 광고 수단이다

최고의 바이럴 마케터는 친구들이다. 직접 홍보하는 게 훨씬 어렵다. 이런 질문으로 연습해보라. '나랑 가장 친한 친구라면 나를 어떻게 소개할까? 내 어떤 점을 좋아한다고 말할까?' 스스로를 얘기할 때도 그런 식으로 해야 한다. 친구의 사랑, 관심, 애정을 담아서.

진보는 하루아침에 이루어지지 않는다

여자들이 불공평하다거나 남들 눈에 나쁘게 보이지 않게 자신을 홍보할 공간이 없다고 느낀다면 이는 전부 뿌리부터 썩은 성별 규범 때문이다. 여성, 유색인종, 성소수자 들이 자기 인생의 주인이 되기 위해 매일 쏟는 노력을 깎아내릴 생각은 없다. (…) 하지만 더 큰 변화를 확인할 때, 의회나 뉴스룸 같은 데서 힘있는 여성이 더 많아진 모습을 목격할 때면 희망이 부풀어오른다. 결국에는 우리 사회의 시스템도 변하리라 믿는다. 하지만 아직은 갈 길이 멀다.

쇼맨십을 더하자

내용, 태도, 전달 방식을 완벽하게 갈고닦았으면 활기를 더해보자. 쇼맨십은 표현을 더욱 돋보이게 해주는 장식이자 기교다. 원한다면 약간의 '매력 발산'을 더해서 개성을 드러내자. 나야 당연히 쇼를 즐긴다. 이제 당신만의 쇼를 시작할 차례다. 단, 진짜라고 생각하는 모습을 보여주자.

즐길 수도 있다. 자랑을 심각하게 해야 하는 건 아니다. 열심히 노력해야 하는 건 사실이지만, 사이사이 재미를 누리자. 철저하게 준비하되, 그 과정에서 즐길 여유를 챙기자. 기본기를 완벽하게 터득하고 나면 이렇게도 저렇게도 시도하고 도전해보라. 재미있고 즐거운 방법을 찾아 반복하면 된다.

유머 감각도 중요하니 겁내지 말고 약간의 재미를 더하라.[5] 채용 전문 기업 로버트 하프에서 설문 조사를 진행한 결과, 이런 사실이 밝혀졌다. "CFO 다섯 명 중 약 네 명(79퍼센트)이 직원의 유머 감각으로 그 사람이 조직 문화에 잘 맞는지 평가한다고 응답했다." 유머 감각은 리더에게도 중요하다. 벨 리더십 연구소에서 근로자 2700명을 대상으로 조직 내 리더의 강점을 묘사해보라고 하자 '유머 감각'과 '직업정신'이라는 표현이 제일 많이 등장했다.[6]

재미있고 뻔뻔하면 취직에도 도움이 된다. 온라인 취업 사이트 커리어빌더가 2000명 이상의 인사 관리자를 대상으로 설문 조사를 했는데, 지원자 두 명의 능력이 비슷하다면 둘 중 더 유머 감각 있는 쪽을 뽑는다고 응답했다.[7] 자신만의 독특한 양념을 첨가하고 자기 자신을 웃음의 소재로 삼으면서(자기비하는 하지 말고) 사람들에게 개성을 보여주자. 개성만 잘 보여줘도 자랑할 때 많은 도움이 된다. 나는 전에 누군가에게 "여성 경영인계의 지미 키멜▼"이라는 말을 들었는데, 지금까지도 그 말을 잘 써먹고 있다.

▼ 미국의 코미디언, 토크쇼 진행자.

당신이 즐기면 다른 사람들도 함께 즐기고 싶어한다. 처음 강연을 했을 때 나는 하나라도 완벽하게 '해내지' 않으면 안 된다고 생각해 즐기지를 못했다. 시간이 지나고 강연도 자주 하면서 겨우 무대를 즐기게 됐고 존경하는 스탠드업 코미디언들의 영상도 많이 봤다. 그러면서 약간의 몸개그와 웃음이 나오는 이야기를 더했다.

유머는 관객의 몰입에도 효과가 있지만, 당신도 기분 좋아지고 즐기게 만든다. 농담이나 익살에 자신이 있고 다른 사람들에게 이를 공유하고 싶다면 망설이지 말라. 유머는 코미디언이나 연기자에게 특히 더 필요하겠지만, 일상적으로 일하면서 개성을 드러내고 싶은 당신 같은 사람에게도 못지않게 중요하다. 당신이 어떤 사람인지 보여주는 건 인간미를 드러내는 일일 뿐이다.

나는 밈meme을 좋아하고 자칭 코미디 마니아다. 하지만 오랫동안 그걸 내 직업과 결합할 수 없다고 생각했다. 나는 진지한 사업가여야 하니까! 웃기면 안 됐다. 그러다가 내 개성의 큰 부분을 놓치고 있다는 생각이 들었다. 오랫동안 파인포인트도 그렇고, 개인 웹사이트를 비롯한 작업물을 통해 나는 '이렇게 하면 내게 의뢰를 하겠지?' 싶은 따분한 이미지만 보여줬다.

개인이든 회사든 웹사이트를 보고 사람을 뽑지는 않는다. **사람 그 자체**를 보고 뽑는다. 사업가의 모습이라고 생각했던 내 이미지가 아니라 나라는 사람을 보고 클라이언트가 의뢰를 한다는 사실에 익숙해지자 이를 깨달았다. 내 모습과 작업물을 완벽하게 연출하려 노력했지만 그러는 게 의뢰에 도움이 되기는커녕 오히려 방해가 됐다. 이제는 무엇을 하든 나만의 유머와 색깔을 더한다.

쇼맨십은 아주 개인적인 요소라 자랑하는 사람마다 다르게 구현된다. 쇼맨십은 자신이 한 일을 거짓 없이 즐겁게 보여주는 방식이다. 배우고 시험하는 과정이 필요하지만 원하는 표현을 사용해본다거나, 새로운 방식으로 기량을 보여줄 수 있다. 자기 강연 중 하이라이트 부분을 시리즈로 묶어서 보여주는 친구를 예로 들어보겠다. 그 친구는 멋진 콜라주 기법으로 영상을 제작해서 예술 감각을 발휘했다. 친구는 자신이 가진 두 가지 면을 보여주고, 기억에 남는 자랑을 만들어 진정한 자기 방식으로 표현했다. 당신도 자랑할 때 자기만의 장기를 이용할 수 있다. 움직이는 사진이나 영상 클립을 넣는다거나, 라임에 맞게 문장을 구성한다거나(유치하지만 귀엽지 않은가!), 말장난을 시도해볼 수도 있다.

핵심은 앞에 있다

'커다란 목소리'라고 할 때 목소리 크기만 중요한 게 아니다. 단어를 선택하는 순서에도 주의를 기울여야 한다. 어떻게 서술할지도 중요하지만, 맨 앞에 어떤 단어를 놓을지가 가장 중요하다. 사람은 맨 먼저 듣는 말을 기억하기 때문이다. 내가 로스앤젤레스에 살 때 만나는 사람마다 자기소개를 하면 자기 포부부터 밝힌다는 게 재미있었다. 배우, 음악 제작자, 뮤지션이면서 우버 기사인 사람을 수도 없이 만났다.

자신을 설명하는 말의 순서가 원하는 목적지를 결정하고 그곳으로 데려다준다. 내가 누누이 이렇게 말하는 데는 여러 가지 이유가 있다. 세라라는 클라이언트를 예로 들어보자. 세라는 정부 기관에서 조사관으로 일했다(이렇게 쓰니 스파이처럼 들리지만 스파이는 아니었다).

당시 하는 일도 좋았지만 세라는 조사보다 조정 일을 더 많이 하고 싶었다. 양쪽이 타협점을 찾도록 돕고 싶었다. 나는 세라에게 지금부터 조정관이라고 자기소개를 하라고 했다. 안 그러면 원하는 목표를 이룰 수 없다면서 말이다. 거짓말을 하라는 건 아니었다. 세라는 전에도 조정 업무를 했으니까. 앞으로 더 하고 싶은 일이 있다면 그 일과 관련된 기술을 자랑해야 한다. 첫마디로 조사 업무를 담당한다고 말하면 계속 그 일만 진행하게 되고 조사관으로 이미지가 굳어진다.

세라는 아직 제대로 얻지 못한 타이틀을 내세우기가 불편하다고 말했다. 하지만 '얻는다'라는 기준은 세라 본인의 생각이었다. 박사 학위가 있어야 확실한 타이틀을 얻었다고 느끼는 사람이 너무 많다는 사실을 세라에게 일깨워주었다. 아까 음악 제작자라던 우버 기사를 만났다는 얘기를 기억하는가? 그 사람들은 꿈이 있었고 LA 국제공항으로 나를 태워다주는 일로 자신을 규정하지 않았다.

세라는 그후 자기 일을 설명할 때 '조정'부터 언급했다. 그러자 상사가 알아차렸다. 세라는 SNS 소개란과 프로필에서도 맨 뒤에 써두었던 '조정관'이란 단어를 맨 앞으로 배치했다. 세라가 조정관이라는 타이틀을 강조하자 이를 본 상사는 세라를 진지하게 조정관으로 대했다. 같이 일하는 대리인들도 세라의 관심사에 주목하며 조정관 일로 찾아왔다. 회사를 통해 기회가 더 많이 생겼다. 더 많은 교육 프로그램에 참가하고 조정 업무를 더 많이 맡으며 그토록 원하던 경험을 쌓을 수 있었다. 팀이 커지면서 마침내 세라는 소속 조정 담당자들을 교육하는 일을 맡게 됐다. 세라가 '조정관'이라는 타이틀을 채택했기 때문에 동료들도 세라를 조정관으로 인식할 수 있었다.

나는 이런 실수를 수도 없이 본다. 내 클라이언트들은 어떤 쪽으로 커리어를 인정받기를 원하면서도 그 얘기를 프로필 마지막에 써둔다. 그러고는 더 발전하고 싶은 쪽으로 인정받지 못한다며 좌절한다. 강연을 더 하고 싶은데 의뢰가 많이 오지 않아 실망한 클라이언트도 있었다. 그 클라이언트의 프로필을 보니 작가, 자선사업가, 그리고 강연자라고 써두었다. 자기소개에서 '강연자'를 마지막에 배치해두고 다른 일을 더 강조하고 있었다. 그러니 강연자보다 작가로 더 진지하게 보는 것도 당연했다.

이런 사례는 무척 흔하다. 우리는 자신을 현재 상태로 설명하지, 무엇이 되고 싶은지로 말하지 않는다. 강연자가 되고 싶다던 내 클라이언트는 자신을 작가라고 생각했다. 그렇다면 이제부터 자기소개에 '강연자'라는 말을 맨 앞에 놓으라고 조언했다. 프로필, 이력서, 웹사이트, 이메일 서명까지 전부 다 바꾸라고 했다. 목표 지향적인 말로 자신을 설명하자 강연 의뢰가 들어왔다.

당신도 자신을 설명할 때는 사실에 가깝다고 생각하는 순서대로 나열하기보다는, 목표를 지향해야 한다. 사람들이 당신을 어떻게 인식하느냐는 당신이 결정한다.

약점을 드러내라

신체상의 문제든 정신상의 문제든 일상생활에서의 어려움이든, 개인적인 약점을 드러내는 것도 중요하다. 공감이나 믿음이 가지 않는 완벽한 로봇을 보고 싶어하는 사람은 아무도 없다. 불편하지 않을 만큼 자신을 열어 보이자.

쉽지 않은 일이지만 당신의 진정한 모습과 일치한다고 느끼게 하려면 약점을 드러내는 진솔함이 큰 역할을 한다. 이런 면이 있어야 다른 사람들도 당신의 진정한 모습을 볼 수 있다. 나는 유독 힘들었던 2015년에 그 사실을 분명하게 깨달았다. 당시 꿈과 희망을 다 걸었던 큰 프로젝트(내가 기대치를 잘못 설정했다)가 망했다. 나는 절망했다. 혼란스럽고, 불안하고, 슬펐다(우울증과 불안장애로 치료받는 사람으로서 극도의 우울감을 겪었다). 나는 강하고 다정한 여성들이 속해 있는 메일링 리스트에 속마음을 모조리 털어놓자고 결심하고 그들에게 도와달라고, 위로해달라고, 가르쳐달라고 부탁했다. 모든 사람이 보는 공간은 아니었지만, 내 감정을 멀리까지 전달할 참이었다. '전송' 버튼을 누르기가 두려웠다.

메일을 보내자 백 통 넘게 답장이 왔다. 잘 모르는 사람들도 안부를 묻고 고민에 답해주었다. 한 번도 만난 적 없는 사람들이 카드와 선물을 보내오며 자기도 '같은 심정'이라고 이야기했다. 그러고 나니 전처럼 외롭지 않았다. 응원을 받은 기분이었다. 한편으로는 놀라웠다. 그 정도로 우울해지기 전에 도와달라고 손을 뻗을 걸 그랬다는 후회도 들었다. 하지만 이 일을 통해 진실을 말하고 약점을 보이는 행위가 얼마나 대단한지 배웠다. 몇 년이 지나서도 그 메일링 리스트에 있던 사람들이 나에게 그때 일을 언급한다. 진심을 나눈 덕에 나약한 사람이라는 이미지가 아니라 오래도록 잊히지 않는 인상을 남겼다. 나는 인정을 받았다. 살아가며 무력하다고 느끼는 순간에도 그때 받았던 힘은 평생 잊지 못할 것이다. 내가 받은 답장에는 친절과 공감을 담은 표현이 가득했다.

진정한 모습을 보이기가 불편하다는 사람도 있을 것이다. 그 메일링 리스트에 있던 사람 중 누군가는 몇 년 후 저녁 만찬 자리에서 그런 메일은 뭐하러 보냈느냐고 물었다. 잠재 클라이언트에게 '나약'한 사람으로 보일 거라면서 말이다. 그가 다른 사람에게 진심을 내보이는 걸 얼마나 불편해하는지 느껴졌다. 내가 받은 답장들과는 결이 달랐다. 나한테 그렇게 말해도 괜찮다고 생각했다는 점에서도 그렇지만 약점을 드러내기 두려워하는 자기 문제를 내게 투영했다는 점에 화가 났다. 쇼맨십은 중요하다. 하지만 좋은 일에만 쇼맨십을 보일 필요는 없다. '약점'이 아닌가 싶은 것이 실제로는 가장 큰 강점일 때도 있다.

자랑을 규칙적인 습관으로

미리 준비만 해도 자랑의 기술은 거의 다 익혔다고 할 수 있다. 생각을 말한다거나, 업적을 설명한다거나, 대세와 다른 의견을 낼 기회가 왔다고 가정하고 미리 그에 맞는 시나리오를 구상해둬야 한다. 양치질처럼 자랑도 습관이라 여기고 규칙적으로 하면 더 좋다. 몇 가지 아이디어를 보자.

- 매주 혹은 매월 자랑하는 날을 정해 달력에 표시해둔다.
- 사장이나 팀장에게 알릴 수 있도록 올해 성과와 목표 달성치를 계속 기록해둔다.
- 팀장 등 상사에게 메일을 보낼 때 최소 한 달에 한 번은 자랑을 넣는다.
- 주변에서 진행 상황을 파악할 수 있도록 사소한 성과도 일주일 단위로 공유한다.
- 자랑거리를 확인할 법한 곳들을 평소에 목록화해두고 자랑거리가 생기면 거기에 기록한다.
- 수상, 승진, 성과 등 회사에서 일하며 발전했음을 보여주는 모든 목표를 염두에 둔다.
- 자원봉사, 스포츠팀 활동, 지역사회 활동처럼 업무와 무관한 성과를 자랑한다.

자랑이 어디서 물 흐르듯 자연스럽게 느껴질지 생각해보라. 때로는 자랑이 자연스레 나오지 않아 억지로 밀어붙여야 할 때도 있다. 매주 주간 회의 때 성과를 이야기하는 시간이 있는가? 그렇다면 답변을 공들여 준비하자. 그런 시간이 따로 없다면 당신이 앞장서서 주도해야 한다. 당신이 회의에서 성과 보고 시간을 고정적으로 가지면 주변 사람들도 자기 성과를 공유할 것이다.

자랑하기에 중요한 순간임에도 깜빡할 때가 있는가? 누군가 자랑하라고 판을 깔아줬다면 자랑을 확실하게 준비하자. 팀을 대표해 자랑할 기회는 절대 놓치지 말자.

체크 포인트

좋은 자랑을 위한 네 가지 요소인 감사하는 마음, 자부심, 제대로 된 전달 방식, 쇼맨십을 이용해 자랑을 몇 가지 만들어보자.

세번째 핵심 요소
치밀한 전략

기업 임원들을 대상으로 개인의 목소리와 퍼스널브랜드 만드는 법을 컨설팅한 적이 있다. 그러고 나서 젊은 직원들의 상담도 부탁받았는데, 그중에는 갓 대학을 졸업한 신입 사원도 있었다. 그중에서도 나이가 가장 어리고 존재감을 드러내려면 아직 갈 길이 먼 친구가 하나 있었다. 이 친구는 그저 회의 때 의견을 말하고 사람들이 자기 말을 들어줬으면 할 뿐이었다.

문제는 이 친구의 상사가 회사에서 관심과 인기를 한몸에 받는 성공한 여성이라는 데 있었다. 상사는 거리낌없이 자기 의견을 말했다. 그런 상사는 목소리를 더 내면 될 텐데 그러지 못하는 부하 직원을 이해하지 못했다. 용기를 주려고 해봤지만 둘의 스타일은 너무나 달랐다.

나는 주저하는 신입의 심정을 백번 이해했다. 이 친구도 말하기보다는 듣기를 좋아하고 모든 정보를 정리한 후 반응을 가다듬어 전하고 싶은 그야말로 조용한 실력자였기 때문이다.

이 신입 사원과 여러 차례 만나 회의에서 어떻게 발언할지, 나아가 동료와 클라이언트에게 어떻게 목소리를 낼지 전략을 의논했다. 작은 걸음부터 시작했다. 일주일에 한 번은 회의 자리에서 질문을 하라고 과제를 냈다. 어디 앉을지 같은 세부 사항도 정하고 정확히 무슨 말을 할지 대본도 썼다. 회사 내 멘토를 찾아가 부탁할 것도 두 가지 일러줬다. 하나는 의견을 냈을 때 동조해달라는 부탁이었고, 다른 하나는 소리 높여 이야기해도 괜찮다고 느끼게 자신에게 힘을 실어달라는 부탁이었다. 이 사원은 매주 최소 하나의 질문을 적어서 회의실에 들어갔다. 회의 때 메모를 해서 가져가라고 하면 어떻게 보일지 걱정하는 사람이 많다. 메모를 해서 들고 가면 준비성이 철저한 사람처럼 보이기만 할 것이라고 나는 권한다. 종이 쪼가리에 뭐라고 적혔는지 아무도 모른다. 준비를 철저히 하면 자랑을 둘러싼 두려움이 많이 사라진다.

일주일에 하나씩 질문을 하면서 신입 사원은 회의가 갈수록 편해졌다. 나중에는 미리 질문을 써가지도, 어디에 앉을지도 계산하지 않게 됐다. 참여가 익숙해지자 전처럼 세세한 부분까지 계획할 필요가 없었다. 컨설팅이 끝날 즈음 이 사원은 계속 회의에 참여하며 동료들과 대화하고 있었다.

자랑의 전략을 세우려면 내가 무엇을 원하는지, 타깃이 누구인지 확실하게 파악하고 목표에 맞게 준비해야 한다.

당신이 이름을 알렸다는 이상적인 신호는 무엇인가? 자랑을 통해 얻고자 하는 꿈의 결과가 무엇인가?

일류 기업 인턴십일 수도 있다. 근사한 첫 직장일 수도 있다. 세상에서 제일 지루한(하지만 중요한) 스포츠인 인맥 쌓기를 더 즐겁게 하면 좋겠다는 사람도 있을 것이다. 이사로 선출되기를, 연봉이 대폭 오르기를(그 돈을 차지하라!), 회사가 상장되기를 바라는 사람도 있을 것이다.

성공했으면 하는 유망한 클라이언트, 친구, 동료에게 나는 늘 원하는 꿈의 결과가 뭔지 묻는다. 멀게 느껴지는 꿈의 자랑을 마음껏 큰 소리로 말하라고 한다. 나는 마침내 『보그』 표지를 장식하고 자랑할 것이다. 내가 유명 디자이너 드레스를 입고 긴 의자에 옆으로 누워 있으면 우리집 강아지가 감탄하는 눈으로 나를 바라보는 모습이 담긴 표지다(제대로 생각해본 적 없는 게 티나는가?). 뉴욕 타임스에 내 이름으로 기명 기사가 실린다는 것처럼 전형적인 꿈도 있다.

엄청난 성과가 아니어도 된다. 앞에서 본 신입 사원처럼 작은 걸음부터 시작할 수 있다. 그 친구의 첫번째 목표는 회의에서 발언하고 참여도를 올리는 것뿐이었다. 당신에게 꿈의 자랑은 파격 승진일 수도, 올해 가장 높은 영업 실적을 올려 보너스 받기일 수도 있다. 현재보다 높은 강연료를 받는 것일 수도 있다. 내 친구는 기분이 조금 꿀꿀할 때, 강연회에 초청하고 싶은데 강연료가 얼마냐는 문의를 받고는 재미삼아 평소 받는 금액에 0을 하나 더 붙여서 답했다고 한다. 그러자 그쪽에서 좋다고 반응했다. 큰 꿈을 품으면 당신도 돈방석에 앉을지도 모른다.

원하는 곳을 향해 달려가고 상상하고 꿈을 꾸자. 재미도 재미지만 효과도 강력하다. 자기 분야와 상관없는 꿈의 자랑도 있을 것이다. 『롤링 스톤』을 너무 좋아해서, 칠 줄도 모르는 기타를 튕기는 포즈로 표지 모델이 되고 싶은 것처럼 말이다. 불가능은 없다. 원하는 것을 소리 내어 말하면 놀라운 가능성이 펼쳐진다. 그다음에는 그 목표를 향해 노력하면 된다.

무엇을 원하는가?

어떻게 보면 아주 무시무시한 질문이지만 이 질문을 잘게 쪼개 당신에게 맞출 수 있다. 대답하기에 너무 거창하고 살다보면 답이 계속 바뀌는 질문이라 무서울 수 있다. 그렇게 중요한 질문에 답을 하기는 힘들다. 그래서 많은 사람은 애초에 명확하게 답하기를 회피한다.

이 질문에 대한 답은 사람마다 다르고, 나이와 경력에 따라서도 달라진다. 자랑의 기술로 무엇을 원하는지 자세히 탐구해보라. 펜과 종이를 들고 이번주, 이번달, 올해 정확히 어떤 목표를 이루고 싶은지 적는다. 큰 덩어리도 잘게 쪼개면 무섭지 않다.

목표와 소망을 적었으면 각각의 의미를 생각해보자.

- 연봉이 오르면 친구나 가족과 쓸 휴가비가 늘어난다.
- 회의에서 발언 시간이 늘어나면 업무 기여도를 더 높일 수 있다.
- 책을 출간하면 사람들이 내 생각에 귀를 기울여주는 기분이다.
- 승진을 하면 동료 직원들이 내게 거는 기대가 높아질 것이다.
- 그 강연을 따내면 그보다 더 규모가 크고 급이 높은 강연회에도 참가할 가능성이 커진다.

자신이 무엇을 원하는지 알아내기란 쉽지 않지만 이것이 자랑을 시작할 때 안내도가 되어준다. 내 목표를 예로 들어보자. 말했듯이 나는 『보그』 표지 모델이 되고 싶다. (책에 구체적인 바람을 대놓고 외치면 현실로 이루어지지 않을까? 연락 기다리겠다, 『보그』.)

왜 원하는가?

▼

자, 왜 그 목표를 이루고 싶은가? 더 가치 있는 직원이 되었다고 느낄 것 같아서인가? 영향력을 얻고 싶어서인가? 두렵긴 하지만 요구할 자격이 있다는 사실을 알아서인가? 아니면 '그냥' 원하는가? 그냥도 상관없다. '왜'라는 질문을 던지면 그 뜻을 행동으로 옮기게 된다. 잠시 앉아서 이런 생각을 해보고 그 이유를 찾아보라. '왜'는 거창하거나 대단하지 않아도 괜찮다. 원하는 목표에 빛을 비춰주기만 해도 충분하다. 내가 왜 『보그』에 나가고 싶으냐면 패션에 애정이 있기 때문이다. 스타일 아이콘으로서 내 입지(아직은 머릿속에만 존재하지만)를 굳히기에 『보그』만큼 화려한 무대가 없다고 생각한다.

어떻게 얻을 것인가?

▼

목표를 달성하는 방법은 많지만 여기서는 당당한 태도, 커다란 목소리, 치밀한 전략이 어떻게, 왜 목표 달성에 유용한지 알아본다. 이번주와 이번달의 자랑 목표를 보고, 목표 달성에 필요한 단계를 생각해보라(연 단위 목표는 대답하기가 힘들다). 여러 가지 방법으로 가능할 테니, 어느 길을 선택할지도 생각한다.

다시 『보그』 얘기를 해보겠다. 나는 『보그』에서 어떤 저자나 기업가를 다루는지 알아볼 것이다. 그리고 이런 질문을 해보겠다. 직원 중에 아는 사람이 있나? 조사를 좀 하면 제안서를 누구에게 보낼지 적임자를 찾을 수 있을까? 『보그』 에디터들의 마음을 동하게 할 제안서를 쓸 수 있을까?

무엇으로 유명해지고 싶은가?

무엇으로 유명해지고 싶으냐는 질문은 거창하고 무섭고 부담스럽다. 나도 이런 질문은 받아치기 힘들다. 이게 직업인데도 말이다. 사람에게는 여러 가지 면이 있고, 지금 구체적으로 답하기가 힘들 수도 있다. 그래도 괜찮다. 우선은 힘들더라도 진정으로 원하는 것을 알아내는 노력이 필요하다. 그래야 적절한 전략을 짤 수 있다.

커리어를 쌓고 살아가면서 다양한 형태로 이 질문과 맞닥뜨릴 것이다. 지금 당장 완벽한 답을 해야 한다는 생각은 버리자. 그래서는 안 된다. 일단은 2~4년 후를 이야기해보자. 다음달에 대해 얘기해도 괜찮다. 다음주도 괜찮다. 내일 계획은 무엇인가? 나는 늘 사람들에게 모자를 여러 개 써볼 수는 있지만 밖에서는 하나만 쓸 수 있다고, 그러다보면 곧 이상한 페도라를 쓴 사람으로(아니면 당신이 선택한 다른 모자를 쓴 사람으로) 유명해진다고 얘기해준다. 다른 사람의 마음에 꽂히려면 그 사람이 무엇을 보고 싶어하는지 알아야 한다. 정해진 답은 없다. 처음에는 모호하더라도 이 질문에 대답할 수 있다면 성공을 향할 준비가 된 셈이다.

이 질문은 시간이 지나며 변하기도 한다. 나이가 들면서 그에 따라 욕구도 달라질 테다. 같은 분야에서도 다른 일을 추구하고, 아예 다른 업계로 넘어가는 사람도 있으니 대답도 달라진다.

이 질문에 대답하기 어렵다고 걱정하지 말라. 당신만 그러는 게 아니다. 주변에서 몇몇 사람을 골라 당신이 현재 어떤 점에서 유명한지 물어보자. 어떤 점에서 유명해져야 하는지 물어볼 수도 있다. 그 답을 통해 앞으로의 목표에 초점을 맞출 수 있다. 당신이 원하는 모습과 답이 많이 다를 때는 목표를 재조정할 수도 있다.

주변 지인들에게 설문조사를 부탁해도 좋다. 부탁할 사람을 뽑을 때는 다양한 시각을 가진 사람으로 구성하는 게 중요하다. 가족, 친한 친구, 가까운 지인, 현 직장 동료, 옛 직장 동료를 한 명씩 골라 보자. SNS상에서 아는 사람도 좋다. 그런 다음 메일로 아래 질문 중 하나나 그 이상을 보내 상황을 대강 설명하며 도움을 청한다.

- 내가 어떤 일을 한다고 생각하는가?
- 내 직업을 설명하라면 어떻게 말할 것인가?

• 내 일과 직업을 다른 사람에게 뭐라고 설명할 것인가?

이 질문에 대한 답으로 당신이 사람들에게 드러낸 모습이 스스로 인식하는 모습과, 본인이 원하는 모습과 일치하는지 확인할 수 있다. 지인들을 당신의 여정에 동참하게 할 수 있다. 주변 사람들은 귀중한 자원이다. 그들도 자신의 메시지를 생각해보게 될 것이다. 가족은 당신을 사랑하지만 당신이 정확히 무슨 일을 하는지 모를 수 있다. 친한 친구는 당신을 전문가가 아니라 평범한 친구로 볼 수 있다. SNS 지인은 불특정 다수에 어떻게 말해야 하는지에 대한 관점을 제시할 수 있다. 인맥은 훌륭한 거울이 된다. 당신의 모습을 비춰주므로 당신이 원하는 모습대로 보이는지 확인할 수 있다.

'유명해진다'는 말도 각자에게 의미가 다르다. 꼭 드레스를 입고 긴 의자에 누운 포즈로 잡지 표지에 실려야 유명한 게 아니다. 당신이 속한 모임에서, 더 넓은 범위의 사회에서, 아니면 직장에서 유명해질 수도 있다.

유명해지기 위해 당장 정확한 '노선'을 찾을 필요는 없다. 수년, 수십 년이 걸릴 테다. 그러지 말고 일단 발걸음을 내디딜 넓고 뻥 뚫린 길부터 찾는 데 집중하라.

이런 질문을 던져보라는 건 '비전 제시자visionary' '파괴적 혁신가disruptor' '사고 리더thought leader' 같은 거창한 용어를 버리라고 클라이언트에게 얘기하기 위함이기도 하다. 배트를 휘두르자마자 그렇게 막연하고 모호하기 짝이 없는 용어로 알려질 수는 없다. 그런 타이틀의 의미는 사람마다 다르다. 누군가 나를 찾아와 대뜸 '인플루언서'가 되고 싶다고 하면 그 순간, 표정 관리가 안 된다. 우리는 현실적이고 복잡하지 않은 이야기부터 함께 만들어간다.

당신의 업계에도 적용되는 얘기다. 누구나 아는 유명 평론가를 예로 들어보겠다. 그 사람도 처음부터 여러 주제를 폭넓게 다루는 제너럴리스트generalist 평론가로 등장하지는 않았을 것이다. 내 친구 중에는 아주 특정한 여성 관련 이슈로 유명한 전문가가 있다. TV에 출연했을 때 좋은 모습을 보여줘서 다른 여성 이슈를 다룰 때도 패널로 나섰고, 나중에는 더 광범위한 정치 이슈까지 확장해 이제는 모든 이슈에 의견을 내고 있다. 일단 첫번째 주제로 슬램덩크를 해야 다른 포지션도 다 뛸 수 있다(비유를 제대로 했는지 모르겠지만 무슨 뜻인지 대충 아시리라 믿는다).

다시 니나 얘기로 돌아가보자. 니나가 첫 출연에 대박을 쳤던 방송은 아주아주 구체적인 정치 이슈를 다룬 프로였다. 이후 니나는 같은 이슈로 또 인터뷰를 했는데 워낙 방송을 잘하고, 순발력이 좋고, 자기 분야에 지식이 해박하다보니 비슷한 정치 이슈 토론 방송에 다시 캐스팅 됐다. 니나는 이제 정치 체계, 정당, 선거 등 정치 이슈 전반을 넘나들며 논평한다. 작은 걸음부터 떼어 더 넓은 곳으로 나아간 것이다.

당신의 '노선', 그러니까 핵심 주제는 진짜 관심사여야 한다. TV 출연과 책 출간이 최고의 성공인 것처럼 예를 들었지만 열정이 있으면 큰 무대에서도 승리한다는 걸 보여주려고 그랬을 뿐, 그보다 더 작은 무대에서 승리할 수도 있다. 아니, 먼저 작은 무대에서 승리하고 나서 큰 무대에 도전해야 한다. 만약 자기 일에 사랑과 관심을 보이고 그런 마음을 공유한다면 반응이 나타날 것이다.

무조건 빨리 유명해지고 싶다는 사람들도 있다. 단기적으로 효과를 볼 수는 있지만 결코 오래가지 못한다. '벼락 성공'을 외치던 사람들에게 물어보라. 그런 건 존재하지 않는다. 있다고 해도 그 상태를 오래 유지하려면 장기적인 비전을 갖춘 기술이 필요하다. 자기 마음을 들여다보고 그 마음을 공유했으면 한다.

타깃을 고려하라

사람마다 노리는 타깃이 다르다. 누구에게 홍보하고 싶은지, 누구에게 물건을 팔고 싶은지, 누구에게 영향력을 발휘하고 싶은지 타깃에 맞춰 자랑해야 한다. 자신을 봐줄 사람이 정확히 어디 있는지 알아내는 데는 시행착오가 필요하지만 우선은 목표를 세우고 타깃부터 찾아간다.

내 클라이언트 중에 회사를 팔려는 사람이 있었다. 여기서는 레아라고 부르겠다. 레아는 성장세가 빠르고 몸담은 사람도 많은 교육 기술 분야에 종사했다. 레아는 회사를 이미 성공시켰지만 더 많은 자원을 가진 대기업에 회사를 넘겨서 회사가 더욱 성장하고 번창하길 바랐다. 하지만 그런 목표에 아무 도움이 되지 않는 자랑을 하고 있었다. 업계 종사자와 다른 기업가 사이에서는 회사의 인지도가 올라갔지만 레아의 회사를 살 사람은 거기 없었다. 즉, 엉뚱한 타깃에 집중하고 있었다. 목표를 이루기 위해 타깃이 어디 있는지, 그들이 무엇을 읽고 있는지 파악하는 것도 자랑의 기술이다. 그 사람들이 무엇을 보고 싶어하는지 구체적으로 알아야 했지만 레아는 그러지 않았다.

레아는 자기네 프로그램이 얼마나 흥미롭고 체계적인지 이야기했다. 하지만 레아가 진짜로 찾는 상대는 자기 회사를 인수할 대기업이었다. 새로운 타깃에 맞게 말도 다르게 해야 했다. 다시 말해 그 대단한 기업들의 관심사에 맞춰야 했다. 우리는 대기업이 관심을 두는 내용(성장, 관리, 수익 면에서의 성공)을 대기업이 신뢰하는 곳(인수, 계약, 투자 전문 매체)에서 대기업이 이해할 방식(구체적인 숫자)으로 자랑했다. 레아가 인수자로 눈여겨본 다섯 기업을 중심으로 전략을 짰다. 이들은 무엇을 읽는가? 정보를 어디서 구하는가?

과거에 어떤 회사들을 인수했나?

다가가고 싶은 기업과 다가갈 방법이 명확해졌기 때문에 레아는 효과적으로 타깃을 공략할 수 있었다. 그 타깃에게 레아의 회사와 리더십을 어필했다. 타깃이 있는 곳에 가는 것도 필요했지만, 타깃이 소통하는 언어로 말할 필요도 있었다. 레아는 재무 전문가는 아니었지만 숫자를 내세워 회사를 자랑했다. 얼마나 빨리 성장했는지, 얼마나 많은 돈을 쓸어 담고 있는지, 인수할 경우 예상 수익은 얼마인지 등 타깃의 언어로 핵심을 찔렀다. 사업을 인수하는 기업이 관심을 보이는 지표들이었다. 콘텐츠와 진정성도 물론 중요하지만, 투자의 본질은 돈이다.

이제 레아는 원하는 방향에 초점을 맞출 수 있었다. 전에 하던 식의 자랑은 그만뒀다. 원래 가까운 사이이거나 레아가 얼마나 대단한지 이미 아는 사람들에게 자랑하는 게 아니었기 때문이다. 자랑의 말투와 내용도 바꿨다. 그러면서 인수 미팅에 보여주기 적합한 자료를 만들었다. 회사의 수익을 제일 앞에 내세우고 실적과 가치를 보여줄 다른 지표들도 강조했다. 레아가 막연히 대중의 관심만 얻으려고 노력했다면 목표를 이루지 못했을 것이다. 관심은 누구나 얻을 수 있다. 하지만 여기서 핵심은 커리어에 필요한 타깃에게 관심을 얻는 것이다.

타깃이 누구인지도 중요하지만 온라인이나 오프라인 어디에 존재하는지도 알아야 한다. 예를 들어 영상, TV, 잡지, 온라인 매체, 팟캐스트 등 어디에 있는지 말이다. 타깃이 주로 팟캐스트를 듣는다면 테드 강연을 해봤자 그들에게는 들리지 않는다.

우리는 다양한 공간에서 살아가며 사람들은 저마다 다른 각도에서 콘텐츠를 소비하고 이해한다. 서로 다른 공간에 있을 뿐 아니라, (그렇다, 나는 인스타그램 중독이다) 서로 다른 때에, 서로 다른 방식으로 시간을 보낸다. 나는 아침과 밤에 인스타그램을 꽤 많이 본다. 타이밍도 중요하다. 나는 회사 뉴스레터를 타깃에 '적합'한 타이밍에 맞춰 발송하는데, 계산하기 어렵지 않다(뭐, 알고리즘이 대신 계산해주니까).

자랑을 탄탄하게 구성하는 것도 좋지만 자랑을 풀어놓는 타이밍도 중요하다. 제시도 해결이 안 되는 문제가 있다고 나를 찾아왔다. 제시는 지금 하는 일을 보조해줄 후임이 더 필요하다고 요구하고 싶었다. 일 때문에 꼼짝도 못 하는 상황이라 회사에서 자신의 과도한 업무량을 덜어줄 직원을 뽑아줘야 한다고 생각했다. 하지만 제시는 유능한 여성이 흔히 겪는 곤경에 처해 있었다. 어떻게 하면 '나약'하다는 꼬리표를 달지 않으면서 도움을 청할 수 있을까. 제시는 자기 일을 감당하지 못하는 사람이라는 인상을 남길까봐 걱정했다.

우리는 전략을 짜고 제시의 능력을 보여주는 동시에 도움이 간절하다는 뜻을 전달하는 자랑을 구성했다. 내 지시대로 제시는 상사에게 자기가 한 일을 자주 자랑했다. 자랑을 마칠 때는 시간만 더 주어졌다면 어떤 일들을 더 할 수 있었을지 알렸다. 팀장은 제시가 귀중한 인재라는 사실을 알았지만, 제시의 시간을 좀더 효과적으로 쓸 수 있다고는 미처 생각지 못했다. 팀장이 언제 예산 회의에 들어가는지 알았기 때문에 그때에 맞추어 자랑을 했다. 그 결과 다음 해 채용 예산이 회의에서 제일 중요한 첫번째 안건으로 올랐다. 문제의 프레임을 바꾸고 타이밍을 맞춰 문제를 제기하자 결국 모든 사람이 이득을 보았다. 제시의 상사는 헤드헌터를 통해 제시가 그토록 간절히 원했던 직원을 찾게 도와주었다.

정확한 타이밍을 맞춘다는 말은 메시지에 맞는 매체를 이용해야 한다는 뜻이기도 하다. 영상일 수도 있고, 업계 분위기에 따라 대면 회의일 수도 있다. 비교적 전통적인 분야는 기존 방식대로 메시지를 전달하는 게 더 낫다. 법조계에 종사한다면 유튜브에 영상을 올리는 것보다는 논문을 쓰거나 관련 매체에 기고하는 방법이 훨씬 이치에 맞다. 내용만큼이나 전달 매체도 신중하게 따지자. 타깃 유형이 여럿일 수도 있으니 모든 매체를 고려하자.

자랑의 대상과 목표

자랑은 허공에 대고 외치는 행위가 아니다. 직접적으로 겨냥해서 발사하는 행위다. 당신의 타깃은 누구인가? 때로는 이보다 더 중요한 질문이 있다. 당신의 타깃은 어디 있는가? 타깃마다 크게 다르다. 간과하기 쉽지만, 글을 쓰거나 말을 할 때마다 타깃이 크게든 작게든 달라진다. 내용에 따라 형식에 따라 타깃은 달라진다. 즉, 자랑할 때마다 팬을 더 모을 기회가 생기는 셈이다. 한편으로는 자랑을 연습하고 특정한 타깃에 맞춰볼 기회도 얻을 수 있다.

불특정 다수를 자랑의 타깃으로 삼는 조용한 실력자들도 있지만, 직장 내에서도 누구에게 자랑할지 알 필요가 있다. 직장 내 타깃을 파악하는 것은 당신의 생계, 동료, 상사에게 중요하다.

상사와 동료에게 일상적으로 하는 자랑에는 사소한 성과를 포함시키는데, 그게 자신과 팀에 어떤 의미인지도 보여줘야 한다. 당신이 일을 다 했는데 다른 사람과 공을 나누라는 말이 아니다. 그보다는 매일 함께 일하는 사람들을 상대로 장기적이고 일관적인 자랑 전략을 세우라는 얘기다. 자신보다 팀을 강조해야 할 때도 있는 법이다. 실패를 통해 자랑을 맞춰나가자.

회사에서 5개월가량 일하면서 형편없는 자랑을 했던 적이 있다. 일에 몰두하지 않았고 무관심한 티를 팍팍 내고 다녔는데, 지금 생각하니 고개를 들 수 없다. 타깃을 생각하지도 않았다. 임원 몇 명을 안다는 이유로 중간관리자들을 무시하곤 했다. 책상에 발을 올리기도 했다. 미친 짓이었다. 절대 그러지 말라. 한마디로 나는 싹수없이 행동했다.

계층 구조를 유리하게 활용하라. 매주 자랑을 몇 개씩 던지는 것으로 시작하자. 같이 일하는 사람이나 친한 동료에게 시험해보고, 그런 다음 더 높은 분들을 겨냥한다. 정말 사소한 자랑도 괜찮다. 프로젝트에 참여했는데 클라이언트와 합이 정말 잘 맞았다는 자랑도 좋다. 동료와 힘들지만 꼭 필요한 대화를 나눴다는 얘기도 가능하다. 당신이 무엇을 해냈고 무엇을 공유해야 하는지부터 인식해보자. 그래야 발전하고 더 좋은 팀원이 될 수 있다. 그런 다음 거기서부터 바깥을 향해가자.

상사에게 자랑하기

상사 앞에서 자랑하기는 쉽지 않다. 상사는 좋은 인상을 줘야 하는 사람이자 우리를 골치 아프게 하는 사람이다. 어떻게 해야 불편해지지 않고 당신도 상사도 둘 다 이득을 보도록 당신이 한 일을 상사에게 자랑할 수 있을까?

각자 성공의 척도가 다르고 자랑을 듣고 싶어하는 방식도 저마다 다르다. 상대와 같은 언어로 자랑을 해야 한다. 예를 들어, 수치화해서 보고받고자 하는 상사에게 당신이 클라이언트를 얼마나 편하게 해줬는지 이야기한다고 해보자. 당신에게야 성공적인 자랑이겠지만 상사에게는 아니다. 대놓고 물어봐도 좋다. 성과를 어떤 식으로 보고받고 싶으시냐고 물을 수 있다. 직접 듣고 싶은지, 메일로 받고 싶은지, 어떤 포맷이 좋은지 묻자. 상사에게 통하는 언어로 말해야 한다. 짧은 회의에서 성과를 강조할 수도 있고, 월간 보고서로 제출할 수도 있다.

당신이 언제 목표를 달성했고 언제 목표를 초과 달성했는지도 관리자는 알아야 한다. 상사가 못 보거나 못 알아차렸을 수도 있는 성과를 말하는 데 당신도 익숙해져야 한다. 상사가 자기 일로 바쁘다면 당신이 무언가 뛰어난 성과를 거뒀을 때 정확히 알려줘야 한다. 상사가 어떤 식의 성과 보고를 원하는지 파악하고 자랑의 강도를 낮출 수도 있다. 당신이 자랑하고 싶은 것과 상사가 들을 수 있거나 듣고 싶어하는 이야기는 별개니까 말이다. 상사가 특정 클라이언트에게 온 메일을 성과라고 본다면 그런 메일을 받았을 때 강조해야 한다. 상사가 숫자를 좋아하면 수치를 보여줘야 한다. 자랑을 잘하는 것도 좋지만, 상대가 귀기울이고 관심을 보일 방식에 따라야 한다.

자랑을 위한 이런 모든 상황은 시간, 돈, 그리고 권력을 아우른다. 지금 해야 하는 자랑과 나중에 할 자랑이 따로 있다고 생각할 수 있다. 하지만 자신이 원하는 것을 요구하고, 어느 정도 약점을 드러내고, 성공할 기회를 잡는다는 점에서 자랑은 다 비슷하다.

동료에게 자랑하기

동료에게 자랑을 하는 것과 대중에게 자랑을 하는 것은 다르다. 가장 큰 차이라면 동료는 당신을 안다는 것이다. 당신이 어떤 일을 하는지, 점심 도시락으로 뭘 싸오는지를 안다. 바로 옆자리라면 매일 온종일 당신이 어떤 일을 하는지도 알 것이다. 동료에게 자랑할 때는 동료가 보지 못하는 가치를 보여줘야 한다. 물론 동료도 당신이 그래픽 디자인 팀을 관리한다는 것쯤은 알지만 모르는 부분도 몇 가지 있다. 팀장에게 어떤 의무가 따르는지 정확히 모를 수 있다. 누구에게 메일을 보내는지, 누구의 디자인을 컨펌하는지 모를 수 있다. 동료에게 그런 핵심 정보를 알려주면 당신의 결과물을 더 잘 이해하고 인정할 것이다.

당신의 능력이 어느 정도인지 동료가 모를 수도 있다. 직업에는 하는 일과 활동 범위가 정해져 있지만 눈에 보이지 않는 일이나 할 일 목록에 없는 일을 할 때도 있는 법이다. 지금 맡은 업무는 아니지만 기여할 수 있는 부분이 있다면 동료에게 알리자. 하지만 자신이 더 많은 일을 하며, 그럼으로써 다른 팀원들을 돕는다는 점을 알려야 한다. 당신의 유능함을 보여주자.

동료에게 자랑할 때는 목표를 정해야 한다. 회의에서 당신의 얘기를 더 잘 들어줬으면 하는가? 아니면 프로젝트 기여도에 관심을 보이거나 결정권을 더 줬으면 하는가? 동료에게 자랑해서 뭘 얻고 싶은지 목표를 쭉 적어보자. 이루려는 목표를 기준 삼아, 당신이 알리고 싶은 일을 얼마나 잘하는지 강조하는 방향으로 자랑을 맞춘다.

회의에서 당신의 얘기를 더 잘 들어줬으면 한다고 가정해보자. 이렇게 말할 수 있다. "회의중에 의견을 내는 게 정말 좋더라고요. (…) 더 자주 얘기해도 될까요?" 클라이언트 앞에서 프레젠테이션을 더 많이 진행하고 싶다면 이런 식으로 말할 수 있다. "새로운 클라이언트와 이야기할 때 너무 즐거웠어요. 앞으로도 그런 일이 생기면 저에게 줄 수 있으세요?"

사무실에서 일상적으로 자랑하기

동료, 직속 부하, 상사는 대개 당신을 매일 보는 사람들이다. 내 클라이언트 중에는 대기업에 다니는데 적합한 장소와 시간을 분별하지 못해 자랑에 실패하는 사람이 많다.

다음은 사무실에서 일상적으로 자랑하기에 적절하고 효과적인 타이밍이다.

- 상사의 평가를 받을 때.

- 승진을 노릴 때.
- 수상을 목표로 할 때.
- 프레젠테이션을 할 때. 자신의 성과와 연관된 다른 직원들의 성과도 인정한다.
- 유독 힘들고 뿌듯한 한 주를 보내고 금요일 저녁에 퇴근할 때.
- 당신이 하는 일을 잘 모르거나 완벽하게 이해하지 못하는 누군가가 있을 때.
- 다른 팀원이 그러라고 부추길 때(또 그걸 눈치챈 후에).

사무실에서 일상적으로 자랑을 하려면 주변에서 신호를 포착해야 한다. 힘들겠지만 일단 리듬을 찾으면 '일주일에 한 번씩 핵심 자랑하기'와 같이 적절한 목표를 설정할 수 있다.

그 밖의 일상적인 자랑과 에티켓

다음은 자랑을 선보일 만한 몇 가지 상황의 시나리오다.

엘리베이터 안에서: 유쾌하고 짧게 끝내라. 지금 무슨 일을 하는지, 어떻게 잘하고 있는지, 그 사람에게 왜 이익이 되는지 두 문장으로 압축해 표현한다.

대규모 회의 자리에서: 발언 타이밍을 눈치 있게 잡아 당신이 하는 일이 얼마나 대단한지, 다른 사람들에게 어떻게 도움이 되는지 1분가량 설명한다.

이메일에서: 프로젝트 결과에서 기대하는 점, 다른 팀원 칭찬, 메일 수신자의 행동을 유도할 항목을 세 문장으로 구성한다.

일대일 대화를 할 때: 이 경우는 주어진 시간에 따라 달라진다. 시간을 넘기지 않도록 주의하며 상대에게 전하고 싶은 핵심 포인트 세 가지를 준비한다.

이메일을 포워딩할 때: 프라이버시 규정에 위배되지 않는다면 당신을 칭찬하는 메일을 공유하고 플래그를 지정하자. 그러면 굳이 말하지 않고도 자랑거리를 보여줄 수 있다.

회사에서 자랑하기가 두렵다면

회사에서 자랑을 하려면 어색할 수도 있고 잘할 수 있을지 긴장도 된다. 그냥 당신이 성취한 것들을 사실대로 이야기한다는 점만 기억하라. 당신이 충분히 잘 해냈고 그걸 공유할 가치가 있다는 사실만 기억하면 성공할 수 있다.

또한 직장별로, 부서별로, 팀별로 천차만별인 직장 내 생태계도 고려해야 한다. 사무실 정치는 다양하게 이뤄지고, 자랑하기로 했을 때는 시행착오를 통해 주변의 반응을 익혀야 한다.

동료가 자랑에 떨떠름하게 반응할 때 자신이 해결해야 하느냐고 묻는 클라이언트가 많다. 그럴 때는 다른 사람의 감정에 책임을 느끼지 않아도 된다는 조언부터 해준다. 내가 아끼는 친구의 말을 빌리자면, 사람은 "자기가 있는 거리를 깨끗하게 지키고 싶어하는 법이다". 하지만 당신이 옳다고 생각하는 것을 믿고, 일을 잘하고, 일에 자부심을 보이는 한 달리 무엇을 할 수 있겠는가? 질투를 하거나 당신의 자기PR에 어떻게 대응할지 몰라하는 직장 동료가 있다면 그게 다 당신 잘못 같을 수도 있다. 그럴 때는 언제가 '내' 문제인지, 언제가 '그 사람' 문제인지 구분해야 한다.

예를 들어보겠다. 유명 대기업에 다니는 샘이라는 클라이언트가 있는데 샘은 회사 사람들이 '자랑질'을 좋아하지 않는다고 생각했다. 샘은 상사가 어떻게 느낄지 몰라 정면으로 부딪치지 않고 눈치를 보느라 바빴다. 그런 태도는 결국 일에 영향을 미쳤다. 회의에서 제대로 자랑을 하지 못해 샘 자신에게, 더 나아가 상사에게 피해를 주었다. 샘이 수십 년 동안 해온 일과 관련된 중요한 회의에서, 샘이 말을 못 했기 때문이다. 샘이 그렇다고 말만 했더라면 잠재 클라이언트가 1순위로 샘의 회사를 고려했을 텐데 말이다. 하지만 샘은 망설였고 회사는 계약을 못 따냈다. 이 문제로 나를 찾아온 샘에게 가장 먼저 이렇게 물었다. "상사의 감정은 상사 문제 아닐까요?" 우리는 그렇다고 추론하고, 샘이 상사의 감정을 통제할 수 없어도 자기 할일을 해야 한다고 결론 내렸다.

만약 회사에 당신의 자랑을 받아들이지 못하는 사람이 있다면 스포트라이트를 나누는 방법도 고려해보자.

- 자랑을 부서 실적과 엮어 함께 일하는 동료의 역할도 빼놓지 말고 자랑한다.
- 다른 팀원의 자랑을 대신 해준다.
- 팀이 목표를 달성했으면 회사의 다른 주주들과도 기쁨을 나눈다.

동료가 자랑의 이점을 누릴 수 있게 이런 전략을 사용하기를 추천한다. 하지만 동시에 모든 사람의 감정을 다스릴 필요는 없다는 걸 기억하면 좋겠다. 남의 심기를 건드린다고 해도 자랑을 계속하고 일에 대한 자부심을 표현하자. 다음과 같이 자랑할 수도 있다.

- 오늘 높은 분들 앞에서 발표했는데 대성공이었어. 들어볼래?
- 방금 회의에서 내가 한 얘기는 내가 봐도 정말 잘한 것 같아. 네 생각은 어때?
- 내가 단체 채팅방에 올린 PPT 봤어? 진짜 잘했지.

활기 넘치는 스타트업에 갓 입사한 클레어라는 클라이언트가 있었다. 취업이 되어 기뻤지만 사람들이 너무 어리다고 생각할까봐 신경이 쓰였다. IT 스타트업 세계에서 남자의 젊음은 무기로 작용한다. 여자의 경우는 좀더 복잡하다(부디 바뀌었으면 한다). 게다가 회사에서 수십 년 차인 베테랑을 여러 명 뽑자 클레어는 더욱 의기소침해졌다. 일단 클레어의 마음가짐을 바꿔야 했다. 나는 불공평할 정도로 젊음에 가치를 두는 업계에서 일하는 베테랑들도 어린 친구들에게 밀려날까봐 긴장할 거라고 말해줬다. 그리고 동료에게 자신의 강점을 보이라고 조언했다. 클레어는 학창 시절 중요한 학생 단체를 이끌어봤었기에 그 이야기를 해야 했다. 클레어는 그런 성과를 얘기하면 '어린 티'가 날 것 같다고 했지만 어디까지나 자신의 판단일 뿐이었다. 클레어에게 그 이야기를 하라고 강조했다. 회사가 클레어를 뽑은 이유가 있을 터였다. 우리는 너무 '어리다'고 생각해 이야기를 묻어둘 때가 많다. 타이밍을 맞춰 잘만 전달하면 아주 강렬한 이야기가 되는데 말이다. 누구나 직장에서 한몫할 자신만의 강점을 갖고 있다. 클레어는 그동안 이뤄낸 커다란 성과들을 입밖으로 꺼냈고 그러면서 더 편하게 자랑을 했다. 자랑을 연습할 때는 실수로 선을 넘을 수도 있다. 자신에게 맞는 선도 스스로 찾아야 한다. 당신이 어떤 자랑을 했을 때 동료나 상사가 불쾌해한다면 그때 들은 말을 참고하는 것이 좋다. 자랑을 하고 사과하라는 말이 아니다. 상대의 말을 듣고 합당한지 판단한 후 일리가 있다면 다음번에는 힘을 조금 빼라는 얘기다. 이번에도 상대의 반응이 '그쪽' 문제 때문인지 판단해야 한다. 그러고 나서 다른 행동으로 바꾸고 싶은지, 그 사람의 반발이 당신의 업무나 업무 능력에 영향을 주는지 가늠한다.

만약 '본인' 문제라면 사과하고 넘기자. 언젠가 한 에디터와 이런 일이 있었다. 재치 있게 농담을 던지려고 했는데 모욕으로 받아들일 수도 있는 말로 나왔다. 에디터가 기분 상했겠구나 싶었다. 화가 났는지 아니었지는 내가 판단할 일이 아니었지만 사과를 했다. 선을 넘었다 싶고 본인이 잘못했다는 생각이 들면 진심을 담아 사과하라.

때로는 선입견을 뒤집을 수도 있다. 제임스라는 클라이언트는 동료들에게 자기 가치를 전하지 못해 고민했다. 가까운 동료가 자기보다 일을 적게 하면서도 상사에게 자기 성과를 더 자주 과시하자 제임스는 거부감이 들었다. 전형적인 이야기다. 제임스와 함께 그의 가치를 어떻게 보여줄지 의논했다. 제임스는 말보다 숫자 다루기를 더 편안해했고 말을 하기보다는 엑셀 시트만 다루고 싶었다. 내 조언에 따라 제임스는 자랑을 쉽게 하는 동료를 질투하던 걸 그만두고 그에게 도움을 청했다. "지난주에 만든 이 모델이 너무 자랑스러운데 회의 때 이 얘기 좀 꺼내줄 수 있어?"

이렇게 부탁하자 동료는 왜 직접 못 하느냐는 질문부터 했다. 나는 제임스에게 굴욕스럽더라도 동료에게 부탁하는 이유를 설명하라고 했다. 제임스는 성과를 자신 있게 보고하는 그의 모습에 감탄했다고 답했다. 우쭐해진 동료는 제임스를 돕겠다고 했다. 그런 식으로 제임스는 회의 때 목소리를 내는 일에 발을 담갔고 나중에는 더 높은 임원들에게도 자기가 한 일을 보여줄 수 있었다. 몇 달 후, 완전히 자랑에 익숙해지자 제임스는 자신이 사랑하는 커뮤니케이션 방식인 숫자와 통계를 사용해서 자기 나름대로 자랑을 했다.

상황별로 달라지는 자랑

그 외의 상황에서 자랑하는 방법을 몇 가지 더 예로 들겠다. 휴게실에서 자랑을 할 수도 있다. 인맥 교류 행사에서 높은 분을 만나는 자리일 수도, 동료와 술을 한잔하는 자리일 수도 있다.

미리 몇 가지 자랑을 만들어둔다. 자랑을 준비하고 싶은 상황 서너 가지를 적어보자. 그런 다음 이렇게 자문해보자.

- 어떤 정보를 전달하고 싶은가?
- 시간이 얼마나 있는가?
- 상대는 어떤 기술이나 강점을 제일 높이 평가할까?
- 강조하고 싶은 성과는 무엇인가?

이제 답을 고민하며 각자 선택한 상황에 맞게 자랑 대본을 쓸 준비를 한다. 각 질문에 맞게 하나씩 자랑거리를 썼고 그 내용이 자연스럽게 입에서 나오는 수준이 되었다면 시간을 들여서 암기하라. 토씨 하나 빠뜨리지 않고 말할 필요는 없지만 암기해두면 각각의 자랑이 훨씬 익숙해진다.

반복, 개선, 진화

이런 기법을 자기 것으로 만드는 데는 시간이 걸린다. 몇 가지는 너무 어색할 수도 있다. 괜찮다. 새로운 것을 배울 때는 원래 그렇다(새로운 기술을 접할 때 내 모습은 가관이다). 어떻게 자신만의 고유한 방법으로 성과를 자랑할 것인지 결정하는 데는 시간이 걸린다. 방법은 하나만 있는 게 아니다. 어떤 방법이든 효과적이고 목표에 도움이 되면 그만이다. 어떤 전략을 택하든 당신을 반영해야 한다. 성공적으로 자랑하기 위해 준비한 표현에, 어떤 사람으로 알려지고 싶은지 보여줄 당신만의 단어를 더해 완벽한 교집합을 찾아보자.

어디서든 가능한 한 많은 피드백을 수집하자. 어떤 표현을 사용했더니 내 기분이 좋았는지 나빴는지 알아차리는 것도 피드백이다. 타인에게 피드백을 받을 수도 있다. 특정한 표현에 미소를 짓거나 고개를 끄덕이거나 눈을 커다랗게 뜨는 등으로 반응한다면 그것도 접수해둔다. 잘만 살피면 피드백이 절로 눈에 띌 것이다. 지름길이 있으면 좋겠지만 글에 담긴 목소리를 찾는 데는 평생이 걸릴지도 모른다. 글로 표현하는 것은 특히 더 오래 걸린다. 내 목소리는 지금까지 진화해왔고 앞으로도 진화할 것이다. 당신도 마찬가지다.

거의 10년 동안 내 일과 사업에 관련된 메시지를 개선하면서 발표 실력을 키워왔고 앞으로도 계속 개선해나갈 것이다. 콘퍼런스에서 자기소개를 하고 기분이 좋았다면 그때 사용한 단어들을 적어두자. 새로운 문장을 더하거나 표현을 바꿨는데 반응이 썰렁하다면 그것도 적어둔다. 지금도 나는 이런 식으로 개선하고 있다. 강연도 마찬가지다. 농담이 잘 먹혔을 때나 새로운 사례를 들었을 때, 실시간으로 반응이 보이면 바로 기록한다.

나를 찾아온 클라이언트의 사례를 소개했지만 사람마다 자기 목소리를 찾는 여정은 제각각이다. 나도 나에 대해, 그리고 일에 대해 말하는 방식이 10년 사이 많이 수정되고 변화했다. 아직 서른세 살밖에 안 됐으니 앞으로도 계속 바뀔 것이다.

10년 전, 유머러스한 연애 블로그를 운영했다(진정한 팬이라면 알 것이다). 그때 내 목소리는 지금보다 훨씬 엉뚱하고 특이하고 뻔뻔했다. 그러다 글을 쓰면서 성장했고 그 사이트에서 내던 목소리가 더는 내 목소리가 아니게 됐다. 결국 그 목소리는 거기에 남기고 세상에 전하고 싶은 또다른 목소리를 낼 길을 새롭게 터야 했다. 그 시절의 용감했던 내가 그리울 때도 있다. 그때 쓴 글을 다시 읽어보면 겁 없고 조금은 멍청했던 스물세 살답다. 글의 앞뒤가 맞지 않고 입에서 나오는 대로 지껄였다. 당시에는 재미있었지만 이제는 통하지 않는다. 목표가 달라졌으니까.

전문가로서의 내 목소리와 사업을 설명하는 방식도 과감하게 진화해 현재처럼 완전히 달라졌다. 10여 년 전 나는 이렇게 말했다. "저는 디지털 전략가이고 PR도 합니다." 이제는 이렇게 말한다. "저는 특히 여성의 목소리와 존재감에 열정을 바치는 기업가입니다. 자랑을 주제로 강연과 교육 활동을 진행하고 리더십 훈련을 전문으로 다루는 회사를 운영하고 있어요." 많이 다르다. 10년 가까이 연습하고 무수히 실패하며 효과가 있었던 몇 가지를 확인한 덕분이다. 금세 완성되지는 않으니 여유를 갖자. 나도 노년에는 전혀 다른 목소리를 가진, 이를테면 강아지에 관한 글을 쓰는 괴짜 작가가 되어 있을 수도 있다(제발 이게 은퇴 계획이 되기를). 자랑이 진화하면 당신도 진화할 것이다. 사람은 언제나 발전중인 존재니까.

체크 포인트

- ▶ **존재감을 키우겠다고 마음먹었으니 아래 질문에 질문당 두세 문장으로 답해보자.**
  - 나는 무엇을 원하는가?
  - 왜 그것을 원하는가?
  - 목표를 어떻게 이룰 생각인가?

- ▶ **주변에서 가족, 절친, 지인, 현 직장 동료, 옛 직장 동료, SNS 인맥 등 각각 다른 집단에 속한 사람을 세 명 골라 다음을 물어보자.**
  - 내가 어떤 일을 한다고 생각하는가?
  - 내 직업을 설명하라면 어떻게 말할 것인가?
  - 내 일과 직업을 다른 사람에게 뭐라고 설명할 것인가?

- ▶ **상사에게 자랑하는 연습을 한다.**
- ▶ **직장 동료에게 자랑하는 연습을 한다.**

2부

실전편

누구와 악수하게 될지는
아무도 모른다

이력서, 프로필, 개인 웹사이트
멍석이 깔렸을 때가 기회다

자랑의 기술을 단련할 때 이력서, 프로필, 개인 웹사이트만큼 쉬운 목표도 없다. 당당한 태도, 커다란 목소리, 치밀한 전략의 출발점이 바로 이력서다. 이력서는 그동안 당신이 이룬 대단한 성과를 전부 강조해보라고 아예 판을 깔아준다. 당신이 어떤 상을 받았고, 어떤 평가를 받았고, 전에 얼마나 큰 프로젝트를 맡았는지가 이력서에 다 나와 있다고 보는 사람은 생각한다. 그러니 이력서에 이를 전부 집어넣고 전시하라. 이제 막 일을 시작했다거나, 직업을 바꾸려고 한다거나, 더 높은 자리를 노린대도 상관없다. 열정, 동기, 직업관을 이력서에 담아라. 그리고 제발 부탁인데 수상 내역을 좀 쓰자. 이력서를 트로피 진열장으로 활용하라.

지금까지 어떤 일을 했고 업계에서 어떤 위치인지를 보여주는 기초 자료가 바로 이력서다. 당장 이력서가 사라질 일은 없다. 여전히 취업하려면 꼭 이력서를 업로드하거나 제출해야 한다. 합격이 떼놓은 당상이라고 해도 말이다. 이력서는 자랑할 완벽한 기회이기도 하다. 모두가 당신이 자랑할 거라고 예상하기 때문이다. 구직할 때 샘플 원고나 추천사를 제출하는 것도 중요하지만 당신이 현재 어떤 사람이고 과거에 무엇을 했는지, 앞으로 어떻게 하고 싶은지는 이력서에서만 보여줄 수 있다. 본인이 그 내용을 결정한다.

혹시 빠뜨린 내용은 없는지 생각해보자. 전에 친구가 이력서를 쓸 때 도와준 적이 있는데, 최근에 아주 유명한 상을 탔으면서 친구는 그걸 이력서에 쓰지 않았다. 그 업계에서 최고로 치는 상이었는데 말이다. 친구가 하는 일로 받을 수 있는 제일 큰 상이었다. 친구는 그 수상 경력을 넣자니 잘난 척하는 것 같아 불편하다고 했다. (내가 가만있을 수 있겠는가!) 나는 그 상이 얼마나 중요한지, 친구 개인에게뿐 아니라 같은 업계 사람들에게도 얼마나 의미 있는지 힘주어 말했다. 업계에서는 그 상을 수상했다고 말하면 보는 눈이 당장 달라질 정도였다. 무엇보다도 남들이 친구의 격을 더 높게 볼 거라 말해줬다. 친구는 말뜻을 알아들었다.

이력서

요즘에는 직함이 별 의미가 없다. 요즘은 아무나 부사장이라는 것 같다. 우리집 강아지도 우리집 부통령이다. 그러니 직함이 있어도 정확히 어떤 일을 하는지, 어떻게 그 자리까지 갔는지 설명해야 한다. 이력서를 읽는 사람이 됐다고 생각해보자. 지원자가 어떤 일을 했는지, 누구를 관리했는지, 얼마나 대단한 성과를 올려서 그런 직함을 달았는지 궁금하지 않겠는가? 아주 명확하게, 정확하게, 상세하게 쓰라. 단, 거짓말을 해서는 안 된다.

- "프로젝트를 진행했다"는 말 대신,
  "회사 데이터 관리부에서 팀원 10명을 이끌어서 프로젝트를 진행했다. 클라이언트에게 새로운 전략을 짜주는 일을 맡아 종합적인 계획을 제시했다. 클라이언트는 결과물에 만족스러워했고 이를 실제로 적용했다. 새로운 계획을 적용하여 클라이언트는 2만 달러를 절감했다."

- "리더십을 갖췄다"는 말 대신,
  "팀원 20명을 관리하며 CTO에게 직접 보고했다. 팀원들에게서는 '많은 도움을 받는다. 관리 방식이 시원시원하다'는 피드백을 지속적으로 받고 있다. 실무 직원이 더 필요하다는 사실을 CTO에게 납득시켰다."

- "다양한 노력을 했다"는 말 대신,

  "회사 내부 의견이 하나로 수렴되도록 이끌었다. 유색인종 여성으로 구성된 위원회를 결성해, 광고계에 종사하면서 어땠는지 의견을 전했다. 전 직원이 새로운 사실을 배웠고 다른 동료의 경험을 깊이 이해하며 같은 브랜드 아래 다 같이 발전하는 계기가 되었다."

프리랜서로 일하거나 개인 사업을 하면서 직함을 임의로 다는 경우가 많기에 부연 설명은 꼭 필요하다. 전통적인 직급 체계에 익숙한 사람은 답답해할 수 있으니 당신이 어떤 일을 하는지, 어떤 일을 맡고 있는지를 분명하게 보여주라. 설명이 너무 자세한가 싶더라도 열심히 써보자. 장담컨대 절대 지나치지 않다.

모든 사람의 일을 편하게 만들어줘야 한다. 쉽고 명쾌하게 자랑할 수 있게 판을 깔아야 한다. 다행히 자랑은 그저 사실을 이야기하는 행위일 뿐이다. 당신이 자랑거리를 무수히 갖고 있다고 확신한다.

프로필

프로필 문구도 자랑을 잘하기 위한 기본적인 무기다. 프로필은 귀중한 자산으로, 이는 두 번 생각할 필요도 없는 문제다. 프로필 문구를 보고 사람들은 당신을 채용하고, 당신에게 관심을 보이고, 진지하게 존경심을 느낀다. 만약 기자나 채용 담당자가 30초 안에 당신에 대해 파악하지 못한다면(여섯 곳에 프로필을 제각각 다르게 써놓았으니까) 기회는 날아간다. 프로필 문구는 필수적인 자기소개 수단이다. 특히 온라인에서 중요하다.

프로필의 세 가지 유형

긴 프로필, 짧은 프로필, 두 줄 프로필은 기본이다. 이 세 가지 프로필 내용이 전부 일치해야 다른 사람이 보고 '이 사람은 이렇구나' 하고 단번에 알아챌 뿐 아니라 메시지의 설득력과 일관성도 유지할 수 있다.

- **긴 프로필**: 분량은 한 페이지 정도(여기에 모든 정보를 집어넣는다). 긴 프로필을 작성하면 짧은 프로필로 어떻게 요약할지 감이 잡히고, 짧은 프로필이 마련되면 두 줄 프로필에 넣어야 할 정보가 보인다. 긴 프로필은 링크드인LinkedIn이나 개인 웹사이트의 자기소개 공간이나 그외 어디에든 올릴 수 있다. 최대한 많은 내용을 올릴 자유와 권한이 주어지는 곳이면 어디든 가능하다.
- **짧은 프로필**: 분량은 한 단락 정도(여기에는 가장 자랑하고 싶은 점만 쓴다). 짧은 프로필은 프레젠테이션, 콘퍼런스, 회사 프로젝트 등을 진

행할 때 어울린다.

- **두 줄 프로필**: 내가 누구인지, 무슨 일을 하는지, 어떤 생각을 품고 있는지 아주 간단하게 설명한다. 자신을 단 두 줄로 표현하기가 쉽지는 않겠지만 긴 프로필과 짧은 프로필을 쓰면서 가장 짧은 버전에서 빼놓을 수 없는 두세 가지가 정리됐을 것이다. 두 줄 프로필은 당신이 누구인지 보여주는 핵심 요약이다. 다른 사람에게 당신이 하는 일을 빠르고 일관성 있게 알려줄 기회다. 두 줄 프로필은 모든 SNS와 당신이 쓴 기사 하단에 들어간다.

세 가지 프로필에 들어가는 내용이 늘 일치해야 한다는 걸 잊지 말자. 이 세 가지 프로필이 서로를 보완하며 당신이라는 모자이크 작품을 확실하게 완성해줘야 한다.

주의 사항

목표와 무관한 취미나 농담은 뺀다.

강아지가 당신의 퍼스널브랜드를 구성하는 한 요소라면(우리 강아지 빈처럼!) 적절한 부분에 넣을 수도 있다. 하지만 프로필은 조금 더 전통적인 자랑 수단이라는 걸 이해해야 한다. '개성'은 개인 웹사이트의 영역으로 남겨두자.

여성 기업가들이 자신의 인간미를 보이기 위해, 또는 덜 무서워

보이기 위해 가드닝 같은 취미를 프로필에 언급한다. 당장 그만두자. 원래 프로필에 담겨야 할, 더 인상적인 업적에 주목하지 못하게 만든다. 식물 관련 스타트업을 운영하는 사람이라면 모를까, 그런 얘기는 빼라.

백인 남성 기업가라면 어떻게 했을지 생각해보라. 답이 나올 것이다.

관련 링크를 함께 써둔다.

프로필을 본 사람이 브라우저를 켜고 당신이 한 일을 검색할 것이라고 생각하지 말라. 귀찮아서 못 한다. 클릭만 하면 되게 처음부터 링크를 넣어두라.

약한 표현이나 수동적인 표현을 사용하지 않는다.

프로필에 수동적인 표현을 쓰면 자기 성취를 축소하려는 사람처럼 느껴진다. 프로필의 핵심은 자기 업적 강조하기다. 뭔가를 해냈으면 그런 사람답게 자부심을 갖고 진심으로 프로필을 써야 한다. 업계의 판도를 바꾸든, 아이디어를 구상하든 '시도'나 '노력'중이라는 식으로 스스로를 깎아내리는 유형도 있다. 이런 표현을 쓰면 이미 실패했다는 인상을 준다. 당신은 그 일을 실제로 하는 중이지 시도하는 게 아니다.

이름을 정확히 밝힌다.

프로필에 이름은 없고 아이디나 닉네임만 써놓으면 전문가라는 느낌이 들지 않는다. 이름을 정확히 밝히면 더 전문적으로 보일 뿐만 아니라 기억에도 더 잘 남는다. 실명을 사용하는 사람은 그렇지 않은 사람에 비해 더 깊은 신뢰감을 준다.

독창적인 별명은 혼란만 준다.

자신을 '닌자'나 '록스타'라고 표현하면 어떨까? 관두자. IT계나 스타트업 세계에서는 통할지 모르지만 그보다 전통적인 업계에서는 전문가로 여겨지지 않을 느껴질 것이다. 프로필은 모든 업계와 타깃을 관통해야 한다.

행동할 요소를 넣는다.

프로필은 당신의 사업과 커리어를 홍보하는 마케팅 도구다. 강연자라면 강연 의뢰 방법을 링크로 넣어둔다. 상담사라면 첫 상담 예약을 할 수 있는 링크를 제공해야 한다. 온라인 강의를 한다면 강의를 들을 수 있는 링크를 추가한다. 프로필을 읽은 사람이 잠재 고객이 되지 않는다면 아깝지 않겠는가. 프로필은 자랑의 기술을 선보일 최고의 무대다. 사람들도 자랑을 기대하는 공간이니 마음껏 보여주자.

프로필 사진

머리를 자른 것처럼 겉모습이 눈에 띄게 바뀔 때마다 프로필 사진을 새로 찍어야 한다. 안경을 맞췄다거나 라식 수술을 했다거나 염색을 했다거나 등등 뭐든 큰 변화가 있으면 프로필 사진을 새로 찍자. 2년에 한 번씩 사진을 바꾸면 좋겠다. 촬영을 어색해하는 사람도 많으니 머리 손질과 메이크업은 전문가에게 맡기는 것이 좋다. 헤어스타일은 평소대로여야 한다.

프로필 사진을 찍을 때는 이렇게 하자.

- **의상:** 단색 옷을 입고 액세서리는 최소한으로만 착용한다. 하나는 정장, 다른 하나는 캐주얼 의상도 괜찮다.
- **헤어 및 메이크업:** 원한다면 전문가에게 머리와 화장을 맡겨도 좋다.
- **촬영 리스트:** 전문 포토그래퍼라면 대부분 다양한 위치와 장소에서 사진을 찍을 것이다. 다음은 기본적으로 많이 찍는 모습이다.
  - 정면을 보고 웃는 사진
  - 정면을 무표정하게 보는 사진
  - 몸을 옆으로 틀어 팔짱을 끼고 카메라를 보며 웃는 사진
  - 몸을 옆으로 틀어 팔짱을 끼고 카메라를 무표정으로 보는 사진
  - 말하는 모습을 담은 사진
  - 실내 얼굴 사진

- 실외 얼굴 사진
- 움직이거나 걷는 모습을 담은 사진

개인 웹사이트

개인 웹사이트라고 하면 화면을 자기 사진으로 도배한다고 생각하는 클라이언트가 많다. 배너에도 얼굴을 넣고 배경음악을 까는 식으로 생각한다. 그렇지 않다. (브랜드와 어울린다면 그렇게 해도 된다. '신나리셔스' 광고를 기억하는 밀레니얼 세대처럼 말이다. 신나리셔스가 뭔지는 따로 설명 안 해도 되겠지?)

개인 웹사이트는 중요하다. 인터넷에서 당신만의 디자인, 업적, 개성을 보여줄 공간이 필요하다. 개인 웹사이트가 없어서 성공하지 못하는 클라이언트가 정말 많았다. 강연 기회를 더 얻고 싶은 사람이라면 개인 웹사이트를 특히 더 신경써야 한다. 어떤 행사였는지, 어떤 관객을 대상으로 강연을 했는지를 설명하고 가장 잘한 강연의 하이라이트 영상을 공유하라. 개인 웹사이트는 개인적인 취미나 관심사를 보여주기에도 적합하다.

개인 웹사이트는 당신을 시각적으로 표현하는 도구이자 강력한 소개 수단이다.[1] 인간은 시각적인 동물이기 때문이다. 어떤 경험을 해왔는지를 길게 써봤자 직접 보여주는 편이 훨씬 효과적이다. 저널리스트 아자 프로스트가 인사 담당자 여섯 명과 인터뷰해보니 이들 모두가 채용할 때 개인 웹사이트를 많이 참고했다고 밝혔다.

내 클라이언트 제이미 얘기를 해보겠다. 제이미는 강연을 수도 없이 했지만 행사 주최자, 의뢰 기관, 콘퍼런스 참가자가 볼 수 있는 개인 웹사이트에는 강연 내용을 올리지 않았다. 강연자로 더 많이 활동하고 싶었지만 경험을 보여줄 재간이 없었다. 자신을 포장해서 힘있는 사람들에게 대령하는 일도 중요한 자랑의 기술이다. 그럼으로써 긍정적인 반응을 더 쉽게 이끌어낼 수 있다. 당연히 제이미는 원하는 강연을 못 하고 있었다. 실력은 있지만 쇼맨십이 없었기 때문이다. 주최측에서는 첫 무대가 아니라는 사실을 알 수 없으니 제이미를 초짜라고 생각했다. 그랬기에 실제로는 제이미보다 경험이 부족한 사람을 강연자로 택했다. 그 사람은 경험은 부족했지만 얼마 안 되는 경력을 잘 보여줄 줄 알았기 때문이었다.

개인 웹사이트는 온라인에서 당신이 유일하게 통제 가능한 공간이다. SNS에서는 타깃이 선택한 틀과 화면에 얽매인다. 회사 웹사이트에서는 더 큰 조직의 일원일 뿐이다. 개인 웹사이트는 움직이는 이력서다. 말만 하는 게 아니라 눈으로 보여준다. 개인 웹사이트는 당신을 판매하는 원스톱 상점인 셈이다. 당신을 채용하려는 사람, 당신을 취재하려는 사람, 당신에게 투자하려는 사람이 최종으로 찾는 곳이다. 게다가 재미도 있다(뭐, 나는 직업이니까 내가 생각하는 재미와 당신이 생각하는 재미는 조금 다를 수 있겠지만 말이다).

나는 개인 웹사이트에서 내 관심사인 개성과 유머, 강아지, 글쓰기, 여성과 여성의 목소리, 위탁 판매와 리셀 패션에 대한 정보를 조합해 보여준다. 또 나와 닮게끔 디자인했다. 유쾌하면서도 믿음직하고, 예쁘면서도 실용적인 디자인이 되게끔 심혈을 기울였다. 어디 하나 의도하지 않은 부분이 없다.

일로 성취하고 싶은 목표가 무엇인지, 그 목표를 왜 이루고 싶은지, 그리고 어떻게 이룰지 강조하려면 화면에서 어떤 내용을 강조할지 생각해보자. 개인 웹사이트를 보고 채용하는 경우도 있다. 나도 웹사이트를 보고 프로젝트를 함께할 사람을 뽑은 적이 있다. 드문 사례는 아닐 것이다. 온라인으로 전달하지 못하는 것도 정말 많다. 하지만 누군가에게 당신만의 특별한 능력, 마법 같은 개성을 보여줄 수 있다면 통제권을 쥘 것이다.

못 한다고 핑계 대지 말라. 내가 쉽게 봐줄 것 같은가? 개인 웹사이트 제작을 돕는 플랫폼은 무수히 많다. 대부분 무료 서비스이고(적어도 기본적인 수준에서는 그렇다) 웹사이트 제작은 생각보다 훨씬 쉽다. 클라이언트들은 대개 기술적인 부분을 몰라서 두렵다며 웹사이트를 만들지 않는 핑계를 댄다. 개인 웹사이트가 없으면 돈도 못 벌고 영향력도 못 키운다. 그러니까 내가 채찍질을 해도 꾹 참고 개인 웹사이트를 만들자. 최소한 시작이라도 해보자.

15년 전쯤, PR 회사에 인턴 면접을 본 적이 있다. 회사 이름도, 창립자 이름도, 면접에서 했던 말도 기억이 나지 않는다(구내 식당에 레스토랑용 식탁과 의자가 있었던가?). 다만 그때 CEO에게 들었던 말만은 지금도 생생하다. "다른 건 다 잊어도 본인 이름으로 된 도메인을 사라는 말만은 기억해요." 그날 면접을 보고 나와서 그 말대로 했다. 이제 당신에게도 똑같이 핏대 세워 말할 것이다. 당신 이름으로 된 모든 도메인명을 사라. .com, .org, .net, .me 전부 다 말이다. 앞일을 어떻게 알겠는가? 당신과 이름이 비슷한 사람이 유명해질 수도 있다(좋은 일로든 나쁜 일로든). 누군가 URL에 당신의 이름을 써서 인터넷상에서 이미지를 실추시키려고 할 수도 있다.

이름이 흔하다거나 미들네임 이니셜을 일할 때 쓰기로 했다면 미들네임 이니셜을 포함하는 도메인도 구입하자. 도메인을 일찌감치 사두면 또다른 최악의 시나리오도 예방된다. 누군가 당신의 도메인명을 무단으로 선점해 당신에게 되팔려고 할 수도 있다. 유튜브의 여왕 제나 마블스가 팟캐스트에서 자기 이름으로 된 도메인명이 없다고 얘기하자 누가 냉큼 차지해서 몇만 달러에 되팔려고 한 적도 있다. 제나는 그 요구를 거부하고 지금도 웹사이트 주소로 jennamarblesblog.com을 사용하고 있다. jennamarbles.com은 첫번째 영상이 인터넷에 올라가고 이틀 후 다른 사람이 구매한 게

정이다. 이 책을 읽는 독자들은 이런 일을 당하지 않으면 좋겠다.

개인 웹사이트의 URL은 가급적 단순해야 한다. 재치 있는 표현으로 독특한 URL을 쓰면 멋질 것 같지만 모든 분야에서 당신의 일에 접근 가능해야 좋다. 당신의 이름과 무관해 보이는 검색어를 입력해야 한다면 얼마나 혼란스럽겠는가. 컴맹인 사람(나처럼!)이 당신의 웹사이트에 접속한다고 해보자. 이런 사람이 당신 웹사이트에 갔다가 익숙지 않은 부가 기능이 너무 많다며 브라우저를 닫는 상황은 원하지 않을 것이다.

쿨한 사람들만 웹사이트를 찾아주면 좋겠다고 생각할 수도 있다. 하지만 한 명도 빠지지 않게 최대한 폭넓게 자기PR을 해야 한다. 부와 권력을 거머쥔 개인과 업계는 단순하게 구성되고 디자인돼 있기 마련이다. 나도 쿨한 애들만 '진짜로 쿨한' 내 웹사이트에 들어오면 좋겠다고 실수한 적 있다. 누가 돈을 많이 뿌리는지 아는가? '쿨한 애들'만 그러는 건 아니다.

자기소개
먼저 계산기를 두들기자

자기소개를 망쳤던 순간은 지금 생각해도 공포스럽다. 농담이 아니라 정말 심각하게 말아먹었다. 텍사스주 오스틴에서 열린 사우스 바이 사우스웨스트 콘퍼런스의 기술 부문에 참가했을 때 일이다. 오래전부터 존경했던, 이름이 알려진 여성을 만났다(정정하겠다, 멋지고 유명한 사람이었다). 준유명인이었던 이분이 콘퍼런스에서 만난 나를 파티에 초대해주었다. 여담이지만 이날 콘퍼런스장에 들어가다가 손가락을 문에 찧어서 요즘도 약지 끝부분에 감각이 없을 때가 많다. 아무튼 그날 나는 끝내줬다. 파티에서 사람들과 어울리자니 멋진 사람이 된 기분이었다. 최소한 몇 분 동안은 그랬다. 나를 초대한 여성에게 아주 잘나가는 IT 기업을 운영하는 유명인 친구 렉시(여기서는 이렇게 부르자)를 소개받았고 렉시가 내 클라이언트가 될 수도 있겠다는 기대를 품었다.

사업가로서 대규모 콘퍼런스에 처음 참석했기에 나는 애써 '쿨한 척'하고 있었다. 쿨하게 행동하라는 조언을 들으면 무조건 무시하라. 쿨한 태도는 사람들 얘기처럼 그리 대단하지도 않고, 타고난 게 아니면 아무 소용 없다. 한 번 찌질이는 영원한 찌질이다. 당연하다. 다들 인맥을 쌓으러 왔는데 그곳에서 나는 한순간 진지한 사업가였다가 다음 순간 쿨해 보이려면 이래야 한다면서 무심한 태도를 보였다가 하며 오락가락했다.

다른 업계에 속한 전문가에게 어떻게 사업을 키우는지 조언을 받았다는 점도 문제였다. 이분은 더 큰 금액이 오가고 더 천천히 진행되는 분야(금융과 토지 계획)의 전문가라 장기적으로 클라이언트를 공략해야 했다. 이분은 누굴 만나면 "담소 좀 나누고 일 얘기는 이따가 합시다"라는 말을 자주 했다. 지금 생각하니 웃음이 나온다. 남자들이 자주 하는 멘트니 말이다. 나에게는 끔찍하게 안 어울리고 말이다. 게다가 "담소 좀 나누고"라니 일흔 먹은 백인 남성이 골프장에서나 쓸 법한 표현 아닌가?

파티에서 렉시는 자기 사업을 소개하고 홍보하면서 내 사업에 대해서도 물었다. 나는 렉시의 말을 자르고 머리카락을 찰랑 넘기며 “지금은 그냥 즐기고 사업 이야기는 나중에 하죠”라는 식으로 말했다. 그렇게 대꾸하면 렉시가 나를 ‘와, 진짜 쿨하네’라고 생각할 줄 알았다. 그때 렉시의 표정은 평생 잊지 못할 것이다. 당혹과 경멸이 섞인 표정이었다. 대화는 그렇게 끝났다. 렉시는 자리를 떴고 다시 대화할 기회는 없었다. 방법을 잘못 택했고 함께 일할 기회를 완전히 날려버렸다는 사실을 즉시 깨달았다. 내가 사실은 엄청난 찌질이라는 걸 렉시가 알아버렸다는 사실도.

그날 자기소개를 망친 것은 내게 맞는 자기소개 스타일을 정하지 않았기 때문이었다. 표현을 신중하게 고르지 않았고, 무엇보다도 분위기 파악을 못했다. 중요한 기회만 놓쳤다.

첫인상은 중요하다

첫인상은 정말로 중요하다. 파티에서 나는 평소와는 다른 모습을 보여주기로 했었다. 사려 깊지도, 효과적이지도 않은 행동이었다. 우리가 찰나의 순간에 다른 사람을 어떻게 판단하는지에 대해 오래전부터 여러 연구가 진행돼왔다. 그중에서 명백한 결과가 나온 사례들을 살펴보자. 2011년에는 유명 브랜드 옷을 입은 사람을 더 부자라고 인식한다는 연구가 있었다(브랜드가 매력이나 친절도, 신뢰도에는 아무 영향을 주지 않긴 했다).[1] 우리가 다른 사람을 얼마나 자주 정형화하는지 보여주는 연구 결과도 많다. 안경을 쓴 사람을 좀더 지적인 이미지로 인식한다는 걸 보여준 2008년 연구처럼 말이다.[2] 하지만 이런 연구 결과와 상관없이, 첫인상을 신경쓰라는 게 화려한 거짓 페르소나를 보여주라는 말은 아님을 기억해야 한다. 진정성도 중요하다. 2005년에 연이어 발표된 연구 결과를 보면 지적으로 보이려고 쓸데없이 길고 고급스러운 단어를 사용해봐야 실제로는 역효과를 불러일으켜서 덜 지적으로 보일 뿐이다.[3]

좋은 첫인상을 만들기 위해 세심하게 계산된 자기소개를 해보자. 자기소개를 할 때마다 다른 사람을 내 편으로 끌어당길 수도 있고, 새로운 사업을 시작하고 메시지를 개선하고 다른 사람의 자랑을 도울 수도 있다. 감히 말하자면 자기소개는 『자랑의 기술』에서도 제일 중요한 기술이다. 전략만이라도 배워야 한다.

인턴에게도, 한 기업의 이사에게도 자기소개는 중요하다. 미리 준비하면 최고의 자기소개를 할 수 있다. 『패스트 컴퍼니』에 기고하는 커뮤니케이션 전문가 주디스 험프리가 작은 비밀을 하나 공유해줬다. "즉흥적으로 유창하게 말하는 사람에게는 한 가지 비밀이 있다. 그들은 즉흥적으로 말하지 않는다. 미리 준비한다. 모순처럼 들리겠지만 즉흥의 핵심은 준비다. 사실 알고 보면 영어로 '즉흥적으로impromptu'라는 단어는 라틴어로 '준비한in promptu'이라는 단어에서 유래했다."[4]

자기소개를 연습하면 존재감을 키워서 다음 단계로 나아갈 수도 있다. "만나서 반갑습니다. 저는 마케팅 일을 해요"라는 소개를 이렇게 바꿀 수 있겠다. "뵙게 되어 영광입니다. 저는 마케팅팀 팀장으로 직원 10명을 관리하고 있어요. 관리에 관해 더 많은 이야기를 나누고 싶네요. 부서에서도 저희 팀이 어떻게 가장 성공적으로 프로젝트를 운영하는지 알려드리고 싶습니다." 준비하자. 누구와 악수하게 될지는 모를 일이니 말이다.

다시 말하겠다. **누구와 악수하게 될지는 아무도 모른다.**

나도 실수하면서 많이 배웠지만, 간결하면서도 탄탄하게 자기소개를 하도록 연습하고 이를 써먹을 기회를 계속 잡는 과정에서도 많이 성장했다. 내가 애착을 갖는 분야인 지속 가능한 패션과 관련한 행사에 참석한 적이 있다. 굉장한 커리어를 쌓아온, 오래전부터 존경하던 사람이 패널 중에 있었다. 콘퍼런스가 끝난 후 순전히 팬으로서 그분에게 다가갔다. 얼마나 존경하는지 전하고 이렇게 같은 공간에 있는 것만으로도 기쁘다고 이야기했다. 그분은 나를 쫓아내지 않고 어떤 일을 하느냐고 물었다. 여성 리더들을 대변하는 일을 한다고 대답했다. (간결하면서도 타깃을 고려한 대답이었다. 그분도 여성 리더니까 관심을 보일 거라 생각했다.) 그랬더니 "아, 그럼 내 일을 맡길 수도 있겠네요"라고 대꾸하셨다! 작게 탄성이 터졌다(꺅 하고 비명을 질렀던 것 같다). 더 대단한 건 뭔지 아는가? 정말 내게 의뢰를 했다! (셀프 하이파이브를 해야겠다.)

표현을 현명하게 고른다

표현을 현명하게 골라야 한다. 잘 생각하고 거울 앞에 서서 연습해 보자. 이렇게 한다고 말하면 "음흉하다"거나 "계산적이다"라는 사람이 많다. 아니, 당연하지 않은가? 자신을 위한 기회를 계산하는 것이다. 준비를 안 할 이유가 있는가?

나를 예로 들어 타깃이 다른 각각의 시나리오에 맞춰 자기소개를 해보겠다. 세 가지 자기소개가 내용은 비슷하지만 타깃, 말투, 분위기는 아주 다르다.

자기소개 1. 기업 임원들을 대상으로

저는 메러디스 파인먼이라고 합니다. 다양한 업계의 CEO와 창업자 분들에게 존재감을 표현하고 자기 목소리를 내는 법을 가르치며 리더십과 전문성을 개발하도록 돕는 파인포인트라는 회사를 운영하고 있습니다. 요즘은 이름 있는 리더가 그 어느 때보다 중요한 시대입니다. 수익을 보장하기도 하고요. 브랜드의 CEO는 공인으로 인식되므로 기회나 돈을 놓치지 않으려면 대중에 선보일 적합한 페르소나를 반드시 만들어야 합니다.

이 소개가 통하는 이유: 경영진은 자신들에게 어떤 이익이 떨어질지 궁금해한다. 돈 말이다. 나는 그들을 구체적으로 어떻게 돕는가? 나를 고용하지 않으면 어떻게 될까?

자기소개 2. 여성 청년 콘퍼런스에서

저는 메러디스 파인먼입니다. 사람들이, 특히 여성이 자기 목소리를 찾을 수 있게 파인포인트라는 회사를 운영하며 돕고 있습니다. 나이, 경력, 가치관과 상관없이 모든 여성이 자신의 성과를 기분좋게 이야기하고 자랑하면 좋겠어요. 그래서 지금 이 자리에서 이렇게 이야기를 하는 거고요.

이 소개가 통하는 이유: 나는 관객에게 동기를 부여하고, 경영자가 아닌 사람들에게 이야기를 하고, 듣는 사람에게 자신감을 심어주려고 한다. 특정한 연령층(여기서는 대학 신입생이라고 해보겠다)이 용기를 갖고 세상에 나아가기를 바란다. 내 이야기에 왜 귀기울여야 하는지도 알려주고 싶다.

자기소개 3. 잠재 클라이언트에서

저는 메러디스 파인먼이라고 합니다. 모든 분야에서 리더가 최상의 모습을 보이고 사업에 성공하도록 훈련하는, 리더십과 전문성을 개발하는 기업 파인포인트를 운영하고 있습니다. 지금까지 수백 명의 클라이언트가 저마다의 존재감 문제 때문에 저를 찾아왔습니다. 10년 가까이 개발하고 검증한 전략과 훈련으로 그들을 지도했습니다.

이 소개가 통하는 이유: 클라이언트가 왜 나를 고용해야 하는지 증명하고 다른 클라이언트에게 어떻게 했는지 강조했다. 내게 돈을 투자해도 아깝지 않음을 보여준다. 특히 이 일을 얼마나 오래 했고 얼마나 많은 사람과 함께했는지 제시한다.

당신도 이렇게 자기소개를 해보라. 타깃을 몇 명 정하고 그에 맞춰 연습한다. 우선 1부에서 세번째 핵심 요소인 '치밀한 전략'을 배울 때 적었던 글을 다시 떠올려보라. 그때 적은 목표와 타깃으로 이번 연습을 한다. 메시지를 개선하고 더 효과적으로 전달할 수 있다. 나는 이런 자기소개를 거의 10년 동안 연습했고 지금도 반복하고 있다. 하나의 과정이다. 거울을 보고 연습하는 일도 두려워하지 말자. 거울 속에 좋은 관객이 있으니까.

자기소개의 메커니즘

좋은 첫인상을 남기는 데 필요한 몇 가지 요소가 있다. 시작은 눈이다. 눈은 굉장히 중요하다. 과학적으로도 증명된 사실이다. 『응용 인체공학』에 실린 2006년 논문을 보면 영업사원이 고객과 눈을 맞춰야 나중에 영업 프레젠테이션을 할 때 자세히 기억한다고 한다.[5] 더 오래 눈을 맞출수록 더 기억에 남고 더 믿음을 준다.

상대의. 눈을. 똑바로. 보라. 영국심리학회에서 진행한 눈 맞춤에 대한 연구를 요약하면 이런 결론이 나온다. "누군가가 시선을 계속 피하면 우리는 그를 진실하지 않은 사람으로 여긴다. 게다가 그 상대가 여성이라면 그를 성실하지 않은 사람으로 낮잡아보는 경향이 있다. 반대로 눈을 맞추며 이야기하는 사람의 말은 잘 믿는다."[6] 제발 사람들에게 눈을 보여주자.

자기소개를 할 때 고전적인 신호 수단도 있다. 악수다. 손이 국수처럼 흐늘거려서는 안 된다. 일과 관련된 자리에서 맥없는 손을 만지는 게 약간 땀이 난 손을 만지는 것보다 더 기분이 안 좋다. 힘없이 악수를 나누면 당신을 진지하게 대할 필요가 없다는 메시지를 곧바로 전달하는 셈이다. 연구를 보면 특히 여성들이 그런다고 한다. 『응용 심리학 저널』에 2008년 이런 연구 논문이 실렸다.[7] "힘있게 하는 악수와 면접 등급의 상관관계는 남성보다 여성에게 더 높게 나타난다." 앨라배마대학교 연구진은 "여성은 힘있게 악수함으로써 효과적으로 자기PR을 할 수 있다"고 한다.[8] 2인 1조로 모의 협상을 진행하는 경영대 학생들을 대상으로 진행한 연구를 봐도 협상을 시작하기 전 악수를 한 조가 협상 결과에 더 만족했다고 한다.[9] 그러니까, 사람들은 악수를 좋아한다! 악수를 하면 마음이 열리고 함께 일하기가 편해진다. 다른 사람의 손을 으스러뜨릴 필요까지는 없지만, 진심이 느껴지게 상대의 손을 잡아야 한다.

기억할 필수적인 요소가 또 있다. 개성이 담긴 명함을 사용하면 깊은 인상을 줄 수 있다. 명함은 비즈니스 예절의 기본으로 굳어졌기 때문에 사람들 생각처럼 금세 사라지지는 않을 듯하다. 직접 손으로 쓴 감사 카드도 마찬가지다. 고전적인 센스를 발휘해 인상을 남길 수 있다.

즉흥은 금물이다

자기소개를 즉흥적으로 하면 당신만 손해다. 자기소개를 진지하게 여기지 않으니 상대와 더 깊게 인연을 맺을 기회도 놓친다. 나도 뭐든 즉흥적으로 할 때마다 실패했다.

이 사람에게는	이렇게 해보자
통화할 클라이언트	15분을 투자해 업무와 직접 관련이 없는 부분까지 클라이언트에 대한 정보를 조금 더 알아본다. 인사한 후 당신의 업무를 소개하고 상대에 관해 잘 알려지지 않은 내용을 덧붙이면 점수를 딸 수 있다. 사전 조사를 했고 크게 도움이 될 것 같다는 인상을 준다.

신규 중간 유통업자	직접 만난다면 전문 지식을 드러내 보이되, 두 회사 사이를 원활하게 잇는 다리 역할을 하겠다는 믿음을 심어준다. 뭐든 필요하면 얘기하라고 제안하고 질문할 시간을 남겨둔다.
새로운 동료	잠시 어떤 사람인지 알아본 뒤 도울 일이나 궁금한 점이 없는지 묻는다.

자기소개도 작은 발표다. 거의 10년 동안 매일, 온종일 실전을 경험한 덕분에 나는 피칭 실력을 키울 수 있었다. 이것저것 시도하며 연습하고 누군가를 만날 때면 늘 눈에 띄려고 한다. 사람을 만날 기회가 있으면 당신의 경험을 어떻게 전할지, 공감대를 어떻게 형성할지 상대방에 대해 잠시 생각해보자. 이렇게 의식하면 기회가 찾아오고 다른 사람에게 호감을 사며 커리어를 쌓는 동안 이어가야 마땅한 직업정신도 길러진다.

언젠가 엄청난 거물을 만났을 때 일이다. 사람들이 잘 모르는 그의 취미생활에 관한 기사를 읽었는데 마침 나도 관심 갖던 취미였다. 그래서 그분이 평소 지겹게 들었을 법한 이야기가 아니라 취미 이야기를 꺼냈다. 단박에 관심을 얻었을 뿐만 아니라, 그냥 일 이야기를 나눴더라면 만들지 못했을 공감대를 형성할 수 있었다. 재미없는 일 이야기가 아니라 둘 다 좋아하는 취미로 대화를 이어갔다.

새로운 누군가를 만나면 때때로 피곤해서 기본적인 인사만 하고 물러난다. 하지만 당신이 뿜는 에너지는 전염된다. “저는 ○○ 기업에서 마케팅 일을 합니다”라는 말은 얼마든지 이렇게 바뀔 수 있다. “저는 ○○ 기업 마케팅팀에서 팀원 7명을 이끌고 있습니다. 요즘에는 신제품 ○○로 프로젝트를 진행중입니다. 기대가 큰 제품이죠! 여기 제 명함이에요.” 이 둘의 차이가 크다.

피칭
거절은 끝이 아닌 시작점이다

똑똑하고 재미있고 성공한 친구 하나가 굉장한 소식을 전해왔다. 친구는 국제관계에 대한 전문 지식을 담아 논평 기사를 써서 유명 매체에 피칭pitching을 했다고 말했다. 누구나 아는 잡지에 조만간 자기 기사가 실리고 원고료도 두둑하게 받을 예정이라고 했다. 얼마나 기뻤는지 모른다. 그 잡지는 웬만해서는 외부 기고를 받지 않는 매체였기 때문이다. 감동받긴 했지만 놀라지는 않았다. 내 친구만큼 똑똑하고 생각이 깊은 사람도 없었으니까. 친구 이름이 인쇄된 글을 하루빨리 보고 싶었다.

몇 주 후, 파티에서 그 친구를 우연히 만났다. 축배를 들고 싶어 기사가 언제 나오느냐고 물었다. 친구는 공들여 쓴 기사를 잡지사에서 발간 직전에 빼버렸다며 좌절감을 토로했다. 나는 문제를 해결할 방법을 알았기에 당장 PR 전문가 모드로 돌변했다. 최대한 연줄이 닿게 도와줄 테니 '피치 리스트'를 보여달라고 했다. 친구가 피칭한 곳이 열 군데는 넘을 줄 알았다. 하지만 친구의 대답을 듣고 입이 떡 벌어졌다. 그 잡지사 한 군데에만 연락했다고 했다. 친구는 이제 아무데서도 자기 기사를 받아주지 않을 거라며 낙담해서 난리도 아니었다.

친구를 붙잡아 흔들고 싶었다. PR 전문가는 피칭하고 계속해서 거절당하는 게 일이다. 나도 여러 매체에 기고해왔지만 내 기사도, 클라이언트들의 기사도 대부분 처음부터 통과되지는 않았다. 거절당하며 배우는 거다. 피칭을 다르게 구성하는 과정을 겪으며 발전하는 거다. 최고의 PR 전문가가 되어 계속 제안하라. 『자랑의 기술』을 몇 번이나 피칭했는지 아는가? 셀 수도 없다!

PR 업계를 모르던 내 친구는 한 번 거절당하자 다 끝났다고 생각했다. 그렇게 똑똑하고 자기 분야에서 성공했으면서 거절을 끝이라고 여겼다. 나는 거절을 시작점이라고 봤다. 친구가 보내준 기사를 투고할 만한 언론사를 열 곳 이상 골랐다. 친구의 기사와 능력이 돋보이도록 피칭 메일 작성을 도왔고 친구는 몇 번의 기회를 얻었다. 결국 그 기사는 지면에 실렸다. 전혀 다른 매체였기에 그 잡지

스타일에 맞춰 기사를 재구성하고 솜씨를 부렸다. 실패는 아니었다. 자랑의 기술에 맞게 자랑을 하고, 당신과 당신의 일을 발전시키기 위해 피칭을 익혀야 한다는 걸 배울 기회였다.

나탈리아 오베르티 노구에라는 파이프라인 엔젤스의 창립자이자 CEO다. 파이프라인 엔젤스는 엔젤 투자계를 바꾸고 여성(성소수자를 포함한) 사회적 기업가에게 투자하며 자금을 지원하는 여성 투자자 네트워크다. 노구에라는 이렇게 말했다. "필랜테크(얼텀이 매입한 파이프라인 엔젤스의 포트폴리오 회사)의 창립자 다나 골드스타인이 했던 말이 떠올라요. '피칭은 대화의 시작이다.' 마음에 드는 관점이에요. 피칭은 성공 아니면 실패인 제로섬 게임이 아니에요. 사업가가 피칭을 하고 투자를 못 받아도 그걸 들은 사람들에게서 사업에 적용할 수 있는 피드백을 받거나 잠재 투자자나 고객, 사용자를 소개받을 수 있어요. 연습은 피칭을, 그리고 자랑을 발전시키죠." 거의 매일 온종일 피칭을 받는 사람으로서 오베르티 노구에라는 피칭을 하려면 끊임없이 연습해야 한다고 강조한다. 나도 연습을 계속한다.

피칭은 자신을 팔고 대가를 요구하는 행위다. 미래의 클라이언트에게 사업을 홍보한다는 의미일 수도 있고, 언론사에 객원 기자로 기사를 실어달라고 요청하는 것일 수도 있다. 단순히 상사의 관심사를 파악하기 위해 아이디어를 제시한다는 의미일 수도 있다.

말하자면 피칭은 "타인이 무언가를 사거나 수락하도록 설득할 때 사용하는 대화 방식"이다. 피칭은 PR 전문가에 의해 완성되는 예술이자 자랑의 기술의 핵심이다.

스토리텔링을 하자

당신에 대해서, 그리고 당신의 일에 대해서 피칭할 때 중점을 둬야 할 부분은 이야기의 내용과 타이밍이다. 인간은 이야기로 들려줘야 더 잘 이해한다. 우리는 이야기로 정보를 처리하고, 의견을 결정하는 법을 배우고, 세계를 인식한다. 이야기에 몰입할수록 내용을 더 잘 기억하고 다른 사람에게 잘 전달하며 몇 년 후에도 잘 떠올리게 된다. 위대한 PR 전문가라면 다 아는 사실이다. 이들이 가장 인상 깊게 이야기를 들려주기 위해 쓰는 전략이 있다.

구체적이어야 한다

최대한 명확하고 구체적으로 표현한다. 자랑의 기술이 뭔지 알리는 건 어려운데 만약 내가 자기소개란에 이런 설명을 넣지 않았다면 잘 전달되지 않았을 것이다. "사업 개발 회의에서 자기PR에 실패했거나 피칭하고 좌절했던 적이 있으신가요? 제가 해결해드리겠습니다.” 이렇게 표현하면 내가 무슨 일을 하는지 이해하기 쉽고 이 문제에 공감하는 경우 ‘나도 한번 도움을 받아볼까’ 고려하게 된다. 다른 예문을 보자. “나보다 아는 게 없는 사람이 업계에서 인정을 독차지한다고 느낀 적 있으신가요? 이런 현실이 답답하지 않으세요?”(이 말은 백이면 백 먹힌다.) 주변 환경에 대한 불만을 불러일으킬 때도 있다. “하나같이 소리만 질러대는 사람들에게만 세상이 보상해주는 것 같나요? 이런 시스템을 헤치고 나아가도록 돕겠습니다.” (이런 질문을 던지면 언제나 긍정적인 답이 돌아온다.)

피칭을 잘하려면 당신이 누구이고 어떤 일을 하는지 분명히 이해할 수 있게끔 가능한 한 많은 예시를 보여줘야 한다. 사려 깊고 다채로운 이야기를 구체적으로 만들자. 말로만 하지 말고 보여주자. 적어도 말하면서 보여주자. 사람은 생생하게 스토리텔링을 구성해줘야 이야기에 몰입한다. 중요한 이슈에 관해, 재미없는 기사를 여러 편 읽었을 때보다 흥미롭게 구성된 넷플릭스 다큐멘터리 한 편을 봤을 때 더 기억에 남지 않는가. 그게 우리가 이해하고 기억하는 방식이다.

이제 고전이 된 1960년대 말 심리학 실험에서 앨런 파이비오는 여러 단어와 이미지를 연달아 빠르게 보여줬을 때 사람들이 단어보다 이미지를 더 잘 기억한다는 사실을 알아냈다. 이 실험과 그 외 유사한 연구를 바탕으로 언어 정보와 시각 정보가 뇌에서 다르게 처리된다는 이중 부호화 이론dual coding theory이 탄생했다.[1] 이중 부호화 이론에 따르면 특정 정보를 두 가지 방식으로 부호화할 경우, 즉 단어와 이미지를 모두 이용할 경우 정보를 기억할 확률이 더 높다. 언어 분야에서 이뤄진 무수한 연구 결과를 봐도 구체적인 언어가 추상적인 언어보다 쉽게 기억된다. 그러니 성과를 자랑할 때는 생생한 표현과 시각적인 이미지를 사용해 살아 있는 듯한 이야기를 들려줘야 한다.

피칭 성공 비법

짧고 유쾌하게 핵심만 찌른다. 이메일을 쓸 때는 한 단락을 길게 쓰지 마라. 독자, 편집자, 헤드헌터에게 당신이 무엇을 원하는지 한 단락으로 정확히 알려줘야 한다. 금세 읽고 곧장 실행할 수 있는 정보를 보내야 한다. 메일을 읽는 사람이 따로 조사할 필요가 없게끔 인터넷 링크도 포함해야 한다. 상대의 수고를 최대한 덜어줘야 한다. 모든 사람의 이메일 수신함이 가득차 넘치는 시대이기에 피칭 대상이 누구든 당신의 이야기를 듣고 언제, 어디서, 어떻게, 왜를 가능한 한 빨리, 힘들이지 않고 이해시키는 것이 핵심이다.

상대가 누구인지 파악하자

유능한 PR 전문가는 타깃이 누구인지, 어떤 이야기를 듣고 싶어하는지, 그의 수신함이 얼마나 무성한 정글과도 같은지 이해한다. 그런 것을 알면 인맥을 쌓을 때, 피칭을 할 때, 자랑을 할 때 상대를 이해하기 쉬워진다.

기자, 콘퍼런스 담당자, 헤드헌터 같은 사람들의 이메일 수신함이 어떨지 생각해본 적 있는가? 맞다, 끔찍하다. 너나없이 보낸 형편없는 피칭 메일, 쿠폰, 스팸으로 가득할 거다. 당신은 거기에서 돋보여야 하지만, 메일을 받는 사람에 대한 최소한의 배려도 보여줘야 한다.

그러지 못해서 일을 완전히 그르친 적이 있다. 지금도 그때만 생각하면 괴롭다. 처음으로 (그리고 유일하던) PR 업무를 하던 중에 유명하고 영향력 있고 무시무시한 엄마 블로거 70명에게 받는 사람 **이름을 명시하지 않고** 피칭 메일을 보냈다. 그러니까 '[블로거] 님께'라고 시작하는 메일을 무려 70**통**이나 발송했다. 처음으로 맡은 중요한 업무였는데 제대로 망쳐버렸다. 만약 구독자 수백만 명을 거느린 블로거 중에서 한 명이라도 이 브랜드 리서치 담당자(그러니까 나 말이다)가 누구냐며 항의해야겠다고 나섰으면 회사가 뒤집어졌을 것이다. 겁났고 부끄러웠다. 크리스마스 휴가를 하루 앞두고 몇 시간을 책상 앞에 앉아 블로거 한 명 한 명에게 굽실굽실하면서 사과 메일을 보냈다. 그들이 제발 인터넷에 그 얘기를 올리지 않기를 기도하면서. 나도 요즘 그런 메일을 받는데, 열자마자 휴지통으로 보낸다. 상대방의 이름을 신경쓰고, 철자가 틀리지 않게 유의하자. 그런 실수를 하면 문고리를 돌리기도 전에 방에서 쫓겨나는 신세가 된다.

피칭은 특정 네트워크를 통해 이루어진다. 대부분의 PR 전문가는 모르는 사람과 이야기하지 않는다. 네트워크를 이용해 클라이언트를 소개하고 피칭할 수 있게 5분만 내달라고 요청한다. 피칭 자체는 간결해야 한다. 딱 한 문장으로 끝날 때도 있다. 만약 나나 내 클라이언트에 대해 피칭을 하고 싶은데 타깃이 기업이나 언론사의 높은 분이라면 중간에서 다리를 놓아줄 공통의 지인을 찾을 것이다. 예를 들어 엘런 드제너러스 쇼 관계자에게 피칭하고 싶다면 링크드인을 확인해서 캘리포니아에 거주하는 지인들에게 메일을 보낼 것이다. 그 방송의 관계자를 아는지, 연락처를 전해줄 수 있는지, 소개 메일에 참조자로 넣어줄 용의가 있는지 물을 것이다. 먼저 이렇게 물어봐야 한다. "혹시 소개해주실 수 있나요?" 대화를 이어가되 상대방이 거절할 수 있는 여지를 남겨두어야 한다.

만약 담당자의 메일 주소만 전달받는다면 소개해주셔서 연락드린다고 얘기해도 되느냐고 묻는다. 괜찮다고 하면 메일 제목에 그 사람 이름을 넣는다. 그러면 메일을 열어볼 가능성이 커진다.

만약 아는 사람에게 연락처를 전달받아서 누군가에게 피칭을 한다면 이렇게 쓰겠다.

제목: 메러디스 파인먼의 소개로

『안트러프러너』 기자였던 메러디스 파인먼이 제 클라이언트입니다. 파인먼 씨와 같이 일했던 편집자에게 메일 주소를 받고 연락드립니다. 제가 제안서를 보내드려도 될까요?

한두 다리 건너 아는 지인을 통한 '다정한' 소개가 가장 이상적이다. 그러니 최대한 네트워크를 활용해 최종 타깃에 다가가라. 하지만 주의할 점이 있다. 요즘에는 잘 모르는 사람과도 SNS로 연결되기 때문에, 추천 요청을 수락하기 전에 얼마나 가까운 사이인지 반드시 물어봐야 한다.

피칭을 원하는 사람 혹은 회사와 연결해줄 사람이 아무도 없는 경우라면 내가 사용했던 몇 가지 예시를 참고해보라.

클라이언트를 소개할 때

[이름] 님, 안녕하세요.

처음 뵙겠습니다. 최근 [상대방의 적절한 근황을 여기에 넣는다] 관해서 잘 봤습니다. 다름이 아니라 VR 기술 스타트업을 창업한 제 클라이언트 댄을 소개해드리고 싶어서 이렇게 연락드립니다. 평소 가상 현실과 현대인의 삶이 교차하는 지점을 많이 다루시죠. 댄이 전문가로서 귀중한 정보나 인터뷰를 제공해드릴 수 있을 듯합니다. 관심 있으실까요?

내 글을 제안할 때

[편집자 이름] 님께, 안녕하세요.

[웹사이트 이름] 팬입니다. 젊은 여성에게 실용적인 조언을 어쩌면 그렇게 유머러스하게 잘 푸시는지 감탄했어요. 저는 15년 경력의 프리랜서 작가로[포트폴리오 링크] 활동중이며 [웹사이트 이름]과 독자층이나 메시지가 일치하는 기사들을 쓰고 있습니다. 다음과 같이 기사 아이디어 네 가지를 제안하고자 합니다. 마음에 드는 아이디어가 있으시거나 더 자세한 이야기가 듣고 싶으시면 언제든 연락주세요.

피칭의 핵심은 '왜'다

이 사람이 왜 관심을 보여야 할까? 무슨 상관이라고? 냉정해 보이지만 중요한 질문이다. 나도 피칭 메일을 자주 받는데 장문의 마케팅 자료에서 붙여넣기로 작성한 게 뻔히 보이는 내용으로 피칭을 망치는 회사들이 있다. 하품만 나온다. 그런 내용이 나랑 무슨 상관이란 말인가? 받는 사람을 고려하지도 않은, 흥미롭지도 않은 제안일 뿐이다. 그런 이메일 속에서, 나는 그저 비즈니스와 여성 문제를 다루는 수많은 작가 중 하나일 뿐이다. 가끔 여행 관련 피칭 메일도 오는데 마찬가지다. 이런 피칭은 통하지 않을 뿐만 아니라 오히려 역효과를 가져온다. 부정적인 반응을 불러일으키기 때문이다.

상대방이 시간을 할애해 살펴봐도 아깝지 않은 피칭을 해야 한다. 당신의 커리어를 발전시키는 게 진짜 목적이겠지만, 받는 사람에게도 가치 있는 일이어야 한다. 그들도 당신의 전문 지식과 기술이 필요할 수 있다. 그들이 당신 같은 목소리를 가진 패널을 찾을 수도 있다. 그 점을 꼭 기억하라. 이 사람들은 수천 명에게 피칭 메일을 받는다고 가정해야 한다. 그러니 튀어야 하고, 또 분명하고 신중해야 한다.

행동을 유도하는 요소도 필요하다. 호텔 개업을 알리는 여덟 단락짜리 피칭 메일을 받으면 이렇게 반응할 것이다. '멋지네. 그런데 나더러 뭘 하라는 거야?' 친구에게 전화해서 "그거 알아? 이 호텔이 개장한대. 그럼, 안녕!"이라고 하지는 않을 것이다. 통화를 하자는 얘기든, 서류를 봐달라는 얘기든, 만나서 커피 한잔하자는 얘기든 다 좋다. 바쁜 사람들은 당신의 용건을 빨리 알고 싶어한다.

프랜 하우저의 자랑론: 나만의 가치를 전하라

유명 투자자이자 작가 프랜 하우저는 자금을 유치받기 위한 투자 피칭을 자주 접한다. 그러면서 좋은 피칭의 요건을 깨달았고, 무엇이 진정성 있는 목소리를 만드는지도 알게 되었다. 『착한 소녀라는 신화』에서 하우저는 자신만의 가치를 찾는 법을 설명한다.

나도 '대선배'만큼 가치 있는 사람이다

"젊은 사람일수록 자기가 연장자를 어떻게 도울 수 있겠느냐고 물어요. 실제로는 거의 늘 도움이 필요한데도 말이죠. 특히 젊은 전문가들은 네트워크나 커뮤니티에 접근하기가 쉽고, SNS 플랫폼에 대해서도 잘 알잖아요. 이렇게 실용적인 전문 지식으로 '선배'들에게 큰 도움을 줄 수 있습니다. 자신의 가치를 더할 기회는 항상 열려 있어요."

요청하지 말고 제시하라

"최근 링크드인을 통해 한 여성에게 연락을 받았어요. 제 포트폴리오를 꼼꼼히 조사하고 제가 투자한 회사 중에 SNS 홍보를 도울 만한 곳이 있다더군요. 몇 가지 아이디어를 제시하면서 자기와 함께 그 회사에 조언할 생각이 있느냐더라고요. 관심을 안 가질 수가 없었죠. 사무적으로 미팅이나 통화를 요청하는 메일보다는 이렇게 유용한 의견이나 아이디어를 제시하는 메일을 받으면 더 답장하고 싶어져요."

좋은 피칭의 조건

좋은 피칭을 만드는 몇 가지 핵심 요인이 있다. 피칭은 다음과 같아야 한다.

간결한 내용: 필요 이상으로 긴 것은 최악이다. 다섯 문장 정도가 딱 좋다. 굳이 더 해야겠다면 두 단락 정도면 충분하다. 언제, 어디서, 무엇을, 왜, 그리고 '그래서 뭐 어떻다는 건지'가 최대한 빨리 나와야 한다. 받는 사람이 자칫하면 지각할 것 같은 때 만원 지하철에서 휴대폰으로 메일을 읽는다고 가정하자. 그렇다면 일단 무슨 말부터 하겠는가? 반드시 알아야 할 내용 하나면 된다. 간결하면 간결할수록 좋다.

적합한 대상: 발 디딜 틈 없는 지하철에서 땀흘리며 회사에 늦을까 노심초사하며 읽은 메일이 자기와 별 상관 없는 내용이라면 곧바로 삭제할 것이다. 짜증을 낼 수도 있다. 읽는 사람과 관련된 내용을 보내야 한다. 그 사람이 전에 같은 주제로 글을 쓰거나 말을 했든, 조직에서 해당 업무를 처리하는 위치이든 말이다. 나도 아무 관련 없는 메일을 받는 입장이다. 내가 글을 쓰는 분야든 아니든 딱히 새롭거나 흥미로운 내용이 아닐 때도 있다. 받는 사람에게 맞춰 쓰지 않았다거나 나 외에 수많은 사람에게 단체로 돌린 티가 나기도 한다. 그런 메일을 읽으면 시간만 낭비한 기

분이라 짜증이 난다. 그런 기억은 쉽게 사라지지도 않는다.

친절한 배려: 조금 더 친절하게 상대를 배려하기만 해도 크나큰 도움이 된다. 수신자 입력 칸을 무수히 많은 메일 주소로 채우지 말고, 내용을 간단명료하게 압축해야 한다. 무엇보다도 상대방의 성과를 알고 있음을 나타내야 한다. 호감도가 올라가고 자신을 잘 아는 사람이라는 인상을 받을 것이다. 투자자 겸 작가 프랜 하우저는 피칭의 핵심을 놓치는 창업자가 많다고 말한다. 피칭의 핵심은 바로 자기 자신이다. 하우저가 말하길 창업자들은 "피칭을 시작할 때 상품 이야기만 하지 자기 이야기가 얼마나 중요한지는 모른다. 서로 감성이 맞아떨어져야 하는데 말이다". 로봇처럼 굴면 안 된다. 상대와 마음이 연결되도록 해라.

지하철의 초조한 남자로 돌아가보자. 그는 기술에 관련된 글을 쓰는데 방금 받은 피칭 메일에서 누군가 몇 달 전에 당신이 쓴 기사가 좋았다며 기사를 읽은 티를 낸다. 남자는 혼잡한 지하철의 찜통 같은 더위도 잊고 미소를 짓는다.

가능한 조치: 당신에게 필요한 걸 딱 하나만 꼽자면 무엇인가? 한 문장으로 설명할 수 있는가? 메일을 읽은 사람이 뭘 해야 하는지가 제시되지 않는다면 그 피칭은 실패다. 내 기사를 잡지에 실어달라거나, 인터뷰에 응

해달라거나, 우리 회사 뉴스레터를 집중 조명해달라거나 하는 식으로 원하는 바를 명확히 밝혀야 한다. 지금은 솔직해야 할 때다. 정신없이 지하철에서 메일을 읽는 남자도 용건을 당장 알아채야 한다. 커피 쏟은 바지를 입고 회사로 뛰어가는 길이니 말이다.

피칭을 할 때는 모든 상대가 한여름에 혼잡한 지하철에서 서두르는 상황이라고 가정하라. 그러면 바짝 긴장해서 간결하고, 신중하고, 변함없는 태도로 어떤 상황에든 대비할 수 있게 된다.

러비 아자이의 자랑론: 중요한 사람에게 요청하는 법

문화 비평가이자 베스트셀러 작가, 디지털 전략가, 인기 강연자인 러비 아자이는 어떤 메시지가 소음을 뚫고 전달되는지 잘 안다. 다양한 커뮤니티와 온라인 매체에 상주하는 인기 스타답게 관심을 끌려는 메일을 끊임없이 받지만 그중 소수만이 선택을 받는다. 어려운 부탁을 할 때는 이렇게 해보자.

공식은 간단하다
"간단명료하고 자신감 있게 이야기하는 사람의 목소리가 전달된다."

짧아야 한다
"구구절절 길게 보내지 마라. 본인이 어떤 사람이고 어떤 도움을 원하는지는 일대기를 다 쓰지 않아도 전달할 수 있다."

꼭 들어가야 할 세 단락

"나는 사람들에게 늘 세 단락으로 보내라고 한다. 그 이상은 안 된다.
첫번째 단락은 자기소개다. 맛보기로 간단히 자기 이야기를 들려주라. 글을 쓰는 사람이 누구인지 판단해야 하니까 말이다. 내가 요청 메일을 보낸다면 이렇게 쓸 것이다. '안녕하세요, 저는 러비 아자이입니다. 작가, 디지털 전략가, 강연자로 15년 동안 활동해왔습니다. 사람들이 웃으면서 세상을 비판적으로 바라보게 만드는 데 관심이 많습니다.'
두번째 단락에서는 상대의 일에 어떤 식으로 연결되는지 보여줘야 한다. 아무한테나 닥치는 대로 이메일을 보내는 게 아니라 상대의 활동을 지켜봤고 특별히 그에게 메시지를 보낸다는 사실을 전달한다. '몇 년 전부터 당신의 활동을 인상 깊게 보고 있었어요.'
마지막 단락에서는 요청을 한다. 단도직입적으로 하자. '한 시간 정도 통화하고 싶다'고 부탁한다고 해보자. 그렇다면 나는 마지막 단락을 이렇게 쓸 것이다. '당신에게 정말 많은 것을 배웠습니다. 가능하시다면 한 시간 동안 통화하면서 지금까지 하신 활동을 보며 궁금했던 점을 다섯 가지 정도 여쭤보고 싶어요'라고 말이다."

어떻게 도울 수 있나?

"내가 뭘 제공할 수 있는지 생각해보자. 일면식 없는 사람에게 메일을 보내는 걸 어려워한다면 처음부터 부탁을 하지 않는 게 좋을 수도 있다. 자연스럽게 행동하라. 내가 어떤 사람이고 그 사람을 어떻게 도울 수 있는지 보여주자. 나는 주로 부탁을 받는 입장인데, 누가 내게 뭘 해주겠다고 제안한다? 그런 메일은 눈에 확 띈다."

감사할 줄 알아야 한다

"당연히 시간을 내줘야 하는 게 아니라, 그렇게 해주면 감사하겠다는 뉘앙스로 마무리한다. '가능하지 않더라도 고려해주셔서 감사합니다.' 그런 말을 보면 시간을 내기 힘들어도 최소한 뭔가 하게 된다."

지나치게 굽히지는 말자

"지나치게 굽히는 메일을 보면 다 여자들이 보낸 거다. 특히 젊은 여성들이 그런다. 자기 자신에 대해 그리고 자신의 말에 대해 끊임없이 의심하지 않는 여자들의 모습을 보면 좋겠다. 더 많은 여성이 '그래, 질문하는 게 뭐 어때서. 안 된다고 해도 죽기야 하겠어?' 이런 태도를 가지면 좋겠다."

무엇이 꽂히는지 본다

내 이야기의 반응을 살피고 상대가 무엇에 꽂히는지 확인해야 한다. 그래야만 발전하고 성공할 수 있다. 많은 클라이언트들이 내게 예측을 요구하거나 x라는 피칭과 y라는 피칭을 들었을 때 잡지사에서 어떻게 생각할지 알려달라고 한다. 하지만 통제 가능한 요인에는 한계가 있고, 다년간의 언론 보도와 이야기를 접하며 이해해온 정보에 기댈 수밖에 없다. 그러니 어느 날 누가 어떤 연락을 받을지 나로서는 알 길이 없다. 어떤 때는 순전히 운에 따라, 상대의 재량에 따라 결과가 달라지기도 한다. 그쪽에서 기사를 거절하거나 발언을 싣지 않는 게 예산 때문일 수도 있고, 지면이 부족해서일 수도 있고, 속보가 생겼거나 전혀 통제할 수 없는 요인이 발생해서일 수도 있다. 아무튼 일단 저지르는 게 중요하다.

계속 해나가라

어떻게 해야 자신에 대해서 그리고 일에 대해서 가장 효과적으로 이야기를 만들 수 있을지 알아내려고 오래 붙잡고 있어봐야 별 소용이 없다. 나도 10년 이상 나라는 사람에 관해, 내 사업에 관해 다양한 이야기를 해왔고, 어떤 이야기를 언제 해야 하는지 배웠지만, 실수를 하고 형편없는 이야기를 하면서 많이 늘었다. 분위기를 파악하지 못했을 수도, 타깃을 알아내지 못했을 수도 있다. 그런 식으로 반응을 살피고 피칭을 수정해가면 무엇이 꽂히는지 많이 배울 수 있다. 숫자나 보기 좋은 그림이 아니어도 통할 때가 있다.

거절은 기회다

자랑의 기술을 배우려면 거절에 익숙해지는 법도 알아야 한다. 좋다는 말만 들어서는 발전하지 못한다. 거절당한 후 오뚝이처럼 다시 일어나는 힘을 키우고 거절을 받아들이는 법을 배운다면 당신의 이야기와 전문성도 훨씬 탄탄해진다. 거절을 당할수록 받아들이기 쉬워질 것이다. 밖으로 몸을 던지고 다시 몸을 일으켜 세워 이야기를 계속한다면 더 인정받을 것이다. 나는 10년 동안 거절을 다

뤄왔다. 이런 경험을 하루아침에 따라잡을 수는 없겠지만 우리 모두 거절을 조금 더 당해봐야 한다. 불편하고 어색하지만 자신만의 개성을 쌓아가는 경험이다.

누구나 거절을 당한다. 이 점을 잊지 말자. J. K. 롤링, 오프라 윈프리, 메릴 스트리프, 샐리 크로첵, 스티븐 킹, 제이지 등등 이 세상을 살아가는 모두가 같은 처지다.

인맥을 키우고 관리하자

PR은 인맥에 관한 일이기도 하다. 인맥이 전부라고 해도 무방할 정도다. 유능한 PR 전문가를 모두 관통하는 근본적인 공통점이 바로 인맥이다. 매일 연락처를 모으고, 사람들에게 잊지 않고 연락하고, 그런 다음 품위 있게 피칭해서 관심을 요구하자. 끈질기고도 아주 조심스럽게 얼굴을 들이밀어야 하는 때도 있다. 나는 거듭 줄타기를 한다. 인맥 관리가 자신의 돈벌이 수단이기 때문에 PR 전문가는 무슨 수를 써서든 언론과 좋은 관계를 유지하고 언제 어떻게 요청해야 할지, 언제 물러날지 안다.

인맥은 자기PR에도 아주 유용하다. 인맥은 시들지 않게 관리해야 하는 식물과도 같다(다육식물도 마찬가지다. 다행히 웬만해서는 죽지 않는다). 자주 물을 주고 때로는 노래도 불러주고 잘 지내느냐고 물어도 봐야 한다. 자신을 위한 자랑의 기술에는 없어서는 안 될 부분이다. 당신은 중요한 인맥을 키우고 관리해야 하고, 자랑할 때와 기다릴 때를 알아야 한다.

이미 구축된 인맥을 통해 어디부터 시작할지 고민하자. 누군가를 만날 때, 누군가와 메일을 주고받을 때, 동경하는 사람을 봤을 때 이름과 연락처를 적어두고 저장한다. 나는 그동안 만났던 사람의 명함을 담은 상자를 책상에 따로 보관해뒀다가 틈틈이 살핀다. 지금쯤 명함이 천 장쯤 있을 텐데, 내가 자랑의 기술과 내 일을 얼마나 많은 사람에게 이야기했는지 자각하기 위해서도 이를 보관한다. 또 명함을 관리함으로써 그 사람들에게 연락해야 한다는 점이 환기된다. 당신도 그래야 한다. 잘 지내는지 안부를 묻고, 그 사람에게 어떤 도움을 줄 수 있는지 생각해야 한다. 이건 전문가가 대신할 수 없는 일이다. 인맥이나 직업상 소개를 통해 어떤 기회를 얻을지 아무도 모른다. 나는 인맥을 통해 깊은 우정을 나누는 친구, 프로젝트 파트너, 더 나아가 멘토까지 만났다.

인맥을 쌓고 누군가에게 대화를 청하는 일에는 용기가 필요하지만 그만큼 보상도 크다. 몇 년 전 제스라는 친구에게 협업을 요청한 적이 있다. 제스는 워싱턴 D.C.에서 정말 멋진 프로젝트들을 진행하고 있었고 나도 그런 수준의 작업을 하고 싶었기에 사실 좀 부러웠다. 페이스북으로 간단히 메시지를 보내 제스와 그가 하는 작업에 대해 칭찬하고 커피 한잔할 수 있을지 물었다. 그렇게 만나 우리는 10년간 우정을 나누는 사이가 되었다. 제스는 내가 아는 최고의 PR 전문가이기도 하다. 본인이 따로 홍보할 필요가 없을 정도다. 제스는 내가 마음먹고 먼저 다가간 베스트프렌드다.

모든 사람이 사교적이지는 않다. 나야 밥줄이 사교성에 달렸지만, 당신은 친구 한 명, 제대로 된 연줄 하나, 교류 한 번부터 시작해도 충분하다. PR 전문가가 되라는 말이 아니다. 그러고 싶다면 또 모르겠지만. 다만 PR 전문가처럼 사고해보자.

인맥은 서로 주고받는 관계이기도 하다. 받는 입장이라고만 생각하지 마라. 절대 아니다. 상대에게 무엇을 해줄 수 있는지도 생각해야 한다. 시간을 내 누군가를 만나서 조언을 해주거나 생각을 나누는 일은 정말 보람되다. 나는 사람을 만날 때마다 뭐 필요한 게 있느냐고 묻는다. 내가 부탁할 일이 없어도 그런다. 다른 사람을 도우면 기분이 좋아지고 세상에 좋은 업보를 쌓는 셈이다. 게다가 사람이라면 누구든 타인을 보며 배울 수 있다. 당신이 선배에게 다가간다고 해서 그 선배가 당신에게 배울 점이 없다는 뜻은 아니다. 성과도 자랑거리지만 지금 어느 단계에 있든 당신이란 존재는 가치가 있다.

연봉 협상
상대방도 돈 얘기는 껄끄럽다

연봉 협상은 아주 힘들고 무서운 일이다. 당신은 물론이고 협상 테이블 맞은편에 앉은 사람도 몹시 불편한 상황이다. 이럴 때는 준비를 하고 들어가야 한다. 내가 무엇을 원하는지, 어떻게 납득시킬지 정리하고 들어가야 한다. 게다가 단 한 번의 미팅으로 결정되고 관료주의적인 상황을 거쳐야 한다. 다른 자랑을 할 때보다 리스크가 큰 상황이다.

지금은 고액 연봉자로 유명하지만 몇 년 전 좀더 직급이 낮을 때 상담을 의뢰해온 클라이언트가 있었다. 처음 대화했을 때부터 곧바로 이 사람은 빛나는 스타가 되겠구나 싶었다. 경험, 두뇌, 재치, 외모까지 모든 것을 갖췄지만, 어이없는 연봉을 받고 있었다. 그녀가 일하던 작은 미디어 스타트업의 근무 환경은 처참했다. 긴 근무 시간, 형편없는 복지, 경영진의 푸대접, 낮은 임금이 결합돼 그녀는 불행하다고 느꼈지만 크나큰 기회가 찾아올 것 같다며 일을 계속하고 싶어했다. 연말 평가와 연봉 협상을 앞두고 최소 10~20만 달러의 연봉을 요구하고 싶었다. 얼마를 원하는지는 알았지만 막상 요구하자니 겁이 났고 어떻게 요구해야 할지도 몰랐다. 몇만 달러를 높게 부르려니 두려웠던 것이다. 하지만 그 돈을 받고 싶고, 받을 만하다는 사실을 알았다. 업계에서 실력이 좋다고 평판 나 빠르게 유명해지고 있었기 때문이다.

연봉 협상을 대비하는 차원에서 그녀에게 자신의 가치를 적어보라고 했다. 입사 이후 어떤 점들이 발전했는지를 적고 수치로 뒷받침했다. 다른 직원들이 갖추지 않은 자신만의 자산을 적었고, 업계에서 위치가 비슷한 다른 사람들은 얼마를 받는지 자료를 제시했다. 한마디로 비교 가능한 정보와 함께 자랑을 써냈다. 그동안 거둔 성과가 회사에 어떤 가치를 더했는지 경영진이 단번에 이해하도록 말이다.

나는 모든 정보를 종이 두 장에 담으라고 했다. 연봉 협상도 피칭과 크게 다르지 않기 때문에 자신이 회사에 얼마나 가치 있는 사람인지 주장하려면 그걸 증명할 '마케팅' 자료를 제시해야 했다. 프레젠테이션 자료든 두 장짜리 보고서든 구체적인 숫자를 통해 가치를 보여줘야 했다. 회사를 위해 어떤 일을 했는지 가시화하는 것이다. 미니 프레젠테이션을 준비하며 내 클라이언트는 연봉 인상을 요구할 수 있다는 자신감이 커졌다.

원하는 금액을 어떻게 요구할지도 연습했다. 민망해지거나 얼굴이 빨개지지 않을 때까지 액수를 소리내어 말하는 연습을 했다. 그러면서 그녀도 자신의 가치는 스스로 주장한다는 발상에 익숙해졌다.

연봉 협상 당일, 그녀는 두려웠지만 원하는 금액을 요구했다. 그냥 불쑥 내뱉었단다. 연봉 협상에 들어가기 전, 정적이 흐른다고 아무 말이나 하지 말고 반응을 기다리라고 조언해주었다. 왜 자신이 그만큼 받을 자격이 있는지 자세히 설명하고 싶었고, 어색한 분위기 속에서 가만히 앉아 있기가 괴로웠지만 그녀는 내 말대로 기다렸다. 결국 원하던 금액까지는 아니어도 원래 회사에서 제시했던 금액보다는 훨씬 높은 연봉을 받게 되었다. 앞으로 연봉 협상을 할 때 어떻게 해야 하는지 배웠다는 게 더 중요한 성과였다. 이후에는 승진을 하면서 돈 이야기를 더 수월하게 꺼냈다. 그러기까지 불편하고 어색한 침묵을 견뎌야 했지만 말이다.

몇 년이 흘러 콘퍼런스에서 그 클라이언트를 우연히 만났다. 회사가 '낮은' 액수를 제시했다며 그녀는 고개를 젖히고 웃음을 터뜨렀다. 50만 달러라고 했다. 오래전 요구하기를 두려워했던 연봉보다 훨씬 높은 액수였다. 몇 년 사이에 그렇게 달라질 수 있다니 놀라웠다. 정말 인상적이었다. 자기 가치를 요구하는 데는 연습과 시간이 필요하다. 나와 일하고 몇 년밖에 안 지났는데도 그녀는 두려움을 떨치고 50만 달러라는 큰 금액도 자신의 시간과 노력에 비하면 적다고 여길 만큼 힘을 키웠다. 그렇게 말하며 웃는 모습을 보니 기뻤다. 돈의 액수가 사람을 짓밟지도, 정의하지도 않는다는 사실을 알기 때문이었다. 그녀는 편안하게, 웃음까지 보이면서 돈 이야기를 하고 돈과 공존할 수 있었다.

모든 사람이 어쩐지 돈 이야기를 불편해한다. 우리 사회는 돈 이야기를 권장하지 않지만 성공은 궁극적으로 돈의 형태로 드러난다. 웰스 파고 은행의 설문 조사 결과, 미국인은 정치, 종교, 심지어 죽음보다도 재산 이야기를 더 불편해한다.[1] 조사에 따르면 성별의 차이도 있었다. "다른 사람에게 재정 상태를 공유하기가 힘들다는 남성은 38퍼센트였지만 여성은 절반에 달했다(50퍼센트)." 한편 미국 청년들 사이에서는 돈 이야기를 대하는 태도가 달라지고 있다는 여론 조사 결과도 있다.[2] 이들은 "다른 세대와 달리 디너파티에서 신용 점수와 소득 수준을 솔직하게 터놓는다". 요점은 우리 모두 돈 이야기를 더 많이 해야 한다는 것이다.

누군가가 연봉 협상 때문에 긴장하면 원하는 액수를 결정하는 사람 입장이 되어보라고 한다. 상황과 대화를 재구성해보자고 말이다. 당신도 불편하겠지만 상사도 마찬가지로 불편하다. 연봉 인상을 요구할 때 아마 이런 상황일 것이다. 월급을 주는 사람에게 당신의 요구 사항이 전해져야 하지만, 그와 직접 이야기하지 못할 가능성이 크다. 맨 윗선까지 올라가는 동안 여러 사람의 결재를 거친다는 사실을 생각해보자. 협상 테이블 맞은편에 앉은 사람도 이런 대화가 즐겁지는 않을 것이다. "팀장님도 이런 대화가 편치 않으시다는 거 잘 알아요"라는 식으로 공감대를 형성하면 조금 긴장감을 풀고 유리한 흐름을 탈 수 있다.

다른 사람에게 얼마를 받느냐고 묻고 시장 조사를 하는 게 연봉 협상의 기본이라고 한다. 친구나 동료에게 서로 연봉을 터놓자고 제안해볼 수도 있다. 하지만 자랑의 기술에서는 조금 다르다. 다른 사람이 얼마를 받든 당신이 한 일들을 보여주고 그에 걸맞게 더 큰 보상을 요구하는 데 초점을 맞춰야 한다. 그렇다, 시장 조사를 바탕으로 요구해야 하지만 요구액은 협상 테이블에서 당신이 제시하는 가치로 정해질 것이다. 자랑의 기술에는 다른 사람의 성공을 돕는 것도 포함돼 있지만 자기 자신을 위해 힘을 못 낸다면 무슨 수로 남을 돕겠는가. 여성과 비백인이라면 이런 일이 특히 힘들 것이다. 부와 불평등 문제는 아예 책 한 권을 따로 써야 할 주제지만 여기서도 한 번쯤 짚고 넘어가야겠다.

직접 회사를 운영하지 않는 한 회사가 얼마나 버는지 볼 일이 거의 없다. 나는 회사를 직접 운영하기 때문에 내 사업과 서비스를 피칭하면서 숫자 이야기를 할 만반의 준비가 되어 있지만 말이다. 이런 점 때문에도 연봉 협상은 어렵다. 일하면서 돈 이야기를 자주 하지 않을뿐더러 회사 전체와 관련된 수치를 얘기할 일도 없으니 말이다. 금융계 종사자나 회사에 몇 안 되는 재무 담당자가 아니고서야 평소에 그럴 일이 거의 없기 때문에 돈 이야기를 꺼내며 연봉 협상하기는 어렵다. 다시 말하지만 돈 이야기를 하는 법을 '안다'고 다 해결되지는 않는다. 좋은 롤모델도 찾기 힘들고 다들 돈 문제를 개인적이고 터부시할 주제라며 쉬쉬하지만, 돈은 입 밖으로 꺼내야 할 주제다. 연봉 협상에는 많은 연습이 필요하다.

이 사실을 모르는 사람이 많은데, 협상 테이블에서 한발 물러날 수도 있다. 제시받은 금액을 고민해보고 확답을 미뤄도 된다. 침묵이나 고민은 어마어마한 힘이 있다. 때로는 상대를 불편하게 만들어 공을 이쪽으로 가져오는 전략으로 사용할 수도 있다. 뜸을 들이거나 하룻밤 생각해본다고 해도 괜찮다. 당장 대답할 필요는 없다. 그러고 싶지 않은 이유만 들어도 괜찮다.

예를 들어 이렇게 얘기할 수 있다.

"생각할 시간이 필요하니 다시 연락드릴게요."

"하룻밤 생각해보고 내일 답변드리겠습니다."

"여기서 잠깐 멈추고 다음주에 다시 얘기해봐도 될까요?"

"고민되네요. 다음 스케줄을 잡을 수 있을까요?"

협상에 돌입할 때는 수치를 준비해둔다. 만약 "저는 신규 영업에서 x만큼의 매출을 가져옴으로써 회사의 이익을 적극적으로 챙기고 브랜드에 수익을 올리고 있습니다"처럼 자랑할 수 있다면 협상에서 강력한 진술로 전달될 것이다. 남이 얼마를 받는지 알아보는 것과 당신이 실제로 회사에 얼마나 기여하는지를 숫자로 보여주는 것은 하늘과 땅 차이이다. 당신의 상사는 당신이 다른 직원과 얼마나 잘 어울리는지, 클라이언트와 어떻게 상호작용을 하는지 등 예의를 비롯해 전반적인 업무 상황을 고려할 것이다. 하지만 대체로 연봉 협상에서는 당신이 직접 얼마나 벌어들이느냐가 무엇보다 중요하다. 그러니 두려워 말고 수치를 제시하라. 수치를 들면 반박하기 어렵다. 회사에서 주는 돈보다 당신이 회사에 더 많은 돈을 벌어준다는 사실만 증명한다면 연봉을 안 올려줄 이유가 없다.

많은 사람에게 이렇게 말한다. 연봉 협상은 개인 용무가 아니라 사업 결정이다. 협상을 앞두고 긴장하는 사람에게 그 사실을 다시 한번 일깨워준다. 연봉 협상 테이블에서는 감정을 배제하고 사실만 고수하는 태도가 가장 강력한 무기다. 협상 테이블 맞은편에 앉은 사람은 사업 결정을 내린다. 잔인하게 들리겠지만 엄연한 사실이다. 상대는 최소한의 금액으로 최고의 실력자를 얻으려고 한다. 돈을 더 줘야 할 이유가 무엇인가? 계약을 하지 않으면 안 되는 이유가 무엇인가?

함께 일하고 싶은 사람이 프로젝트 예산보다 인건비가 비싸서 금액을 협상한 적이 있다. 그는 자기를 채용하지 않으면 내가 금전적 손해를 본다는 사실을 증명했다. 자기가 이런 일을 하면 내가 더 다양한 곳에 기고하고 유료 강연을 더 자주 진행할 수 있음을 전부 보여줬다. 이런 인재를 놓치면 안 된다는 생각이 들었다. 당연히 그를 채용했다.

하지만 요구를 할 때 내용 못지않게 자신감이 중요하다 싶기도 하다. 테드위민을 공동 창립한 최고의 경영자 팻 미첼에게 한 수 배워보자. 미첼은 실패한 연봉 협상 경험을 돌아보며 "임금 인상이든 승진이든 이사회 자리든 무언가를 요구하려고 준비할 때 '나는 이렇게 요구할 만해. 내가 맞아'라는 자세가 필요하다"고 강조했다.

강연
의뢰를 받고 싶다고 말해야 한다

강연은 이제 하려는 사람도 많고 큰돈이 되는 산업으로 자리잡아 PR 전문가, 인지도를 올리려는 회사, 커리어를 키우고 싶은 사람이라면 이를 중시하게 되었다. 현재로서는 강연보다 더 좋은 자랑 수단도 없다. 강연을 통해 내가 어떤 사람이고 어떤 일을 하는지를 보여주고, 다른 패널과 교류하며, 실시간으로 자기 페르소나를 드러낼 수 있으며, 질의응답 시간에 관객과 심도 있게 소통하며 진행력도 뽐낼 수 있다. 요즘처럼 강연 기회가 많은 시절도, 강연을 하려는 사람이 많은 시절도 없다.

무대에 오르고서 출셋길이 뻥 뚫린 사람이 많다. 단상에 오른 사람은 대개 존경을 받는데, 사람들은 누군가 그럴 만한 능력이 있다고 판단해 그에게 마이크를 쥐여줬다고 여기기 때문이다. 누군가 그 사람의 메시지가 가치 있다고 판단했을 수도 있다. 대규모 행사에서 일반 대중에게 당신의 작업물을 보여주면, 당신이 하는 일을 인정받고 업계를 이끄는 지식인이라는 타이틀을 얻을 수 있다. 기술, 언론, 과학, 예술 등 어느 분야에서든지 말이다. 강연은 당신의 메시지를 더 큰 무대로 들고 나가 사람들에게 당신이 가진 전부를 보여주는 행위다. 인지도를 올리고 돈도 더 많이 벌 수 있으며 업계에서 존경을 받고 유명한 동료나 전문가와 친해질 기회까지 얻는 등 강연의 이점은 무궁무진하다.

클라이언트들은 내게 뉴욕 타임스에 글을 실어달라고 요청하기 전에 강연회 스케줄을 잡아도 되느냐고 끊임없이 묻는다. 요즘은 언론 매체에서 의뢰가 들어오기를 마냥 기다리기보다는 직접 강연하거나 강연 행사에 패널로 참가하면 더 빠르게 자랑할 수 있기 때문이다.

온라인 프레젠테이션 플랫폼 프레지Prezi가 해리스 폴에 의뢰해 진행한 여론 조사에 따르면 실제 프레젠테이션을 하는 사람 중 70퍼센트가 프레젠테이션을 성공의 필수 요소로 꼽았다.[1] 워런 버핏도 2009년 컬럼비아대학교 경영대학원 학생들을 대상으로 한 강연에서 강연의 중요성을 강조했다.[2] "커뮤니케이션 능력만 키워도 자신의 가치를 50퍼센트는 높일 수 있습니다. 강연을 해야 해요."

자기PR을 통해 여러 가지 방법으로 강연을 시도해볼 수 있다. 우선 어디서 강연을 하고 싶은지 자문해보고 자신이 목표하는 강연회 목록을 만들어야 한다. 각각의 강연을 왜 하고 싶은지, 장래 자신의 목표에 어떤 도움이 될지 생각해보자. 그런 다음에는 콘퍼런스 주최측과 담당자를 타깃으로 삼아 앞서 배웠던 피칭 기술을 활용해보자. 특히 규모가 큰 행사는 늦어도 반년 전에 패널 선정이 마무리되기 때문에 겨우 한 달 전에 강연자로 써달라고 요청해봐야 소용없다. 최대한 일찍 연락하고, 주최측에서 수락한다면 내년 행사 강연자 명단에 이름이 올라오겠다고 마음의 준비를 하는 게 좋다.

수전 케인의 자랑론:
(차라리 죽고 싶어도) 공개 강연 입문하기

수전 케인은 베스트셀러 『콰이어트Quiet』의 저자다. 2012년 『콰이어트』를 출간한 후 내향인이 직장에서 빛을 발하도록 돕는 '콰이어트 레볼루션'을 세웠다. 케인도 내향인으로서 공개 강연을 두려워했지만 그 중요성을 알기에 다음과 같은 마음가짐으로 두려움을 극복했다.

두려움을 극복할 가치가 있다

"이 일을 시작할 때만 해도 강연 공포증이 심하기로 유명했는데, 그걸 극복해야만 했어요. 일단 해보고 나니 놀랍게도 뜻밖의 소득이 있었습니다. 강연 전후로 제 말에 귀기울이는 사람 수가 비교도 안 되게 늘어났어요."

강연은 메시지를 전하는 지름길이다

"메모를 써서 메시지를 전하려면 수백 시간은 걸려요. 하지만 무대에서는 5분이면 충분해요. 단상에 오른 5분 동안 더 영향력도 커지고요. 연단에 서서 자기 의견을 알리면 왠지 몰라도 그 분야의 권위자로 인정받아요. 그렇게 해서 얻은 효과는 어마어마하고요."

잊지 마라. 상황을 주도하는 사람은 나다

"그 무대에서 무슨 일이 일어날지는 본인만 알아요. 그러니 메시지도, 메시지 전달 방식도 본인이 결정하는 거죠."

작은 두려움과 맞서라

"만약 나누고 싶은 메시지가 있다면 두려움을 직시해야 해요. 두려움을 억누를 수 있을 때까지 그 감정에 아주 조금씩 자신을 노출하는 게 핵심입니다."

어떻게 포지셔닝해야 할까?

자기PR을 준비할 때는 자신의 노선, 메시지, 논조를 다듬어야 한다. 강연 기회는 스테로이드 치료와 같다. 콘퍼런스 프로그램 중에서도 정확히 어디에 들어갈지, 누구 앞에서 이야기하게 될지 파악해야 한다. 그것도 최대한 구체적으로 알아봐야 한다. PR 일을 하다가 자랑과 리더십을 교육이라는 좀더 미묘한 분야로 일의 중심을 변경했을 때 나를 어떻게 포지셔닝해야 할지는 아무도 몰랐다. 퍼스널브랜딩 전문가일까? 미디어 전문가일까? PR 전문가일까? 모호한 포지셔닝 때문에 강연 일을 많이 따지 못했다. 자랑을 잘하는 법에 대한 메시지를 개선하고 좀더 좁은 영역에 초점을 맞추고 어디의 어떤 콘퍼런스에 적합한지를 알리자 그제야 먹혀들었고 강연 의뢰가 많이 들어왔다.

"의뢰를 받고 싶어요."

내 친구들이나 클라이언트 중에는 더 자주 강연하고 싶다면서도 중요한 정보를 빼놓는 사람들이 많다. 강연 의뢰를 받고 싶다고, 강연할 수 있다고 사방팔방 이야기하고 다녀야 한다. 광고판을 등에 달고 다닐 정도로 말이다. (나는 실제로 그런다. 등에 '자랑의 기술 Brag Better'이라고 수놓은 청재킷이 있다. 그러니까 진지하게 하는 얘기다!)

강연 의뢰를 받고 싶다고 사람들에게 말해야 한다. 노골적으로. 강연을 하고 싶다는 클라이언트는 많았지만 눈 씻고 봐도 개인 웹사이트나 프로필에 강연 이력을 언급한 게 없었다. 의뢰 가능한 메일 주소나 강연 에이전시 연락처도 적어놓지 않았다. 이런 게 강연 의뢰를 막는 가장 큰 걸림돌이다. 강연 의뢰를 해달라고 요구하고, 사진이나 참가 행사 목록을 보여주면서 당신도 강연을 할 수 있다고 알려줘야 한다. 그거면 된다. 하지만 다들 그렇게 중요한 정보를 빠뜨린다. 강연했을 때의 사진을 게시하고, 개인 웹사이트에 강연 의뢰를 어디로 하면 될지 연락처를 기재하라. 그렇게만 해도 콘퍼런스 담당자나 강연 에이전트가 달라진다. 여기에 더해 강연을 할 수 있다고, 하고 싶다고 보여줘야 한다. 말로 표현하라.

성공적인 강연을 위한 팁

본인이 성공적이라고 판단하는 것도 강연을 잘했음을 보여주는 지표겠지만 강연 전과 비교하여 관객이 얼마나 많은 정보를 얻고 만족하느냐도 중요하다. (내 경우에는 멋진 옷을 입고 큰 웃음을 줬다면 성공했다고 느낀다. 그러면 안도하면서 쿠키를 먹는다. 이런 게 다 내게는 성공의 지표다.)

재의뢰를 받는 것도 강연을 잘했다는 의미다. 관객이 다가와서 강연을 의뢰하게 명함을 달라고 요청한다면 더 좋다. 주최측이나 관객과 소통할 때 강연을 또 맡고 싶다고 분명하게 보여줘라. 아예 무대에 있을 때 말하자. 관객에게 감사 인사를 전하면서 그들도 당신에게 강연을 의뢰할 수 있다고 알리자. 대담해져야 한다. 또한 강연이 성공적으로 진행되면 주최자도 목표를 이뤘고, 돈을 잘 썼고, 기대를 충족했다고 확신하게 된다.

콘퍼런스를 앞두고 메시지를 어떻게 만들고 발표할지 준비하면서 주최측에 물었던 내용들을 정리해봤다. 단상에 오르기 전에 이 질문에 대한 답을 최대한 많이 알아내야 한다. 그래야 무대를 지배할 수 있다.

- 이번 행사로 어떤 결과를 기대하시나요?
- 관객들은 어떤 내용을 듣고 싶어하죠?
- 관객은 몇 명인가요?
- 장소 규모는 어느 정도인가요? 사진 자료를 볼 수 있나요?
- 제가 앉아서 이야기하나요? 아니면 서서 진행하나요?
- 좌석 배치는 어떻게 되나요?
- 조명 위치를 볼 수 있을까요?
- 다른 사람이 저를 소개하는 방식인가요?
- 사진이나 영상 촬영을 진행하나요?

• 강연자는 몇 명인가요?

• 진행자는 누구인가요?

• 사전에 질문을 볼 수 있을까요?

강연을 너무나 두려워하던 시절에도 이런 질문을 던지면 긴장이 풀렸다. 과자를 먹어도 효과가 있긴 했지만 말이다. 역시 과자는 만국 공통의 치료제다. 하지만 왠지 몰라도 실제 강연장 사진을 접하면 어느 때보다 마음이 편안해졌다. 모르는 정보를 더 많이 제거할수록 도움이 된다.

강연이 끝난 후에도 관객과 소통하자. 나는 강연을 통해 강연 의뢰만이 아니라 새로운 클라이언트도 많이 얻었다. 게다가 관객과 소통을 하고 관객에게 질문을 받으면 즐겁지 않은가. 강연을 할 때마다 관객이 각자의 고민을 질문할 수 있게 마지막에 질의응답 시간을 남겨둔다. 자랑의 기술은 너무나 개인적인 일이고 사람마다 다르게 받아들이므로 강연을 들은 관객도 관심과 존재감을 느꼈으면 한다.

강연 후에 관객과 소통하는 과정에서 당신의 뛰어난 실력을 검증받을 수도 있다. 난생처음 듣는 질문이나 의견이 나오기도 한다. 약점을 고스란히 드러내는 이야기도 들을 수 있다. 상대가 전문가라고 생각하면 사람들이 얼마나 거리낌없이 이야기하는지 모른다.

끊임없이 질문이 쏟아지는데 특히 젊은 여성들이 커리어와 야심에 관해 더 내밀한 질문을 꺼낸다. 그 사람들에게 도전하라고 말할 수 있다니 나도 참 행운아다. 책임이 막중하지만 소중한 일이다.

여태까지 제일 기억에 남는 대화를 꼽자면, 강연이 끝나고 한 젊은 여성이 찾아왔을 때였다. 긴장한 티가 역력했다. 그녀는 "제 꿈이 너무 거창한가요?"라고 물었다. "저희 마을 사람들은 다 그렇게 생각하고 저한테 그렇게 말해요"라고 했다. 그 말을 듣고 가슴이 산산이 부서졌다. 그 순간 깨달았다. 손을 들거나 자기가 한 일을 이야기하는 건 아무것도 아니구나. 무엇보다도 꿈을 꿀 수 있어야 하는구나. 마을 사람들이 뭐라고 생각하든 다 집어치우라고 말했다. 본인만 꿈을 향해 열심히 노력한다면 이 세상에 너무 거창한 꿈 같은 건 없다고 강조해서 말해주었다. 어떻게 보면 이 책도 그런 관객을 위해 썼다.

나는 다른 사람에게 질문을 받으면서 내 일에 관해 더 많이 배운다. 당신도 그럴 것이다. 관객이 듣고 싶어할 거라 예상했던 이야기와 실제 강연장에서 받는 질문이 다른 경우도 많다. 추측도 결국 경험을 토대로 하는 거다. 관객에게 정말 많은 걸 배울 수 있다! 관객에게 질문을 던지기도 추천한다.

데이비드 루벤스타인의 자랑론: 설득에 대하여

저명한 자선사업가이자 투자자, 사업가인 데이비드 루벤스타인은 일상적으로 대중 앞에 선다. 그는 소리 높여 이야기하면 설득력이 얼마나 강해지는지 잘 안다. 사람들의 귀를 사로잡는 그만의 팁을 살펴보자.

일단 관심을 얻었으면 듣는 사람을 고양시킨다

"존 F. 케네디의 대통령 취임사, 마틴 루서 킹의 '나에게는 꿈이 있습니다 I Have a Dream' 연설, 에이브러햄 링컨의 게티즈버그 연설을 봅시다. 공통점이 뭘까요? 셋 다 짧습니다. 앞으로 뭘 할지 구구절절 말하지도 않아요. '하느님'이라는 말이나, 그 비슷한 단어로 마무리했죠. 세부 사항을 일일이 열거하지 않고도 듣는 사람들 가슴에 위대한 사명감을 남겼습니다. 이들의 연설을 들으면 기분이 좋아지죠. 저도 그러려고 노력합니다. (…) 듣는 사람을 고양시키는 연설을 하려고 하죠."

동기 부여 요소를 찾는다

"사실 인생은 설득의 연속입니다. 누군가를 내 뜻대로 행동하게 만들려면 우선 무엇이 그 사람에게 동기를 부여하는지 알아야 합니다. 저는 사람을 만나면 질문을 많이 해요. 그 사람의 성장 환경, 자극 요소, 동기 부여 요소 같은 거요. 질문을 통해 상대에 대해 많은 정보를 알아낼 수 있습니다."

친밀감을 쌓는다

"강연을 하다보면 친밀감이 안 생길 수가 없어요. 이야기를 나눌수록 연결고리가 더 생기고, 그러면서 공감대가 형성되죠. 일단 서로 공통점이 있다고 생각하면 귀를 기울일 가능성도 커집니다."

연대의 힘

몇 년 전, 역대급 규모로 진행된 행사에 패널로 참가한 적이 있다. 거의 2000명 앞에 나서는 강연이었다. 얼마나 무서웠는지 모른다. 제일 아끼는 빨간색 점프수트를 입고 단단히 각오하고 무수한 예상 질문에 대한 답변을 준비했다. 하지만 아주 시원하게 망쳤다. 나는 강연에서 '승리'하고 싶었고 가장 '인기 있는' 패널로 꼽히고 싶다는 자세로 임했다. 동료 패널과 뜻을 모아 연대할 기회를 찾기보다는 겉돌면서 재수없게 행동했다. 관객들은 그런 모습을 보고 싶지 않았을 텐데 망신스러웠다. 공연히 무대를 경쟁의 장으로 만들어서 나에게도 관객들에게도 몹쓸 짓을 했다.

강연을 잘해서 '승리'하거나 '최고'가 될 필요는 없다. 패널로 나가면 동료 패널들과 알차게 대화를 나누며 서로 돕고, 관객을 함께 도우면 된다. 동료 패널을 조사해 그들이 어떤 일들을 했는지 고려해 그를 칭찬하자. 기분 좋은 유대감을 만들자. 모든 패널이 충분히 자기 자랑을 할 수 있다. 생각이 다른 패널도 있겠지만, 당신이 앞장서서 모범을 보이자. 다시 강조하지만 다른 사람이 목소리를 높이게 돕는 일도 자랑의 기술에서 중요하다. 조금만 자제하자. 모두가 빛나야 진정한 승리다.

TV 출연

텔레비전은 안착하기 제일 힘들고 성공 확률도 가장 낮은 매체다. 제일 신나고 긴장되며, 인지도를 가장 빠르게 올릴 기회이기도 하다. 1부에서 봤던 니나의 경우처럼 말이다.

방송 출연의 장점은 어마어마하다. 어떨 때는 분장실에 앉게 해주는데 그 말은 곧 공짜 간식을 먹을 수 있다는 얘기다. 텔레비전에 출연하면 시청자들의 관심을 온전히 끌 수 있다. 방송 출연 영상이 온라인에서 돌아다니면 그걸 활용해 방송 출연 기회를 더 얻어보자. 기고, 콘퍼런스 패널 출연, 강연 피칭에도 사용할 수 있다. 방송 출연을 하면 강연료가 두 배로 오르고, 시청자가 아는 사람과 어깨를 나란히 하게 된다. 케이티 커릭 옆에 앉았다고 해보자. 그러면 당신의 말과 행동이 더 가치 있게 여겨진다. 시청자들이 관심 갖는 사람이 당신의 실력을 입증해주는 셈이다. 시각적인 보증과도 같다.

TV는 뚫기 힘들다. 거대한 깔때기와 같아서 비집고 들어가려는 사람이 너무 많다. 방송에 나가고 싶어하는 사람은 많지만 프로그램 코너는 한정돼 있고 시간도 제한적이다. 게다가 요즘은 뉴스가 24시간 내내 초고속으로 돌아가는 시대다. TV는 변덕스러운 짐승과 같다. 내 클라이언트도 방송 직전에 속보가 나오거나 대본이 교체되는 바람에 순서가 뒤로 밀리거나 다른 시간대로 출연이 변경된 적이 있다. 아예 방송이 취소된 적도 있다. 예측할 수가 없다.

방송 출연을 대비해 연습하는 것도 좋지만 방송에서 성공하려면 최대한 자주 얼굴을 비춰야 한다. 그래서 언제든 어디서든 카메라 앞에 서는 게 최고의 준비라고들 한다. 온라인 스트리밍 TV 채널 출연도 포함해서 말이다. (무시하지 말자. 다들 그렇게 한다.) 일단 작은 영상 출연이라도 조금씩 주워 모아야 한다. 전에 출연했던 영상이 있으면 출연 제의를 하기가 훨씬 쉬워진다. 누군가가 당신을 캐스팅해서 방송에 투입했다는 뜻이기 때문이다. 아무리 적은 분량이었다 해도 말이다.

방송 출연이라는 관문을 뚫고 고정 출연자 후보군(프로듀서는 전문가나 소식통을 확보하고 그 안에서 출연자를 고른다)에 오르는 게 가장 어렵다. 그렇게 되기까지 대체로 길고 고된 과정을 거친다. 그렇다고 낙담하지는 말자. 프로듀서는 출연자로 도박을 할 수가 없다. 출연자가 이상하면 방송을 망치니 말이다. 프로듀서는 당신의 외모(불공평하지만 특히 여자에게 더 엄격한 잣대를 들이댄다), 목소리, 시청자의 반응을 걱정한다. 생방송이 많기 때문에 프로듀서에게 이 사람은 방송에 나가면 잘한다는 확신을 줘야 한다. 생방송에서 말문이 막히면 도망칠 구멍이 없다.

그러니 방송에 나가면 최대한 활약해야 한다.

자랑하지 말아야 할 때도 있다

자랑의 기술이라고 해서 쉬지 말고 자랑하라는 뜻은 아니다. 듣는 사람도 질리고 말하는 당신도 진력나는 상황은 원치 않을 것이다. 물러날 때를 아는 것도 중요한 능력이다. 어떤 일을 혼자만 알고 넘겨야 할 때도 있다. 특히 아직 익숙지 않은 기술을 사용했다가 망신을 당할 수도 있다. 나도 그렇다. 다행히 당신은 조용한 실력자니까 가만히 앉아 이야기를 듣기만 해도 어색하지 않을 것이다.

내 클라이언트 중에는 강연을 하느라 일 년에 200일은 비행기를 타는 삶이 신물난다는 사람이 있었다. 더는 못 하겠다고 했다. 하지만 개인 웹사이트 메인 화면에 올라간 프로필 사진을 비롯해서 그 클라이언트의 사진은 수많은 관객을 앞에 두고 대형 무대에서 마이크를 든 모습이 대부분이었다. 그런 사진을 보면 "나는 강연을 하고 싶으니 강연을 의뢰하십시오. 나는 주로 강연을 하는 사람입니다"라는 외침이 들리는 듯했다. 인식을 바꾸려면 다른 메시지를 전해야 했다. 사진을 바꾸고 대안을 제시해야 했다. 대중이 보는 모습에 선을 긋는 일은 당신의 몫이다. 자랑의 기술도 당신의 원대한 목적에 부합하지 않으면 빛을 발하지 못한다.

자랑이 통하지 않는 경우

기운이 없을 때

당신은 조용한 실력자니까 언제 입을 다물지, 언제 듣기만 해야 할지는 잘 알 것이다. 조용히 침묵하는 당신의 모습은 강력한 무기가 되기도 한다. 모든 이야기나 시나리오에 의견을 낼 필요는 없다. 계속 자랑하는 것이 아니라 전략적으로 내세우는 것이 자랑의 기술이다.

나도 강연을 하거나 대규모 프로젝트로 많은 사람과 시간을 보낸 후에는 에너지가 완전히 방전된다. 굴을 파고 들어가 눈이 빠질 때까지 텔레비전을 보거나 군것질을 하면서 우리 강아지를 쓰다듬고 싶어진다. 사람들과 어울리며 대화를 하고 이런저런 회의에 참여하고 나면 나는 극도로 피곤해진다는 사실을 안다. 이렇게 자신의 한계를 파악했으면 걱정하지 말고 제한선을 지키자. 존재감을 내보일 기회를 거절하기가 두려울 수도 있지만 자신에게 최상의 이익을 가져다주는 일이 아니고 잘할 자신도 없다면 굳이 안 해도 된다. 배터리가 바닥난 상황이면 관객들 눈에도 다 보인다.

눈치 없이 굴 때

때와 장소를 잘못 판단하고 자랑할 때가 있다. 당신만 주인공이어서는 안 된다는 사실을 알아둬야 한다. 자기 이야기를 하고 싶은 다른 사람도 있지 않겠는가. 그럴 때는 잠자코 이야기를 들어주어야 목표에 더 가까워진다.

상대가 이미 알아들었을 때

"그만 팔아stop selling"라는 유명한 말이 있다. 이미 팔렸으니 더이상 팔 필요가 없다는 뜻이다. 나도 이런 실수를 한 적 있다. 너무 흥분하고 열정이 넘쳐서 언제 멈춰야 할지 몰랐다. 정확한 타이밍을 찾아야겠지만 상대가 "알았어" "알아들었어"라고 말하거나 그런 표정을 짓는다면 브레이크를 밟자.

랜선 자랑
나에 대해 어떻게 모를 수 있지?

지금까지 실생활에서 자랑의 기술을 선보일 다양한 시나리오를 살폈다. 이때 타깃은 한 명 아니면 소수였다. 이제 온라인에서 자랑하는 법을 고민해보자. 인터넷에서는 블로그부터 회사 웹사이트, SNS까지 다양한 공간에서 어마어마하게 많은 사람들에게 자기 이야기를 전할 수 있다. 하지만 모르는 사람으로 가득한 공간이기에 타깃을 어떻게 설정할지도 따로 시간을 내서 고려해봐야 한다.

SNS

SNS는 빠르게 변화한다. '좋아요'를 얼마나 받느냐 하는 것처럼 반응 지표는 달라지겠지만, 여러 가지 전술과 목표는 그대로 사용할 수 있다. 당당한 태도, 커다란 목소리, 치밀한 전략 갖추기 말이다. 당신이 누구인지, 무엇을 원하는지를 전달하고 다른 사람들이 당신을 쉽게 도울 방법을 제시한다. 일관된 메시지를 전해야 한다. 그래야 성장하고, 소통하고, 자랑을 더 잘할 수 있다. 당신의 일과 기여도를 즐겁게 공유하는 데도 도움이 된다.

SNS는 무척이나 까다롭다. 나는 클라이언트에게 그나마 덜 불편한 플랫폼을 하나 골라 거기서만 잘하라고 조언한다. 전부 형편없이 망치느니 그편이 낫다(물론 언제 사용할지 모르니 모든 플랫폼의 계정명은 선점해둬야 한다). 메시지를 전달하는 매체를 고려하자. 사진이라면 인스타그램을, 해시태그라면 트위터를 선택해야 한다.

해시태그는 지나치게 많이 쓰지 마라. 미친 사람처럼 보이지 않으려면 세 개 이상 쓰지 않는다. SNS에 글을 올릴 때 해시태그를 완벽하게 달지 않아도 괜찮다. 그보다는 어떤 단어를 골라야 당신을 제일 잘 드러낼 수 있을지에 집중해야 한다. 타깃이 누구인지 결정하고 순수하게 즐기자. 나는 인스타그램에 밈을 자주 올리고 세상 모든 아기 동물을 사랑한다. 꼭 자랑의 기술과 관련된 것만 올리느냐고? 아니다. 귀여운 동물 사진을 올리면 나도 행복해지고 내 인스타그램 스토리를 넘기는 사람들도 즐거워질 것 같아서다. 그래서 계속 동물 사진을 올린다.

SNS 이용은 선택이다. 사람들과 교류하기 위해서가 아니라 목표를 이루기 위해 SNS를 사용하기로 결정하고 이야기를 공유한다면 당신의 커리어는 몰라보게 달라질 수 있다. 롭 딜레이니나 메건 암람 같은 코미디언을 보라. 트위터로 뜨지 않았다면 그들은 지금 같은 커리어를 쌓지 못했을 것이다. 엉덩이 밈도 인스타그램 없이는 이렇게 유행하지 않았을 것이다(엉덩이는 예전부터 인기였다고 생각하지만 말이다). 아예 사업 전체를 움직이는 엉덩이도 있다. 영리한 SNS 운영자가 올린 그림과 사진 같은 작품을 다른 사용자들이 공유하면서 커리어가 만들어지기도 한다. 인터넷은 증오, 여성혐오, 인종차별의 불구덩이도 될 수 있지만 팔로워들이 읽고 즐기고 공유할 수 있는 긍정적인 공간이 만들어지거나 발견되기도 한다.

온라인에서 무한정 자기소개하기

온라인에서는 계속 자기소개를 해야 한다. 각 플랫폼에 한 달에 한 번은 자기소개를 올린다고 생각하자. 이런 식으로 말이다. “처음 오신 분들을 위해 제 개인 웹사이트와 그 밖의 작업을 볼 수 있는 링크를 올립니다. 저는 파인포인트라는 회사를 운영하고 글을 쓰며 사람들에게 자랑하는 법을 가르쳐요." 이런 글을 올릴 때마다 기존 팔로워들이 내 일에 관심을 보이며 댓글을 단다. 전에는 제대로 설명한 적이 없을 수도 있고, 설명했지만 그 사람들이 못 봤을 수도 있다.

말인즉 자기소개를 지겹게 반복해야 한다. 하지만 당신만 지겹다. 나는 속으로 생각한다. '내가 자랑하는 법과 자기PR을 가르친다는 걸 어떻게 모르는 사람이 있지?' 정말로 모른다. 지난 게시물을 보지 않는 사람이 많다는 사실을 잊지 말자. 당신을 새로 팔로했을 수도 있고, 예전에 소개글을 올렸을 때는 관심이 없어서 주의깊게 보지 않았을 수도 있다. 어쨌든 귀여운 동물 사진은 다른 인터넷 사이트에서도 많이 볼 수 있기 때문이다. 하지만 당신이 하는 일로 도움이 필요한 순간(또는 도움이 필요한 사람을 아는 순간) 사람들은 당신에게 관심을 보일 것이다.

당신이 사로잡아야 할 신규 이용자는 많고, 내 편으로 설득해야 하는 사람은 넘쳐난다. 다시 말해 기회는 무한하다. 할일이 끝도 없다는 뜻이기도 하다. 하나의 게시물만 올려서는 절대 모든 인터넷 이용자를 명중시키지 못한다. 일관성 있게 반복하다보면 언젠가 당신의 메시지에 관심을 보일 것이다.

자기PR용 투두 리스트

- 이력서를 수정한다.
  - 과거 경력을 정확하게 나열한다.
  - 힘있고 긍정적인 표현으로 자신이 한 일들을 설명한다.
  - 수상 내역과 업적을 쓴다.
- 프로필을 수정하거나 다시 쓴다.
  - 긴 프로필, 짧은 프로필, 두 줄짜리 프로필을 작성한다. (긴 프로필은 한 페이지 분량으로 쓰되 모든 정보를 넣는다. 짧은 프로필은 한 단락으로, 두 줄 프로필은 두 문장으로 구성한다.)
  - 취미, 장난스러운 표현, 독창적인 별명은 뺀다.
  - 링크를 포함한다.
  - 약한 표현이나 수동적인 표현을 쓰지 않는다.
  - 별명이나 아이디가 아니라 본명을 사용한다.
  - 행동을 유도하는 요소를 넣는다.
- 본인 이름으로 된 도메인을 구입한다. (전부 이용하지는 않더라도 모든 SNS플랫폼에 똑같은 계정 이름을 선점해둔다.)
- 사용하기 편리한 플랫폼에서 기본 웹사이트를 만든다.
- 검색 사이트에 자기 이름을 검색해보고 처음 세 페이지에 어떤 결과가 나오는지 기록한다.

- 구글 알리미Google Alerts에 자기 이름을 키워드로 넣어두자.
- (이름)@(풀네임).com으로 이메일 주소를 생성한다.
- 이메일 서명을 검토한다. (연락처가 정확하게 들어갔는지 확인한다.)
- 세 가지 유형의 타깃 독자를 선택해 각 유형에 맞게 자기소개를 구성한다.
- 윗사람에게 자기소개하는 연습을 한다.
- 친한 동료에게 자기소개하는 연습을 한다.
- 피칭 자료는 직접 만든다. (피칭 자료에는 서너 가지 관점에서 자기 이야기와 자기PR을 담는다. 조금 더 일반적이고 핵심적인 피칭부터 시작해서 너 타깃을 겨냥하는 식으로 구성한다.)
  - 접근해볼 만한 기자나 작가에게 제안서를 써본다.
  - 콘퍼런스 담당자나 TV 캐스팅 담당자에게 피칭 메일을 써본다.
  - 잠재 클라이언트에게 제안서를 보내본다.
  - 동경하는 사람에게 제안서를 써본다.
- 프로필 사진이 최근 모습인지, 원하는 메시지를 전달하는지 확인한다.
  - 사진을 매년 교체하고, 스타일이 달라지면 기한이 안 됐어도 바꾼다.
  - 어디에든 같은 사진을 쓴다.
- 명함을 새로 만들거나 추가로 주문한다.
- 참가하고 싶은 콘퍼런스나 행사의 목록을 만든다.
  - 연례행사라면 날짜별로 정리한다.

- 콘퍼런스 주최자나 패널 선정 담당자에게 보낼 소개서 초안을 짜고 연락처를 알아본다.

• 강연 영상이 있다면 모아놓는다.
  - 강연용으로 하나, 텔레비전 출연용으로 하나를 만들어둔다.
  - 공개 석상에 나갔던 모습들을 하이라이트 영상으로 만들면 자랑의 결정체를 빠르게 보여줄 수 있다. 이때 영상은 길어야 몇 분으로 끝낸다.

• 홈페이지, SNS, 이메일 서명에 어떤 의뢰를 받고 싶은지 명시한다. (speaking@(이름).com처럼 따로 이메일 주소를 만들 수도 있다.)

• 보너스: 핵심 내용을 담아 대본을 쓴다.
  - 20분짜리 버전을 만든다.
  - 40분짜리 버전을 만든다.

3부

심화편

프로의 세계로
한 걸음 더

자랑 공포증을 극복하는 법

10년 전쯤, 유명 비즈니스 잡지사에서 처음으로 기사를 의뢰받았다. 몇 달이나 에디터에게 피칭을 해서 겨우 따낸 칼럼이었다. 의뢰를 받자 너무 신이 나서 손에 잡히는 대로 휴대전화 메모 앱에, 전화요금 고지서에 메모를 했다. 800단어 분량의 초안을 몇 주 동안 공들여 써서 친구들에게 메일로 보내 피드백을 부탁했다. 재활용도 못할 쓰레기라는 생각과 대단한 작품일지도 모른다는 생각이 머릿속에서 오갔다(글 쓰는 사람은 다 이렇다). 헤드라인을 계속 수정했고 첫 단락도 백 번은 고쳤을 것이다.

완성한 기사를 잡지사에 보냈고 실제로 글이 실렸을 때의 떨림은 지금도 기억난다. '내 이름이다! 인터넷에 내 이름이 있어! 그것도 유명한 사이트에!' 상도 받은 매체에서 내 생각이 담긴 글을 원한다니 믿기지 않았다. 흥분이 가라앉자 모르는 네티즌들의 반응을 당장 확인하고 싶었다. 그래서 절대 가면 안 되는 곳으로 향했다. 댓글창으로 말이다.

기사가 올라오고 한 시간도 지나지 않아 첫 댓글이 달렸다. '『보그』 커버스토리에 실려야 할 글이라고 하겠지? 내 글이 대단하고 내 머리카락에서는 윤이 난다고 말할 거야'라고 생각했다. 짐작하겠지만 그런 일은 일어나지 않았다. 이런 댓글이 달려 있었다. "내 인생에서 이 글을 읽느라 잃은 2분을 돌려줘." 10년이 지난 지금도 어제 일처럼 생생하게 기억난다.

이제는 안다. 댓글은 절대 읽으면 안 된다. 내 우편함 열쇠고리에는 문자 그대로 '절대 댓글을 읽지 말 것'이라고 적어뒀다. 기사 댓글창에서 인간의 가장 잔인한 면모를 볼 수 있다. 독자는 모니터 뒤에 숨어서 당신이 얼굴을 붉힐 만큼, 심지어는 울고 싶어질 만큼 경박하고 잔인한 댓글을 휘갈긴다.

이날의 경험 덕에 나는 시궁창 같은 댓글창을 건드리지 말라는 것 말고도 귀중한 교훈 하나를 얻었다. 사람들 앞에 나서는 일은 몹시 불편하고 두려우며 때로는 상처를 준다. 무대 위에서든 회의실에서든 기꺼이 목소리를 높이고 의견을 내며 자신에 대해 그리고 자기 일에 대해 조명을 비추는 사람은 다른 사람의 평가를 받기 마련이다.

나는 크게 상처받았지만 훌훌 털고 다시 일어났다. 대중 앞에 나서본 사람이라면 누구나 이런 경험을 한다. 원래 그런 법이다. 괴롭지만 보상은 더 달콤하다. 휘둘리지 않고 대처하는 방법을 배운다면 괴로운 경험도 결과적으로는 이득이다. 안 그랬다면 내가 이 책을 쓰지도 못했을 테니까.

두려워하는 건 당연하다. 누구나 똑같은 심정이기에, 그런 사람을 매일같이 돕는 나 같은 사람도 있는 것이다.

내 클라이언트들도 다른 사람이 어떻게 말하고 생각할지를 제일 두려워한다. 그러지 않는 사람이 있을까? 한 명이든 만 명이든 다른 사람 앞에 서기로 결심했다면 당신은 사람들에게 평가받을 것이다. 타인이 뭐라고 할지 걱정하는 것도 당연하다. 나도 당신이 이 책을 어떻게 평가할지 떨린다! 지금 이 순간도 마찬가지다. 모쪼록 재미있게 읽어주면 좋겠다.

통제권은 자신에게 있다

당신도 어떻게 하면 도망치거나 숨고 싶다고 느끼지 않고 사람들의 이목을 끌 수 있을지 궁금해서 이 책을 골랐을 것이다. 대학생부터 기업 임원까지 다들 "사람들 앞에 나섰다가 상처받으면 어떡해요?" 하고 우려를 표한다.

당신은 생각 외로 미래를 예측하는 능력이 뛰어나다. 수정구슬이 없어도 여기서 소개하는 전략을 사용하면 잠재적인 위험을 줄일 수 있다. 물론 그래도 조금은 상처받을 것이다. 하지만 한걸음 물러나 실패를 거울삼아 배우면 된다.

몇 년 전, 한 젊은 여성에게서 이메일을 받았다. 내가 쓴 기사를 보고 자신도 기사 피칭을 할 수 있겠다는 자신감이 생겼단다. 하지만 아직 대학생이라서 에디터가 자기 이야기를 진지하게 여기지 않을까봐 걱정이라고 했다. 그래서 훌륭한 피칭의 힘에 관해 앞서 했던 이야기와 비슷하게 조언해주었다. 그녀는 내 말대로 했고 몇 번 시도한 끝에 첫번째 기사가 실렸다. 이런 메일을 받을 때면 너무 감사하고 뿌듯하다. 불안감과 두려움을 이겨내길 잘했구나 싶어진다. 나는 첫걸음을 내디딘 것만으로도 대단하다고 답장을 보냈다. 당신도 마찬가지다. 시도했다면 대단하다. 그것만으로도 점수를 받아야 마땅하다.

이번 장에서는 혹시 모를 역풍이나 비판에 대비하는 한편, 다른 사람을 화나게 해도 괜찮다는 마음가짐에 대해 배울 것이다. 이번 장이 끝날 무렵이면 더 편안하게 대화를 시작하고 자부심을 느낄 것이다. 앞에 나서봐야 실패만 맛보고 새로운 사업, 언론 노출, 출세의 기회를 얻지 못한다면 당신 등을 떠밀지도 않았을 것이다.

당신의 악몽 질문은 무엇인가?

나는 클라이언트와 악몽 질문이라 부르는 훈련을 한다. 악몽 질문이란 한밤중에 엄습해서 잠 못 이루게 괴롭히는 질문을 말한다. 기자나 콘퍼런스 참석자가 물어볼 법한 질문 중에서 가장 내밀하고 두려운 질문을 찾는다. 그런 다음 그 질문에 답을 해본다. 당신도 이렇게 연습해볼 수 있다. 일단 무시무시한 괴물에게 주먹을 휘두르고 나면 아무리 불편한 두려움도 마주할 수 있다.

내 클라이언트들도 악몽 질문에 답하는 과정에서 자신의 능력이나 자격이 부족하다는 뿌리 깊은 두려움을 직시한다. 악몽 질문은 최악의 상황을 대비하기 위한 훈련이지만, **절대 받지 않을 질문**을 확인하는 과정이기도 하다. 내가 받을지도 모른다고 생각하는 최악의 질문을 떠올려보자. 우울할 때 머릿속에서 어떤 말이나 질문이 떠오르는가? 그렇다, 끔찍하고 악랄하고 부당하고 비논리적인 그런 질문 말이다. 바로 그거다. 그 질문을 끄집어내어 썩 꺼지라고 말하자. 그러려면 강하게 반박해야 한다.

내 악몽 질문은 이거다. "당신이 뭔데? 당신보다 성공한 밀레니얼 기업가가 얼마나 많은지 알아?" 이런 질문은 내 능력이 부족하다는 두려움, 다들 나를 웃음거리라고 생각할 거라는 두려움을 집중적으로 드러낸다. 우울할 때나 겁이 날 때, 실패했다고 느낄 때 이런 감정이 스멀스멀 찾아든다. 나는 악몽 질문 쪽으로 조명을 밝히고 "좋아, 해결할 수 있어" 하고 이 악몽 질문에 대답한다. "저는 운이 좋고 감사하게도 도움을 많이 받았어요. 최고의 결과물을 내놓기 위해 최선을 다하고 있고요. 제가 해낸 일들을 보면 자랑스러워요. 책을 두 권이나 썼고, 기사도 수백 편 썼어요. 수백 명의 클라이언트도 가르쳤고요." 적어도 이제는 **평생, 영원히, 죽어도, 다시는 받지 않을** 질문에 대한 답을 찾은 셈이다.

악몽 질문을 찾았으면 머릿속에서 들리는 작은 목소리에 대답할 준비를 한다. 그런 질문은 절대 받을 일 없다고 장담하면서 왜 답해보라고 할까? 대비를 해두면 기분이 나아지기 때문이다. 게다가 실제로는 사용할 일이 없대도 어둠을 향해 외칠 말도 생긴다.

악몽 질문은 당신의 불안감을 반영한다. 내밀하고도 어두운 불안감 말이다. 이러한 훈련은 옷장 속 괴물을 밖으로 불러내서 옆에 앉힌 다음, 네가 더는 두렵지 않다고 말하는 과정이다. 질문에 대비해두면 괴물이 사라진다. 악몽의 특징은 현실이 아닌데도 현실처럼 느껴진다는 점이다.

다음은 내 클라이언트들의 악몽 질문이다.

"집이 부자라 도움을 받은 거지 너는 아무것도 한 게 없잖아?"

"실적이 그래서 어떻게 성공할 건데?"

"전에 다른 사람들과 일할 때 문제가 있었다는데 누가 같이 사업 파트너를 하자고 나서겠어?"

"아이디어 자체가 별로여서 당신네 상품이 투자를 못 받는다는 생각은 안 해봤어?"

자, 이제 당신도 답해보자. 클라이언트와 이 훈련을 할 때면 질문을 던지고 답을 하게 한다. 그런 다음 구체적인 두려움을 짚어내고 두려움을 해소하게 이끈다. 내 악몽 질문을 들어 어떻게 하는지 보여주겠다.

질문을 다시 보자. "당신이 뭔데? 당신보다 성공한 밀레니얼 기업가가 얼마나 많은지 알아?"

우선은 왜 이런 생각이 들었는지부터 분석한다. 자기 사업을 하기는 힘들고, 자기 일을 위해 계속해서 싸워나갈 용기를 내는 것만으로 지칠 수 있다. 나 자신에게 정말 못되게 굴고 싶을 때면 나보다 '성공'한 사람들과 나를 비교하는 아주 훌륭한 행동을 한다. 다들 알다시피 아무짝에 쓸모없는 짓이다. 이제 질문의 근원이 뭔지 파악했다.

다음 단계에서는 패널로 나간 자리에서 이런 질문을 받았다고 상상한다. 미리 말해두는데 콘퍼런스에서 누가 실제로 이렇게 묻는다면 미친 사람 취급을 받을 것이다. 하지만 그걸 알아도 여전히 두렵다. 두려움은 이성의 영역이 아니다. 이 괴물을 무찌르려면 훈련을 계속해야 한다. 어떻게 반응할지 고민한다. 허리를 곧게 펴고 흔들림 없는 어조로 대답하는 내 모습을 상상한다. 한편으로는 눈물이 터질 것 같은데 말이다. 자랑의 세 가지 핵심 요소를 떠올리고 감사하는 마음부터 시작한다. 운이 좋아서 이 자리까지 왔다는 사실을 인정한다. 다음은 자부심이다. 능력을 최대치로 발휘하고 있음을 최선을 다해 되새긴다. 거슬리는 목소리를 진지하게 받아들이지 않고, 그게 틀렸다는 걸 증명한다.

분명히 말하지만 내 클라이언트 중 악몽 질문을 진짜로 받은 사람은 정말 단 한 명도 없었다. 아무도 그런 걸 묻지 않을 거다. 전에는 클라이언트에게 악몽 질문을 실제로 받으면 100달러를 주겠다고 내기도 했었다. 출판사가 허락하지 않겠지만 혹시 누군가 당신에게 악몽 질문을 던진다면 이 책값을 돌려드리겠다.

앞서 예시로 든 악몽 질문에는 이렇게 대답할 수 있다.

"집이 부자라 도움을 받은 거지 너는 아무것도 한 게 없잖아?"

"잘 들어, 내가 운이 좋다는 사실을 부정할 생각은 없어. 네 평가가 어떻든 간에 나는 우리 아버지를 정말 존경해. 아버지만큼 될 자신은 없지만 노력할 거야."

"실적이 그래서 어떻게 성공할 건데?"

"내가 크게 헛스윙을 했을지 모르지만 원래 리스크란 있는 거고 나 아직 포기 안 했어. 몇 번이 됐든 앞으로도 계속 시도할 거야. 게다가 실패하면서 배운 것도 많아. 다 경험하면서 배우는 거잖아. 돈을 어떻게 끌어오는지, 사람을 어떻게 고용하고 관리하는지 이제 알았어. 어느 회사든 영원할 수는 없다고 봐."

혹은

"영원한 건 아무것도 없어. 하지만 난 앞으로도 계속 도전할 생각이야. 처음 창업하는 사람과 달리 나는 경험이 풍부하잖아."

혹은

"사람은 성공했을 때보다 망했을 때 더 많이 배우는 법이야. 그래서 나도 많은 걸 알게 됐지."

“전에 다른 사람들과 일할 때 문제가 있었다는데 누가 같이 사업 파트너를 하자고 나서겠어?”

“잘 들어. 같이 일하는 사람이 누구든 쉽지 않아. 이 문제를 오래 생각해봤는데 동업은 정말 정말 어려운 일이야. 그래도 다시 동업하게 된다면 과거를 돌아보고 그때 뭘 어떻게 해서 안 좋은 환경을 만들었거나 적대심을 키웠는지 살펴볼 거야. 과거의 잘못만큼은 절대 되풀이하고 싶지 않아.”

“아이디어 자체가 별로여서 당신네 상품이 투자를 못 받는다는 생각은 안 해봤어?”

“글쎄, 내 아이디어가 나쁘다고 생각하지는 않아서 그 비판은 인정할 수 없어. 지금도 번뜩이는 아이디어와 상품으로 투자를 받고 있잖아. 참신한 아이디어를 찾아다니는 투자자들은 늘 존재해. 나는 코드가 맞는 사람을 계속 찾아볼 거야. 내 아이디어를 믿어줄 사람이 어딘가 있을 거야.”

혹은

“내가 오랫동안 투자금을 모으면서 깨달은 사실이 있어. 운이 크게 좌우하고 각자의 취향에 편향되더라고. 매번 사업계획서를 개선하면서 배우고 있어. 나는 내 상품을 믿고, 지금도 어딘가에 투자자가 있다고 믿어.”

두려움은 정상이다

두려워도 괜찮다. 다들 두려워한다. 안 그런 때가 없다. 인간의 몸은 98퍼센트가 물로 이루어졌기 때문에 우리는 본질적으로 불안감으로 가득한 오이 같은 존재다(내가 만든 농담은 아니지만 너무 재미있지 않은가?). 우리는 스스로 만든 무섭고 슬픈 생각에 빠져 걸어다닌다. 기업가 세계에서는 대스타인 어떤 분과 통화한 적이 있는데, 그는 TED 강연을 앞두고 겁에 질려 있었다. (이미 한 번 해봤다면서 뭐가 걱정이었을까 모르겠다.) 하루에 4시간씩 연습중이라고 했다. 그 얘기를 듣고 '이런 사람마저 긴장한다면 모두가 긴장하겠구나' 하고 새삼 깨달았다.

동료들 앞에서 손을 들든 강연을 하든 자랑은 결과가 확실하지도 않은 상황에서 약점을 대대적으로 내보이는 행위다. 그걸 알면서도 자랑하기로 결심한 당신이 대견하다. 두렵지만 힘든 길을 찾아가겠다는 것은 성장했다는 의미이고 박수받아 마땅하다. 그 길에 발만 들여놓았대도 자신의 등을 토닥여주자.

통제권을 잡고 사전에 준비하고 모두 한배를 탔다는 마음으로 열심히 노력하는 게 핵심이다.

반대 의견의 힘

자랑하지 않는 조용한 실력자들을 비난하고 싶지는 않다. 흥분과 혐오로 가득한 세계에 들어가고 싶지 않을 것이다. 그러나 혐오성 발언이 아닌 반대 의견은 오히려 성공을 보여주는 지표다. 비록 듣기에는 고약한 말일지라도 기본적으로 반대 의견은 도움이 된다. 의류 재판매에 대해 이야기하는 팟캐스트 〈언제 입어도 질리지 않아It Never Gets Old〉에 처음으로 혹평이 달리자 정말 기뻤다! 이상하게 들릴지도 모르겠지만 나를 응원하는 사람들만 방송을 듣는 게 아니구나 싶었다. 전혀 모르는 사람이 댓글을 달 만큼 관심을 끌었던 것이다. 마음에 들지 않는다고 로그인 해서 댓글을 남겼대도 기뻤다.

만약 당신의 말에 아무도 반대하지 않는다면 타깃이 너무 좁다는 뜻일지도 모른다. 메시지를 널리 퍼뜨리려면 건설적인 논쟁도 중요하다. 새로운 관점을 참고해 메시지의 범위를 넓혀보자. 아니면 메시지의 범위를 넓혀 새로운 관점을 가진 사람을 불러모으자. 메시지를 확장해줄 참신한 관점과 인터넷상의 쓰레기 소굴은 구분할 줄 알아야 한다.

악플을 경험한 후 친구와 동료에게 내 글을 꼼꼼하게 읽고 건설적이고도 다정하게 비평해달라고 부탁했다. 극찬만 받아들이고 부정적인 피드백은 전부 무시하라는 말이 아니다. 건설적인 비평을 통해 성장하고 발전하고 변화할 수 있다. 잔인하고 영양가 없는 소음과는 다르다.

요즘 같은 에코 체임버echo chamber▼ 시대에 모든 사람이 당신에게 동의해야 한다는 생각은 금물이다. 좋다고만 하는 관객은 필요없다. 러비 아자이가 지적한 것처럼 말이다. "모든 사람이 내 말에 동의하면 좋겠다는 인생관은 사실 함정이다. 모두에게 사랑만 받는 사람은 누구보다 먼저 현실과 동떨어질 수밖에 없다. 해야 할 일을 전혀 못 하고, 실질적인 영향력을 조금도 발휘하지 못한다." 관점의 전환이다. 아자이의 이 말을 의무나 강령으로 택해도 좋다. 아자이는 이렇게 말한다. "나는 사람들에게 늘 모든 사람의 동의를 얻는 것도, 마법의 요정 같은 이미지를 얻는 것도 목표로 삼지 말라고 얘기한다. 비판을 피하는 것을 목표로 삼아서도 안 된다. 진실을 좇아야 한다. 비판과 듣기 싫은 말에 대비해야 한다."

반대 의견을 받았다면 에코 체임버에서 탈출했다는 뜻이다. 사실 어느 쪽도 즐거운 일은 아니다. 하지만 자신을 향한 반대와 비판을 경험했다는 건 폐쇄 회로를 빠져나오는 중이며 실제로 타깃에 손을 뻗을 수 있다는 뜻이다. 그렇게 기회를 열어줄 문을 잡을 수 있다.

▼ 닫힌 공간에 의견이 같은 사람들만 있어 편향적 사고를 하게 되는 현상.

아자이는 "아무도 당신을 비판하지 않는다면 주목할 가치가 없는 말이나 행동을 하는 걸지도 모른다"라고 말한다. 자랑할 가치가 있고 사람들이 관심 보일 만한 일을 하면 비판이 따라온다. 사적으로든 공적으로든, 온라인에서든 오프라인에서든 그게 현실이다. 확률을 계산하고 당신의 메시지와 존재감을 세상에 어떻게 내보일지 최선의 방법을 결정하라. 그러면 리스크를 최소화할 수 있다. 직접 나서서 모든 시나리오에 대비하고 어떤 일이 일어날지 이해하며 단순하고 쓸모없는 불안을 끊어내는 법을 배우면 메시지를 더 효과적으로 전할 수 있다. 그렇게 되면 당신에게 진실되고 가장 이로운 결과가 실현된다.

반감을 드러낸다면

자랑을 해서 아군만 생기는 것은 아니다. 특히 회사는 '정치질'이 만연한 곳이라 더 그럴 수 있다. 다양한 성격과 의견을 가진 사람, 불안을 표하는 사람을 상대해야 한다. 냉장고에서 요거트를 훔쳐먹는 사람도 있고 매일 다양한 감정에 부닥치기도 한다. 어떻게 자랑할지 방향을 잡기 쉽지 않고 때로는 역풍을 맞을 수도 있다.

동료의 짜증

자랑을 했을 때 자존감 낮은 직장 동료가 상처를 입고 짜증내는 상황은 흔하다. 당신이 아니라 그 사람 문제다. 하지만 같이 일을 해야 하니 어쩌겠는가. 상대가 더 방어적으로 나오지 않도록 대화로 풀거나 맞서서 해결해야 한다. 당신이 성과를 자랑하는 게 그냥 싫다고 반응하면 그냥 그러라고 하자. 하지만 앞으로도 그 사람이 안 좋은 반응을 보일 수 있음을 염두에 둬야 한다.

우선은 어디까지가 당신 문제이고, 어디부터 그 사람 문제인지 판단해야 한다. 자랑을 들으면 사람들은 불안해지고 불편해한다. 자기는 그렇게 자랑할 수 없기 때문이다. 처음에는 화도 날 것이다. 자랑하는 사람을 보고 자기는 절대 저렇게 못 한다고 느끼기 때문이다.

다른 사람의 감정까지 어떻게 할 수는 없다. 하지만 이런 사람들과 같이 일해야 하니 어떤 식으로 반발하는지를 보자. 따로 불러서 일대일로 대화해본다. 이렇게 말이다. "이 프로젝트를 마무리하는 데 방해되지 않을지 확인하고 싶을 뿐이야. 만약 문제가 된다면 언제든 얘기해줘." 상대가 대화에 응할 마음이 없어 보이지만 그래도 문제를 해결하고 싶다면 이렇게 말한다. "글로 써서 줘도 돼. 대화하면 더 좋겠지만 뭐든 편한 대로 해."

만약 대놓고 말하는 사람이 있으면 어떨까? 친구나 동료가 이렇게 말한다면 말이다. "그래, 솔직히 네가 자랑하는 거 듣기 싫어." 그럴 때는 이렇게 대꾸할 수 있다. "알았어. 자랑이 듣기 싫다니 유감이네. 하지만 사람들이 내 얘기를 듣고 내가 한 일을 인정해줬으면 좋겠어. 너도 자랑해봐." 이렇게 말해줄 수도 있다. "지금 관심받으려고 엄청 노력하는 중이라 피드백은 안 받아."

다른 사람을 통해 누가 당신의 자랑을 못마땅해한다는 말을 들었다면 그냥 무시하자. 마음이 내키면 말을 전한 사람에게 이렇게 대꾸할 수도 있다. "솔직히 나한테 도움 안 되는 말이야. 앞으로 그런 얘기는 전하지 말아줘." 당신에게 직접 말을 걸어오는 사람만 상대하라.

상사나 사장이 자랑에 대해 부정적인 피드백을 준다면 이렇게 말할 수 있다. "좋은 직원이 되고 싶습니다. 조금 더 구체적으로 피드백 해주실 수 있으실까요?" 예를 들어 "회의 때 다른 직원의 말을 자르곤 해"라는 답을 들었다면 "피드백 감사합니다. 염두에 두겠습니다"라고 답한다. 상사가 "그래, 자네가 한 일들은 우리도 이미 잘 안다고"라고 얘기하면 이렇게 답한다. "감사합니다. 불편하시지 않게 제가 일에 관해 이야기하려면 어떤 식으로 해야 할까요?"

소통을 하면서 상대방의 권력과 영향력이 얼마나 크게 작용하는지, 당신의 자랑이 얼마큼 반감을 불러일으키는지 고민해보자. 상대가 직속 상사이고 그 사람에게 당신의 직장 생활이 달렸다면 그의 감정을 신경써야 한다. 이처럼 다른 사람의 감정을 살피면서 자랑해야 할 때도 있다. 만약 상대가 당신의 연봉이나 승진을 결정하는 사람이라면 한동안 자랑을 자제해야 할 수도 있다.

직위가 같은 사람이 그런다면 "그래, 피드백 고마워" 하고 그냥 넘어가자.

승진을 질투할 때

자랑했을 때 반발이 돌아오는 상황이라면, 반발심의 원인이 승진에 대한 질투인 경우가 흔하다. 심통을 부린 동료도 승진하고 싶었을지 모른다. 본인도 그 자리에 오르는 데 필요한 능력을 갖췄다고 생각할 수도 있다. 조심스럽게 행동하되 다른 사람의 두려움을 당신의 승진보다 중시할 필요는 없다. 이렇게 민감한 상황은 좋은 쪽으로 이끄는 것이 최선이다.

승진했다고 미안해하지 않아도 된다. 당신을 진심으로 생각하는 사람이라면 자기 일처럼 기뻐할 것이다. 사람은 동시에 두 가지 감정을 느낄 수 있다. 자신은 승진을 못해 속상해하면서도 동시에 친구를 위해 기뻐할 수 있다.

반발을 다스리는 법

주변에서 질투심이나 악의를 드러내도 취할 수 있는 조치에는 한계가 있다. 최대한 정중하고 품위 있는 태도로 이 문제에 대해 동료와 이야기해보자. 앞으로는 당신의 성과를 어떻게 듣고 싶은지 묻거나 뭐라고 하지 않을 테니 솔직하게 말해달라고 하자. 어찌됐든 다른 사람의 감정을 바꾸려고 자신을 미칠 정도로 몰아붙이지는 말자. 그건 당신이 알 바가 아니고 채용 조건에도 안 쓰여 있던 내용이다.

두려움은 현실이다

대중 앞에 서지 못하는 두려움은 다른 사람의 끔찍한 경험담을 들어서 생기는 경우가 많다. 이런 두려움을 해결할 방법을 알려줄 테니 최선을 다해 자신의 능력을 지키자.

존재감을 드러내는 일이 아름답지만은 않다. 악플, 욕설, 더한 일도 당한다. 당신이 여성, 비백인, 성소수자라면, 다시 말해 백인 남성이 아니라면 이런 일을 피하기 힘들다. 괴롭힘, 신상 공개(집 주소 같은 개인 정보의 유출), SNS 테러는 막아야만 한다. 실제로 얼마나 큰 피해를 입는지 인식하는 것은 중요하다.

영화감독이자 작가인 드림 햄프턴은 이렇게 고백한다. "저는 늘 관심받는 일을 피하고 싶었어요." 햄프턴은 존재감을 드러내고, 목소리를 내고, 행동하고, 영향력을 발휘하는 여성에게, 특히 흑인 여성에게 어떤 일이 일어나는지 그 역사를 알았다. 게다가 그런 사람이 권력자나 강력한 시스템에 맞섰다? 더 무시무시한 반응이 돌아올 수 있다. 햄프턴은 그 사실을 너무나 잘 알았다.

햄프턴은 온라인 시대에 들어서며 공개 담론에 대한 반발 양상이 바뀌었다고 말한다. 특히 폭발적인 반응을 불러일으키며 상도 받은 TV 시리즈 〈R. 켈리의 두 얼굴〉의 제작 책임을 맡으며 그런 변화를 느꼈다고 한다. "요즘 같은 시절에 표적이 되면 사람들이 당신 주소를 알아낼 수 있어요." 사람들은 햄프턴의 사적인 대화와 DM을 공개했고, 포토숍한 사진을 올리고, 악성 트윗과 메시지를 보냈다고 한다. 햄프턴뿐 아니라 청소년인 딸도 표적이 됐다. 또 공격자가 전혀 예상치 못한 데 존재한다는 사실도 알게 됐다. 유출된 신상 정보를 삭제하고 남아 있을 위험을 평가하고자 사이버 보안관을 고용하고 나서 햄프턴은 자신을 공격한 사람이 대부분 흑인 남성이었음을 알게 됐다. "제일 위협적인 건 익명의 흑인 남성들이었어요. 지금까지 흑인 남성만 사귀었던 이성애자 여성으로서 가슴이 찢어졌죠." 그렇다면 햄프턴의 조언은 무엇일까? 예상이 되든 안 되든 역풍에 대비하라는 것이다.

2017년 리클레임 유어 도메인Reclaim Your Domain에서 미국인 3000명을 대상으로 온라인 활동에 관해 조사한 결과, 47퍼센트가 사이버불링을 경험했다고 답변했다.[1] 18~29세 응답자의 경험 수치는 65

퍼센트로 껑충 뛰었다. 같은 설문 조사에서 15~29세 여성 중 41퍼센트는 사이버불링을 우려해 온라인에서 자기검열을 한다고 답했다. 또 응답자 3000명 중 21명은 사이버불링을 당하고 SNS를 완전히 끊었다고 했다. 정말 너무 심하지 않은가?

내 클라이언트 중 다수가 TV 토론회에서 책잡힐 빌미를 만들게 될까봐 두려워한다. 아니면 방송이나 기사에 자기가 한 말이 멋대로 편집돼 나가 이상하게 보일까봐 걱정한다. 대개 우리는 프로듀서와 에디터의 손바닥 위에 있다. 충격 요법, 고성, 자극적이고 과격한 내용이 시청률과 클릭 수를 보장하는 세계라면 그런 곳에 발을 들이기 싫을 수도 있다. 나쁜 사람 혹은 이상한 사람으로 보이느니 관심받지 않는 편이 나으니 말이다. 이런 두려움은 지극히 현실적이고 근거도 넘쳐난다. 두려워할 만하다.

침묵을 위한 협박

여성과 '그 외' 목소리를 높이는 이들은 상상 이상의 괴롭힘과 폭력을 경험한다. 실재하는 두려움이다. 중요한 메시지를 억누르기 위해 여성과 다른 소수자를 위협해 침묵시킨다. 안타깝게도 이런 사례는 아주 많다.

사이버불링 문제를 해결하려면 기술이 한참 더 발전해야 한다. 익명성에 숨어 잔혹한 행동을 하며 권력을 쥐었다고 느끼는 사람들이 처벌받지 않는 한, 괴롭힘은 계속될 것이다. 이런 가해자들을 처단하고 막을 더 나은 시스템이 도입되어야 한다. 두더지가 쉴새없이 튀어나오는 두더지 잡기 게임을 하는 기분이다. 한 마리를 막으면 금세 또 한 마리가 나타난다.

『뉴요커』에 이런 기사가 실렸다.

> 미국 여론조사 기관 퓨리서치센터의 9월 여론조사에 따르면, 인터넷 사용자 네 명 중 한 명은 익명으로 댓글을 쓴다고 응답했다.[2] 사용자의 연령이 낮을수록 온라인에서 실명으로 의견을 말하는 데 거부감이 커 18~29세 인구의 40퍼센트는 익명 댓글을 쓴다고 답했다. 인터넷 댓글을 비판하는 의견을 보면, 댓글 작성자의 신원과 댓글 내용이 연결되지 않는다는 지적이 주를 이루었다. 이 현상이 바로 심리학자 존 술러가 '온라인 탈억제 효과online disinhibition effect'라고 이름 붙인 것이다. 사람이 정체성을 벗어던지는 순간, 평소 행동을 제약하던 구속도 사라진다.

주요 SNS 업체도 이런 문제를 인식하나 기술적 한계 탓인지, 의지 부족 탓인지 나서지 않는다. SNS에서 이상한 사람이 있으면 걱정하지 말고 신고하자. 트위터라면 '신고하기' 버튼을 누르거나 당신을 괴롭히는 사용자를 차단하자. 나도 그런 적이 있고, 앞으로도 필요하다면 그럴 거다. 가능하다면 사용 기록과 받은 메시지를 전부 보관해두자. 악성 메시지는 전부 필터링해서 별도의 폴더에 넣어두자. 최악의 시나리오를 대비해서 말이다. 이렇게 대비해두라고 말하려니 가슴이 아프지만, 필요한 일이다.

'잡았다 요놈'의 순간

많은 클라이언트들이 '잡았다 요놈'의 순간'Gotcha' moment에 걸릴까봐 두려워한다. 특히 TV에 출연할 때 그런다. '잡았다 요놈'의 순간을 포착한다는 새로운 연출 방식은 이 시대의 산물이다. 바야흐로 괴상망측한 리얼리티쇼가 범람하고 시청자의 집중력은 점점 짧아지는 세상이다. 클라이언트들은 예고 없이 공격당하거나 미끼를 물까봐 걱정한다. 정계처럼 논쟁이 많은 분야에서는 그런 상황을 자주 본다. 하지만 보통은 드문 일이다. 내가 일했던 사례 중 95퍼센트에는 쓸데없이 두려워한 경우였다.

방송국에 낚여서 토론이 말싸움으로 번질까봐 겁날 수는 있다. 시사 방송에서 시청률을 높이려고 자주 쓰는 수법이기 때문이다. 시청률이 높으면 광고가 더 팔리고 그 결과 프로그램과 방송국의 생명이 유지된다. 원래 그렇게 돌아가는 시스템이다. 방송 시스템은 TV에서 언쟁이나 실제 몸싸움을 하는 사람들 덕에 번창한다.

한 TV 프로그램에 클라이언트가 출연하기로 한 적이 있다. 그 클라이언트는 중요하고 민감한 문제인 여성의 재생산 건강권과 관련한 비영리 재단을 운영하고 있었다. 나는 TV 프로듀서에게 방송의 정확한 취지가 무엇인지 클라이언트와 함께 출연하는 사람이 누구인지 꼬치꼬치 캐물었다. 알고 보니 갈등을 조장하기 위해 내 클라이언트와 의견이 정반대인 출연자를 의도적으로 섭외해둔 상황이었다. 자기들 딴에는 '좋은 방송'을 만든다고 말이다. 나는 클라이언트를 곧장 출연자 명단에서 뺐다. 클라이언트에게도, 그의 재단에도 도움이 안 되는 방송이었기에 과감하게 잘라버렸다. 화가 나긴 했지만 놀랍지는 않았다.

인터뷰 전에 이런저런 질문을 해보면 이런 사태를 피할 수 있다. 특히 TV 출연 전에는 제작진에게 미리 질문을 하자. 프로듀서와 작가에게 우리의 목숨이 달려 있고, 자극적인 내용이 시청률과 클릭 수를 보장한다면 차라리 언론 매체에 나가지 말자고 생각하기 쉽다. 하지만 어쩔 수 없이 도전해야 하는 때도 있다. 생각의 중심을 잘 잡고 방송에서 당신의 의견이 적재적소에 쓰이는 순간과 단지 시청률에 이용되는 순간을 구분하면 된다. 언론 매체에 출연했을 때 이건 아니다 싶다면 아닌 거다.

잊지 말자. 원하지 않는 질문에 대답할 의무는 없다. 언제든 이렇게 대꾸할 수 있다. "노코멘트하겠습니다." "다음 질문으로 넘어가시죠." "주제를 바꿔볼까요." "그 질문에는 대답하고 싶지 않습니다." "좋은 질문입니다. 하지만 이번에는 대답하지 않겠습니다." "솔직히 말씀드리자면 생각할 시간이 필요합니다. 나중에 다시 말씀드릴게요."

당신은 생각보다 상황을 통제할 권한을 많이 가지고 있다. 질문을 차단하면 진행자도 화제를 바꿀 것이다. 방송을 망치면 안 되니 말이다. 아니면 이렇게 웃으면서 대꾸할 수도 있다. "저는 그냥 '노코멘트'할게요. 이유는 잘 아시겠죠." "지금은 그 문제에 관해 발언하지 않겠지만 나중에 생각해볼게요." 그러고 나서 원하는 화제로 방향을 돌리면 된다.

정말 아찔한 PR 상황을 하나 소개하겠다. 극단적인 경우지만 논쟁을 유도하는 인터뷰를 할 때도 화제 전환이 가능함을 보여주는 예시다. 이 사례를 봄으로써, 이보다 논쟁 요소가 덜하거나 거의 없는 인터뷰라면 얼마든지 통제 가능하다는 사실을 알게 될 것이다.

최근 데이터 유출 문제로 곤욕을 치른 IT 회사 부사장이 미래 테크놀로지를 예측하는 TV 인터뷰에 응한다고 가정해보자. 인터뷰 진행자는 이렇게 말할 수 있다. "글쎄요, 최근 부사장님 회사에서 데이터가 대량으로 유출됐죠. 면피를 위해 이번 인터뷰에 응하신 건가요?" 그런 질문을 받는다면 나는 이렇게 대답할 것이다. "저는 내년 IT 업계의 전망을 살펴보고 저희가 정보의 미래를 얼마나 중요하게 생각하는지 말씀드리려고 오늘 이 자리에 나왔습니다. 원래 주제에서 벗어나지 않았으면 좋겠네요." 그러면 진행자가 이렇게 말할 수도 있다. "음, 문제를 피하시네요. 불과 얼마 전에 벌어진 사용자 데이터 대량 유출 문제를 정말로 은폐하시는 것 같은데요." 이럴 때 나는 이렇게 반응할 것이다. "아까도 말씀드렸지만 저는 내년 전망을 살펴보고 어떤 점을 기대하는지, 어떤 활동에 참여하게 되어 기쁜지 이야기하러 나왔습니다. 그러니 그 얘기를 하죠." 웬만해서 세번째 시도는 하지 않는다. 만약 세번째로 묻는다면 "노코멘트하겠습니다"라고 답한다. 그쯤 되면 진행자도 넘어갈 것이다.

미디어 트레이닝, 그리고 순간을 교묘하게 모면하는 능력에 관한 연습이지만 화제를 끊는 문장은 생각보다 쉽게 준비할 수 있다. 대화의 통제권을 쥐고 언제든 원하는 화제로 전환할 수 있다. 만약 자기 책 이야기를 하고 싶어서 죽을 지경이라고 해보자(『자랑의 기술』을 예로 들겠다). 인터뷰 진행자가 "현재 정치 풍조와 해결 방안에 관해 어떻게 생각하십니까?"라고 묻는다면 이렇게 답할 수 있다. "2022년에는 자신이 아는 이야기를 나누는 것이 시민의 의무라고 생각합니다. 제 책의 핵심 주제이기도 하죠."

통제권을 잡고 있다는 사실을 기억하고 흔들림 없이 발언하자. 그리고 필요할 때는 대화의 방향을 돌리자. 긴장하지 말고 여유를 찾자.

악마의 편집

프로듀서나 인터뷰 진행자에게 당신의 말과 목소리를 정확히 어디서 어떻게 쓸 건지 물어보자. 당신이 최종 결정을 할 수 있는지, 혹은 그쪽에서 먼저 영상을 보여주고 의견을 구하는 절차를 거치는지 확인하자. 안 해줄 가능성이 크지만 밑져야 본전이다. 출연하는 채널과 방송국에서 과거 어떤 방송들을 했는지 알아보자. 특히 담당 작가와 프로듀서의 전작을 중심으로 살핀다. 자극적인 이야기나 좀 이상한 코너를 만든 전력이 있다면 대비하고 경계해야 한다. 〈PBS 뉴스아워〉를 기대하면서 〈제리 스프링어 쇼〉 같은 토크쇼에 나갈 수는 없지 않겠는가?

트집쟁이들

『자랑의 기술』에서 밑줄 긋고 별표 쳐야 하는 문장은 "대중 앞에 나서기로 마음먹은 사람은 저격당하기가 굉장히 쉽다"는 것이다. 일어나서 목소리를 높이기로 하면 만만한 표적이 된다. 당신을 판단하고, 당신에 대해 수군대고, 심지어 소문을 퍼뜨리는 트집쟁이들이 생긴다. 당신이 절대 통제하지 못하는 사람들이다.

나는 뒤에서 누가 나를 씹어도 신경쓰지 않는다. 내 귀에만 안 들리면 된다. 그러니까 제발 나한테 전하지 마라! 나도 감수성이 예민하기에 계속 머리에 맴도는 악플을 떨치려고 애쓴다. 당신이라는 사람, 당신이 하는 일, 당신의 선택을 어떻게 생각하는지는 사람마다 다르다. 관리할 생각도 하지 말자. 디지털 전략가이자 미술 전문가인 킴벌리 드루도 이렇게 핵심을 찌른다. "어느 행사나 디너 파티에 가든 '쟤는 여기 왜 왔지' 하고 궁금해하는 사람이 있어요. 때로는 내가 거기에 있으면 됐다고 믿어야 합니다. 내 일을 하는 사람은 나예요. 내 흠도 나만 알고요."

루스 앤 하니슈: 남의 의견은 알 바 아니다

자선사업가이자 투자자, 그리고 '페미니즘의 펑크록 대모'로 변신한 '갱생중인 저널리스트' 루스 앤 하니슈는 타인이 자신을 나를 다른 눈으로 볼 수 있음을 이해한다.

"TV 뉴스를 진행할 때 외모가 어떻네, 머리가 좋네 나쁘네, 프로답네 아니네 하는 대중의 평가에 반응하는 것도 일의 한 부분이었어요. 의상, 헤어스타일, 태도에 대해서도 마찬가지였고요. 방송 출연자가 어떤 평가를 받는지 경영진에 알리는 포커스 그룹도 있었죠. 얼마나 잔인했는지 몰라요. 못생기고 뚱뚱하다는 평가를 듣고 몇 번 펑펑 울고서 배운 사실이 있습니다. '너희가 나를 어떻게 생각하든 내 알 바 아니다.' 대부분 저를 몰라요. 안다고 생각해도 제 허상을 봐요. 다 자기들이 만들어낸 이미지라서 저와는 아무 관련 없죠. TV를 보고 제가 못생기고 뚱뚱하다고 생각했던 사람들도 실물을 보고는 아담하고 귀엽다며 깜짝 놀라요. 이건 보편적인 진리예요. 대부분의 사람들은 여러분을 모르고 자기가 만들어낸 이미지를 보는 겁니다. 내가 진짜 아는 자기 모습이 중요한 거죠."

부정적인 평가

나는 "과하다"(희한하게도 이런 비판은 여자들만 받는다. 성차별이라는 얘기다)거나 너무 시끄럽다는 말을 자주 들었다. 시간이 흐르며 이런 비판에도 무뎌졌지만 그래도 괴로움이 백 퍼센트 사라지지는 않는다. 사람이라면 다 호감을 끌길 원하니 말이다. 다른 사람이 나를 어떻게 생각할지 걱정하느라 시간을 보내기도 하지만 그럼에도 잣대를 들이대고 뭐라고 하는 사람은 사라지지 않는다. 그런 걱정을 해봤자 생산적이지 않다.

생각해보면 나도 마스카라를 칠하거나 샌드위치를 먹으면서 스스로에게 그 사람들이 한 것과 똑같은 말을 백만 번은 했을 것이다. 새로운 목소리로 같은 얘기를 들을 필요는 없다. 새로운 자료도 필요 없다. 우리에게 제일 못되고 잔인한 비평을 하는 건 자기 자신이다. 때로는 내면의 목소리를 없애기가 악플러의 입을 막기보다 더 힘들다. 내면의 괴물에게 꺼지라고 말하는 것만큼 힘든 일도 없다.

체크 포인트

- 당신의 악몽 질문이 뭔지 알아낸다.
- 그 질문에 대답한다.
- 당신의 주장과 목적에 맞게 화제를 돌리는 연습을 한다. 대답하기 싫은 질문에 대답해야 한다고 의무감을 갖지 말자. 질문을 넘길 수 있도록 할말을 미리 준비해둔다.

사람들의 반응에 대처하는 법

당신의 목소리와 메시지로 모두를 만족시킬 수는 없다. 이건 진리다. 시도할 생각도 마라. 때로는 비난에 대처하기보다 긍정적으로 인정받았을 때 이를 즐기는 법을 알아내기가 더 까다롭다. 비판은 예상되지만 긍정적인 반응은 예상하기 힘들기 때문이다. 악의적인 코멘트에 대비하는 법은 알아도 칭찬이나 찬사를 받아들이는 훈련은 하지 않는다. 자신의 일을 인정해달라고 요구하고 칭찬을 받으면 감사하고 수용하는 훈련도 자랑의 기술이다. 성과는 당연히 이야기해야 하지만 자랑을 한 결과로 이어지는 좋은 반응들도 축하하고 기념해야 한다.

리즈 플랭크: '안 돼'는 '돼'로 가는 문이다

리즈 플랭크는 텔레비전 평론가, 강연자이자 수상 경력을 갖춘 저널리스트로 『남자들이여 제발For the Love of Men』을 썼다. 그는 의심으로 가득한 세계에서 자기 아이디어를 지키기 위해 싸우는 방법을 꿰뚫고 있다.

"저는 '안 돼'가 '돼'로 가는 문이라는 걸 배워야 했어요. 당신이 한 말을 누가 싫어했다고 해도, 다르게 말하지 그랬느냐고 반응해도 당신이 뭘 잘못하고 있다는 뜻은 아녜요. 틀렸다는 뜻도 아니고요. 지금도 저는 저 자신이나 제 일에 대한 감정을 다른 사람의 인식이나 해석과 분리하려고 애씁니다.
사람들이 입 닥치라고 시비를 걸어오면 목소리를 더 높이고 싶어져요. 할 수 없다는 얘기를 들으면 용기가 생기죠. 그런 반응을 걸림돌보다는 도전으로 받아들이려 해요."

다른 사람의 심기를 건드려도 괜찮다. 특히 여성은 분노를 불러일으키는 상황을 무서워하곤 한다. 강하고 단호한 사람이 되고 싶다면 태도를 분명히 밝히고 성과로 이를 뒷받침해야 한다. 당신의 의견이나 메시지가 모든 사람을 만족시킬 수는 없다. 논쟁이 일어날 것 같아도 열정이 있다면 입을 다물지 마라. 반발을 각오해야겠지만 준비를 완벽하게 해두면 다른 사람의 분노를 일으키는 행동도 변화의 싹이 되곤 한다.

자랑이 무섭고 불편한 사람들

진실을 하나 알려줄까? 자랑을 하고 대중 앞에 나서는 사람을 보면 자기 가슴 깊이 박힌 불안감을 느끼게 된다. 자랑하는 사람이 누구든 간에 그냥 자랑 자체를 불편해한다. 당신이 목소리를 높이려고 온갖 노력을 할 때, 그런 능력을 부러워하는 사람들이 있다. 이런 사람들은 대체로 질투가 난다고 말하는 대신 당신을 모욕하거나 비방하거나 당신에게 악플을 단다. 그편이 더 쉽기 때문이다. 그게 악플의 진짜 의미다. 자신이 못하는 일을 남이 하는 모습을 보면 그 사람을 원망하고 질투하게 된다.

최근 저녁식사 자리에서 한 여성이 처음에는 나를 싫어했다고 털어놓았다. 이에 나는 이렇게 생각했다. '타격을 덜 받게 롤빵이나 통째로 먹어야겠네.' 그 사람은 여성 작가들을 대상으로 워싱턴 D.C.에서 진행했던 북토크 연강인 위민 라이트 워싱턴Women Write Washington에 참가했을 때 날 봤는데 그날 행사, 패널, 성과에 뿌듯해하는 내 모습이 별로였다고 말했다. 자신감 있게 말하는 모습도 꼴보기 싫었다고 했다. 그러다 이번 저녁 만찬 때 옆자리에 앉아 몇 시간이 지나자 자기 생각이 바뀌었다며 이렇게 고백했다. 용기 있는 행동이라면서, 자기라면 절대 그렇게 못 할 거라는 생각이 들었다고 말했다. 하지만 내 이야기를 듣고 나와 대화를 나누며 나를 본

받아 자신도 할 수 있겠다고 깨달았다고 했다. 다소 모욕적이지만 흥미롭고 감동적이고 좋은 이야기였다.

비판은 중요하지만 당신이 믿는 진실을 흔들림 없이 고수하는 태도도 중요하다. 팻 미첼은 이 진리를 어렵게 배웠다고 한다. "PBS에서 일할 때 특히 힘들었어요. 사방에서 비판이 쏟아졌거든요. 우파, 좌파, 정부, 프로듀서, 방송국. 각양각색의 요구 사항 사이에서 균형을 잡는 위치였죠. 그 경우에는 리더십을 지키는 게 일의 일부였어요. 내가 옳다고 생각하는 사실을 고수해야 했어요."

마냥 쉽지만은 않다. 손이 미끄러져 실수로 팟캐스트 댓글창을 보지 않는다는 법도 없다. (내가 방금 댓글을 봤다는 걸 눈치챘는가? 속은 쓰리지만 청취자가 늘고 있다는 의미가 아닐까?)

누군가에게 자랑에 대한 비판이나 "과하다"는 평을 들으면 이렇게 대응하면 된다. 우선 비판의 근거를 생각해보자. 보통은 다음 몇 가지 중 하나다.

- 본인은 자랑을 못 하고, 그만한 성과를 낼 능력도 없기 때문에 다른 사람의 자랑을 들으면 마음이 불편해진다.
- 스스럼없이 자랑하는 사람을 처음 봤다. 낯설게 행동하는 사람을 받아들이지 못해 거부하고 비판한다.
- 자기도 자랑을 해보려 했지만 실패했다. 그때 일로 주눅들었거나 두려

워져서 다시 시도하느니 남의 입을 막는 편이 낫다고 생각한다.

이중에 정확히 당신 문제인 경우는 없다. 전부 그 사람 문제다. 자랑하는 사람을 공격해서 자기 불안감을 떠넘기려는 행동일 뿐이다. 그렇게 생각해도 짜증나지만 엄연한 사실이다.

건설적인 비판과 단순히 악랄한 코멘트는 다르다. 모르는 악플러가 아니라 소중한 사람이 하는 말에 상처받을 수 있다. 설령 상대가 당신을 도우려고 그렇게 말했대도 말이다. 다른 사람 앞에 나서면 주변에서 별별 말을 하고, 심지어 좋은 의도로 그랬다고 반응할 수도 있다. 제일 가까운 사람이라고 예외는 아니다. 그런 사람에게 듣는 비판이 제일 아프다. 나도 친한 사람이 『자랑의 기술』을 "말도 안 되는 아이디어"라고 얘기한 적이 있다. 그때는 쥐구멍에라도 기어들어가 콱 죽어버리고 싶었다. 그런데 이렇게 책으로까지 나오지 않았는가? 하하!

나에게 가장 상처되는 말을 한 건 같은 여자들이었다. 일반화의 위험이 있지만 서로의 경험을 이해한다고 믿었던 여자들이 돌려 말하며 더 날카롭게 비판할 때 나는 상처받았다.

악플러에게 먹이를 주지 마시오

익명성 뒤에 숨어서 부정적이고 못된 댓글을 다는 악플러들을 어떻게 대할까? 웬만하면 무시하자. 사실 악플러에 대응하는 일보다는 악플을 무시하는 일이, 그러니까 쓰레기 같은 소리가 감정에 스며들지 않게 막는 일이 더 힘들다. 이 바닥에서 10년 이상 구른 나도 아직 악플러의 마수에서 완전히 벗어나지 못했다.

내가 해줄 수 있는 최선의 조언은 악플러를 상대하지 말라는 것이다. 어떤 글을 봐도 반응하지 말고 어떤 메일을 받아도 답장하지 마라. 댓글에 반응해서 악플러에게 먹이를 주면 그럴 자격 없는 상대한테 관심을 주는 일밖에 안 된다. 악플러가 일리 있는 말을 해서 반응한 것처럼 보인다. 특정 키워드가 담겨 있으면 곧바로 삭제되는 이메일 필터를 설정할 수 있다. 언제든 뮤트와 차단 기능을 사용할 수도 있다. 메시지에 답하는 대신 상대를 차단해도 괜찮다. 때로는 무반응이 가장 강력한 반응이다.

의무감을 느낄 필요는 없다

우리는 이상하게도 유명인을 친근해한다. 즐겨 듣는 팟캐스트 진행자든, 머라이어 케리 같은 슈퍼스타든 우리는 어떤 사람을 자주 접하면 그 사람을 잘 안다고 생각한다. 그렇지 않다. 지난 10년 동안 제나 마블스의 콘텐츠를 빠짐없이 다 봤다고 해서 내가 진짜 제나 마블스의 모습을 아는 건 아니다. 내가 아는 부분도 있겠지만 어디까지나 본인이 대중에게 보여준 모습일 뿐이다.

공인을 접하면 때로는 그 사람이 당연히 우리에게 뭔가를 해줘야 한다고 느낀다. 평소 좋아하던 내털리 포트먼을 만났을 때 같이 사진을 찍자고 부탁한 적 있다. 그때 거절당해서 그 뒤로 한동안 안티가 됐었다. 몇 년 후에야 연예인이라고 해서 내게 호의를 베풀 의무는 없다는 사실을 깨달았다.

대중 앞에 선대도 모든 사람의 의견을 귀담아들어야 한다거나 사람들에게 시간과 관심을 쏟아야 한다는 의무는 없다. 하지만 우리는 종종 이렇게 오해한다. 공인이 우리를 위해 앞에 나섰다고 느낀다. 그러니 그에게 비밀을 터놓을 수 있다고, 그 사람의 발전을 위해 피드백을 전해줄 수 있다고 생각한다. 그리고 그렇게 했을 때 당연히 들어줘야 한다고 여긴다. 대중 앞에 나서기로 선택한 거니까 우리에게 시간을 내고 에너지를 쏟을 의무가 있다고, 우리 마음대로 그를 좌우해도 된다고 생각한다. 그러나 공인이 대중에게 의무가 있다는 생각은 일반인의 오해다. 만약 누가 당신에게 공인의 의무를 강요한다면 상대의 요구에 간단히 답변한 뒤 그냥 하던 대로 하자. 짧고 정중하게 한마디하고 넘기자.

공개적으로 선을 넘은 질문이나 코멘트를 받았을 경우에는 러비 아자이의 조언을 따르자. "저기요, 그건 적절한 질문이 아닌데요." "그런 피드백은 받지 않습니다." "그 주제에 관해서는 이야기하지 않겠습니다." 아예 무시할 수도 있다. 유명인들은 "아니요, 사진 안 됩니다. 사인도 안 돼요. 포옹도 하지 않습니다"라고 응대하는 훈련을 받는다. 그 대신 악수나 하이파이브를 청하거나 인사해줘서 고맙다고 반응할 수도 있다. 당신도 이렇게 말하자. "사생활 얘기는 하고 싶지 않네요. 어쨌든 제 일을 좋게 봐주셔서 감사해요."

비판을 진지하게 받아들이는 법

"저는 사랑하는 사람들이 저를 어떻게 생각하는지 신경을 많이 써요." 『뉴요커』 기자이자 『트릭 미러Trick Mirror』의 저자 지아 톨렌티노는 이렇게 고백한다. 하지만 가까운 사람들만 신경쓴다고 못박는다. "책임감을 느끼고 올바르게 행동하려고 하지만 제가 아는 사람들을 위해서 그러려고 해요. 친구, 동료, 가족들처럼요." 톨렌티노는 그 사람들의 의견만 중시하고, 피드백도 그들에게서만 듣는다. 나머지 사람들의 의견은 가벼운 수다에 불과하고 최악의 경우에는 해롭다.

"인터넷을 하다보면 모르는 사람에게 의무감이 들 때가 있는데, 그런 삶은 건강하지 않은 것 같아요." 전적으로 동감한다.

당신의 성장을 돕거나 당신을 진심으로 아끼는 사람의 의견과 피드백을 받을 때 의미가 있다. 자기 중심을 잡고 누구에게 귀를 기울일지 집중해야 한다. 당신이 진심을 보일 수 있을 만큼 믿음직하고 당신을 아끼는 사람이어야 한다. 나는 누가 나한테 직설적으로 조언해주는지 안다. 무슨 일이 있어도 나를 지지해줄 친구가 누구인지도 안다. 언제 친구에게 도움과 지도를 요청해야 하는지도 안다. 의견을 어디까지 허용하는지 파악하고 중심을 꿋꿋하게 잡으면 주변 사람들도 영양가 없는 코멘트를 삼갈 것이다. 어느 정도 시행착오도 필요하다. 나는 정말로 꼼꼼한 친구에게는 피드백이나 비판 대신 순수하게 확인만 해달라고 부탁한다. 무언가를 수정해야 한다는 말 대신 이대로 괜찮다는 말을 그 친구에게 듣고 싶어한다. 하지만 그건 비판을 진지하게 받아들이지 못하는 내 잘못이다. 그 친구는 원래 그런 사람이니까 말이다.

그렇긴 하나 친구가 아닌 전문가의 피드백과 비판도 중요하다. 외부에서 피드백을 받았을 때는 우선 누가 그 말을 했는지 살피자. 내가 한 적 없는 경험을 했거나 내가 원하는 경험을 해본 사람인가? 그러니 그 사람의 의견을 진지하게 고려해야 하나? 만약 그렇다면 피드백을 수용하고 감사를 표하고 변화하도록 노력한다. 나이 많은 사람의 비판이라고 무조건 받아들일 필요는 없다. 당신의 커리어에 알맞은 비판인지 판단한 다음, 그걸 어떻게 자기 삶에 녹일지 결정한다.

이럴 때 비판을 진지하게 받아들이자.

- 내가 신뢰하는 사람 여럿이 같은 말을 했다.
- 내가 마음 깊이 존경하고 우러러보는 사람이 한 말이다.
- 내가 목표하는 커리어를 먼저 쌓은 선배가 한 말이다.
- 건설적이고 사려 깊은 조언도 함께 들었다.

이럴 때 비판을 무시하자.

- 나를 아끼는 사람이 아니라 할 일 없이 트집만 잡는 사람이 한 말이다.
- 나를 위해서가 아니라 좋지 않은 의도로 말했다는 티가 난다.
- 내가 신뢰하는 사람들이 무시하라고 했다.

완벽하면 재미없다

항상 로봇같이 행동하는 모습을 보고 싶어하는 사람은 없다. 1년 365일 완벽한 모습을 보고 싶어하는 사람도 없다. 하지만 대중의 시선에서 자신을 보호하려다가 그런 함정에 빠지기는 참 쉽다. 그래서 자랑의 기술에는 함정에 빠지지 않고 자신을 보호하는 전략도 포함된다.

자랑을 잘하려고 완벽한 사람이 될 필요는 없다. 대중 앞에 나서기로 했다는 말은 진정한 자기 모습을 드러낸다는 뜻이기도 하다. 계획적으로 약점을 보이면 생각보다 더 많은 사람에게 다가갈 수 있다. 자신의 어떤 면을 보여줄지 파악하려면 고민을 좀 해야 한다. 매일 긍정적인 모습만 보일 필요는 없다. 그건 진짜 모습이 아니다. 다른 사람은 어떤지 모르겠지만 나는 약한 모습을 보여줄 때 응원을 제일 많이 받았다. 친구에게든 동료에게든 힘들어하는 모습을 보인다고 약한 사람이 되는 게 아니다. 오히려 강해진다.

완벽하면 재미가 없다. 모두가 당신 말에 동의하면 생산적인 대화가 이뤄지지 않는다. 완벽은 명예 훈장이 아니다. 오히려 뭔가 잘못되어간다는 의미일 수도 있다. 내가 좋아했던 한 인스타그램 인플루언서가 생각난다. 예술과 문화를 다뤘고 자기 주장을 강하게 드러내던 사람이었다. 하지만 유명해지면서 자기 의견을 덜 드러냈고, 적당히 안전한 노선을 택했다. 거기부터 성장세가 꺾였고 나도 팔로우를 취소했다. 중립을 유지하며 모든 사람에게 맞추려다가 나 같은 기존의 팔로워에게 거리감만 준 셈이다.

당신도 자랑하다보면 실수할 것이다. 그러면서 배운다. 자주 하는 실수는 이런 것들이다.

- 악플러나 불쾌한 사람을 상대하고서 이를 후회한다.
- 눈치 없이 자랑했다가 실패한다.
- 출처가 불확실한 비판을 심각하게 받아들인다.

자랑의 헛발질

때로는 자랑에 실패한다. 타깃을 잘못 파악했거나 자기 차례도 아닌데 발언했거나 잘못 표현했을 수도 있다. 속이 상하겠지만 그냥 넘기지 말고 실수를 통해 배우자. 미리 밝혀두자면 나는 위에서 언급한 실수를 전부 다 저질러봤다.

눈치가 부족해서

상황을 잘못 이해할 때가 있다. 대규모 강연회에서 재수없고 경쟁심만 강한 잘난척쟁이처럼 굴었던 나처럼 말이다. 자랑을 하더라도 다른 사람에게 피해를 줘서는 안 된다. 보통은 시행착오를 겪으며 발전한다. 몇 번은 비틀거리고, 다른 사람 발을 밟고, 못 볼 꼴을 보일 수도 있다. 이런 경험을 통해 자랑에 적합한 때와 장소를 파악하게 된다.

타깃을 잘못 골라서

때나 장소 문제가 아닐 수도 있다. 전체 회의에 들어갔는데 팀이 아니라 개인의 성과에 초점을 맞춰 자랑하는 일도 벌어진다. 축배를 드는 회의가 아니라 전략을 논의하는 회의였는데 분위기 파악을 못하고 그 사실을 모를 수도 있다.

표현을 잘못 택해서

타깃을 알아도 거기에서 어떤 언어가 통하는지 모르면 소용없다. 자기 통계에만 의지한 자랑은 최선이 아니다. 다른 사람이 쓰는 언어를 포착하고 내 언어는 중화시킨다.

망쳐도 괜찮다. 실패하면서 성장하고 배울 수 있다. 가능한 상황이라면 사과하자. 보통은 상대의 피드백이나 표정만 봐도 자랑을 망쳤다는 걸 바로 알 수 있다. 이런 실수를 하면 나는 무슨 실수를 저질렀는지 돌아보고 필요한 부분을 고친다. 그리고 경험에서 한 수 배우자고 다짐한다.

축배를 들자

자랑하는 법을 익히는 과정이 늘 우울하고 불행한 건 아니다. 기대치를 설정하는 일도 중요하지만 성과를 자랑스러워하는 시간도 필요하다. 그러겠다고 결심만 하면 기막힌 즐거움을 맛볼 수 있다. 열심히 노력해서 목표를 이루고 자랑까지 했으니 이제 칭찬과 보상을 받아들이는 법도 배워보자. 과시도 조금 해보면 어떨까?

흥을 돋우기 위해 참고하면 좋을 아이디어를 몇 가지 소개한다.

- 신나는 파티, 저녁식사, 술자리에 친구들을 초대해보자. 나도 '출간 계약' 파티를 열고 옥상에서 친구들과 케이크를 나눠 먹은 적이 있다. 유행하는 예쁜 케이크를 샀는데 케이크 상자까지 핥을 정도로 맛있었다.
- 가족과 친한 친구들에게 이메일로 자랑스러운 성과를 알린다(이때 답장이 오면 보관해두고 나중에 다시 읽으면 기분이 좋아진다).
- 평소 안 하던 일을 한 다음에 자신에게 선물을 줄 수도 있다. 마사지를 받는다거나, 스케줄에 끼워넣을 수 있으면 대낮에 영화를 본다는 식으로 말이다. 나는 대박을 터뜨렸을 때 낮에 영화관에 들어가 휴대전화 전원을 끈다. 가능하다면 당신도 해보자. 마음이 차분해지면서 해방감마저 든다.
- 성공을 기념해 동료들과 한잔하러 간다. 늘 그렇지만 혼자만 잘해서 얻

은 성과가 아니다. 같이 일하는 사람들과 기념하면 더 즐겁다. 자기 사업을 하는 친구와 대형 프로젝트를 공동으로 따낸 적이 있는데 함께 마가리타를 마시며 성공을 만끽했다.

목소리를 크게 내려면 상당한 노력을 해야 한다. 그러니 목소리를 냈다면 자부심을 갖자. 그 또한 자랑의 기술이다. 자랑할 일을 자랑하기도 해야겠지만, 잘했다고 스스로 등을 두드려줘야 한다. 앞에서도 말했지만 우리는 이런 훈련을 무시하고 여기에 시간을 쏟지 않는다. 잠시 시간을 내서 지금까지 얼마나 많은 것을 성취했는지 알아보자.

킴벌리 드루: 자축을 습관으로 만들자

소셜미디어 전략가이자 미술사학자, 미술 비평가인 킴벌리 드루는 습관적으로 자축을 한다.

"저는 '가벼운 목표'를 세워요. 자기계발을 위해 스스로 조그마한 약속을 하죠. 그리고 그 목표를 달성하면 잠시 멈춰서 그 순간의 성취감을 만끽해요. 어떤 것들은 가슴에 담아두고 신나게 축하만 해도 기분이 좋아져요. 아무리 사소한 목표라고 해도요. 자축하는 습관을 들이는 셈이죠. 다들 자기가 뭘 이뤘는지 이해하고 자부심을 가지면 좋겠어요."

새로 찾은 자랑거리나 계속되는 자랑거리를 기념하는 일도 오래 연습하다보면 발전한다. 아이러니하지만 다른 사람에게보다 스스로에게 더 많이 자랑해야 할 때도 있다. 발전하고자 하는 끈질긴 욕구 덕에 일을 잘할 수도 있지만, 그 때문에 목표를 성취하고도 즐기지 못하는 일은 없어야 한다.

칭찬을 받아들일 용기

코미디언 에이미 슈머가 〈인사이드 에이미 슈머〉에서 했던 콩트는 정말 잊을 수 없다. 여자친구들끼리 서로를 칭찬해주는 내용이었다. 한 명씩 돌아가며 좋은 말을 하면 칭찬받는 사람이 곧장 자기비하로 받아친다. 자기 순서가 오자 에이미는 칭찬을 받아들이고 이에 친구들은 충격을 받아 머리가 날아간다. 웃기려고 극단적으로 묘사했지만 사실이다. 칭찬과 찬사를 받아들이기란 힘들다. 특히 여성이나, 겸손이 과해서 나쁠 것 없다고 배웠던 사람일수록 그렇다. 다시 말해 자랑하지 말라고 배운 사람들에게 이는 어려운 일이다.

최소한 머리가 폭발하지 않고도 얼마든지 칭찬을 받아들일 수 있다. 칭찬받을 자격이 없다고 생각할 때는 누가 칭찬해줘도 인정하고 받아들이기가 힘들고 찜찜하다. 자랑의 기술을 몰랐던 것처럼 좋은 일이나 잘한 일이 있으면 관심받아야 한다는 사실도 배우지 못했다. 특히 여자들은 그렇다. 얼마나 안타까운 일인가. 칭찬을 받아들이기란 내게도 결코 쉬운 일이 아니었다.

첫번째 책을 공동 집필했을 때는 다른 사람의 칭찬도, 나 자신의 칭찬도 받아들일 수가 없었다. 오래전부터 책을 쓰고 싶다고 꿈꿔 왔다. 작가라면 열심히 노력한 결과물이 실제 만질 수 있는 책으로 출간돼 서점 매대에 오르는 일을 최종 목표로 삼는다. 나는 기특하게도 목표를 향해 가고 있었다. 하지만 축하하는 대신 고개를 푹 숙이고 미친듯이 글만 썼다. 마감 일정에 집착하고 걱정만 했다.

누가 책을 보고 칭찬하면 그걸 받아들이지 않고 흘려 들었다. 칭찬을 받으면 어찌할지 몰랐다. 차단하거나 피했다. 내가 가르치는 말들을 실천하지 않다니 왜 그랬을까? 대단하고 의미 있는 성과를 내면서도 나는 그와 관련된 언급은 전부 물리쳤다. 원하는 목표를 이뤘으니 당연히 좋은 말이 뒤따를 텐데 도저히 받아들이지 못했다.

나는 스스로 칭찬받을 자격이 없다고 여겼기 때문에 칭찬을 피해 다녔다. 내가 해낸 일이 가치 있다고 느끼기 위해서는 끊임없이 연습해야 한다. 확실히 나는 내 조언을 가슴 깊이 새겨야 했다. 자랑의 기술에 아주 중요한 부분이 있다. 목표를 이루기 위해 엄청나게 노력했다면 이를 칭찬해야 한다. 나는 스스로에게 칭찬을 받아들일 여유를 내주지 않았다. 인정을 받으려고 땀 흘려 노력해봤자 칭찬을 거부하면 무슨 소용이겠는가? 깨닫고 보니 내가 그러고 있었다. 결국에는 그런 행동을 관둘 수 있었지만 그전에 어느 정도 악

영향이 있긴 했다. 누군가가 내게 장한 일을 했다며 칭찬하려는데 그러지 못하게 막았던 상황을 되돌아봤다. 사람들을 어리둥절하게 만들었을 뿐만 아니라 내 커리어 발전에 유용할 다른 기회를 연결해줄 마음도 사라지게 했다.

다른 사람의 칭찬을 받아들이면 기분이 좋아지고 성과의 발자취를 남길 수도 있다. 게다가 주변 사람들도 기쁘고 행복해진다.

자랑할 때는 기쁨을 만끽하고 고된 노력의 대가를 수확해야 한다. 그때 이 사실을 알아야 한다. 우리는 원하는 목표를 향해 불편할지도 모를 일을 하며 오랜 시간을 보낸다. 다음 목표로 넘어가기 전에 잠시 멈춰서 기쁨을 만끽하려면 시간을 들여 그 기술을 익혀둬야 한다. 일단 자랑하기로 결심했다면 어떤 형태로 자랑하든 성과다. 적어놓자. 축하할 수 있는 자랑 목록을 만들어두자.

체크 포인트

- 대단하든 사소하든 자랑거리가 생기면 문서에 계속 기록해간다.
- 자랑 기록을 세울 때마다 잠시 멈춰서 기분좋은 보상을 준다(매번 같은 보상이라도 상관없다. 춤? 특별한 디저트? 뭐가 좋을까?).
- 큰 성과를 거두면 친한 사람들에게 메일을 보내 축하해달라고 부탁한다.

- 자랑 지킴이를 두자. 당신이 얼마나 힘들게 자랑하는지를 알고, 뭔가를 잘할 때마다 옆에서 말로 표현해주는 사람 말이다.
- 다른 사람에게 칭찬받는 연습을 한다.

대신 자랑하는 법

다른 사람이 나를 대신해 자랑해준 덕분에 이 책이 세상의 빛을 볼 수 있었다. 역시 자랑은 때와 장소에 맞추어 해야 한다는 사실을 새삼 느꼈고, 다른 사람이 해주는 자랑을 듣는 입장에 서는 어마어마한 영광도 경험했다.

2013년부터 이 책을 쓰다 말다 했다. 자랑의 벽에 부딪힌 이들에게 자기PR의 힘을 보여주는 책을 출간하고 싶었다. 이렇게도 해보고 저렇게도 해보며 사람을 만날 때마다 이 책의 콘셉트를 들려주었지만 막힌 벽을 뚫기가 참 힘들었다.

그러다 내가 정말 좋아하는 UN 재단의 '걸 업 리더십 서밋Girl Up

Leadership Summit'에서 강연을 하게 되었다. 전 세계의 성공한 젊은 여성이 역량 강화와 교육을 주제로 이야기를 나누는 자리였다. 역사 속 여성들에 관한 책을 여러 권 펴낸 베스트셀러 작가 케이트 샤츠는 자기 강연을 마친 뒤 내 자랑의 기술 강연도 들어보기로 했다. 객석에서 샤츠를 보기는 했지만 그때만 해도 모르던 사이라 강연을 보러 온 누군가의 엄마나 콘퍼런스 관계자일 거라고 생각했다. 그 자리에 있던 다른 관객들은 대부분 고등학생이나 대학생 또래였기 때문이다. 나중에 알았지만 정말 하늘이 내려준 기회였다. 그 순간 그 장소에 있다는 것만도 행운이었는데 케이트는 나를 대신 자랑해주겠다며 나섰다.

강연이 끝나고 케이트는 내게 '자랑의 기술'을 책으로 쓸 생각이 없느냐고 물었다. 없을 리가. 케이트는 자기에게 원고를 보내달라고 말했지만 같은 주제로 벌써 몇 번이나 퇴짜를 맞았기에 두려웠다. 제일 친한 친구에게 이 이야기를 털어놓자 친구는 밑져야 본전이라며 원고를 보내라고 재촉했다(이것도 다른 사람이 대신 자랑해준 셈이다). 그래서 케이트에게 『자랑의 기술』 초고를 보냈다. 케이트는 나를 추천하고 자기 편집자와 연결해주겠다고 했다. 그럴 이유가 전혀 없었는데도 말이다. 케이트는 그저 선의로 내가 강력한 메시지를 전파할 수 있게 돕고 싶어했다. 케이트의 편집자를 통해 지금의 에이전트를 만났고, 에이전트 덕에 지금 당신이 이 책을 읽게 됐다.

그렇게 자신이 옳다고 믿는 메시지를 위해 나서준 사람 덕을 톡톡히 봤다. 죽을 때까지 잊지 못할 선행이었다. 감사함을 느꼈던 만큼 선한 영향력을 베풀고자 한다.

자랑의 기술은 혼자만의 일이 아니다.

아니, 자랑의 기술은 다른 사람의 성공을 돕는 일과도 연결된다. 혼자 힘으로는 승리할 수 없다. 메시지를 전파하려면 다른 사람의 힘도 필요하다. 손을 내밀어 주변 사람들의 목소리를 키우고 퍼뜨려야 한다. 이 책의 핵심 원칙은 자기 목소리를 높이자는 것이지만 다른 사람의 목소리도 더 잘 들리게 해주어야 우리 모두가 승리한다.

조용한 실력자들은 다른 사람의 자랑을 자기 자랑보다 훨씬 쉽게 한다. 다른 사람을 위해 행동하면서 당신이 이미 갖고 있던 여러 가지 능력을 활용할 수도 있다. '자기PR 격차'라는 설문 조사에 따르면, 여성이 운영하는 회사에서 다른 사람이 성과 이야기를 하는 게 다소 편안하다, 매우 편안하다고 답한 비율이 남성은 80퍼센트, 여성은 84퍼센트였다.[1] 조사 결과에 따르면, 다른 사람의 칭찬을 자기 성과처럼 편안하게 이야기하는 일은 친구와 가족에게 들려주는 식으로 말할 때나 가능하다. SNS에서, 낯선 사람이나 청중 앞에서 편안하게 자기 성과를 이야기하는 사람은 겨우 40퍼센트 정도였다. 다른 사람을 자랑하는 게 훨씬 쉬운 셈이다.

무대는 충분히 넓다

자랑을 잘하려면 모두가 충분히 인정받을 수 있다는 사실도 깨달아야 한다. 다른 사람들은 경쟁자가 아니다. 당신의 경쟁자는 자기 자신이다. 날마다 어느 때보다 훌륭하고 진정성 있는 자세로 일하려고 해야 한다. 우리는, 특히 여성들은, 한정된 자리를 두고 서로 경쟁한다고 오랫동안 믿어왔다. 그렇지 않다. 언론 매체, 콘퍼런스, 승진, 프로젝트는 모든 사람에게 충분히 돌아간다. 올해 콘퍼런스 패널 자리가 꽉 찼다면 내년에 피칭하면 된다. 원하는 프로젝트를 못 따냈다 해도 새로운 기회가 생길 것이다.

질투는 무의미하다

질투는 자랑을 가로막는 적이자 내 영원한 아킬레스건이다. 다른 사람을 질투하면 자기만의 아이디어를 만들고, 자기 성과에 자부심을 느끼고, 자유롭고 열린 생각을 하기 힘들어진다. 더 건전한 생각을 할 에너지를 질투하는 데 너무 많이 쓴다. 질투심 때문에 자기 커리어를 망치는 사람들도 봤다. 질투하느라 눈이 멀어서 자기가 얼마나 대단한 일을 하는지 못 보는 것이다. 인스타그램에 예쁘고 화려한 모습을 올리고 완벽하게 치장한 모습만 보이는 이런 시대에는 쉽게 질투의 마수에 걸린다.

우리는 자기 삶을 더 매력적으로 보이게 필터를 씌운다. 우리 삶에서 덜 '아름다운' 부분도 솔직하게 이야기해야 한다. 삶은 복잡하고 전혀 아름답지 않다. 그래서 더 재미있다. 질투는 다스리기 힘든 감정이고 살아가면서 혹은 커리어를 쌓아가면서 어느 시점에서든 질투를 경험한다. 『하버드 비즈니스 리뷰』에 실린 연구 요약 기사에 따르면 "경제 상황과 상관없이 모든 직장인은 질투에 약하다. 그러나 경제 위기가 닥쳤을 때 질투심은 더욱 강해진다. 손실이 늘수록 직원들은 위기감을 느끼고 성공한 동료에게 반감이 커진다".[2]

경제 활동이 프리랜서 체제로 전환되는 요즘 같은 시기에 전문가로 일하기란 무섭고 힘들다. 의료보험은 뭐가 뭔지도 모르겠는데 비싸기만 하고, 생활비는 하늘 높은 줄 모르고 치솟는다. 질투심에 빠지기가 너무 쉽다. 호주에서 성인 1만 8000명을 대상으로 부러움에 관한 종적 연구를 했는데 아주 흥미로운 결과가 나왔다.[3] "젊을수록 부러움을 더 많이 느낀다. 나이가 들면서 다른 사람을 덜 부러워한다." 같은 연구에서 이런 사실도 밝혀졌다. "부러움이 자극제로 유용하게 작용한다는 (…) 증거는 없다. 남을 더 질투할수록 미래의 심리적 웰빙은 더 느리게 (빨리가 아니다) 이뤄진다. 질투는 미래의 경제적 성공을 예측하는 변수도 아니다."

즉 질투는 당신에게 무조건 해롭다. 이런 통계 자료를 보고도 질투심을 어떻게 줄일까 고민하지 않는 사람은 없으리라.

샤인 이론

자기불신과 타인을 향한 부정적인 감정은 키우지 말자. 시간을 들여서라도 그러지 않도록 연습하고 그런 감정에 선을 긋자. 당신이 자랑을 잘하면 주변에서도 그럴 것이다. 당신의 행동으로 인해 주변 사람들도 당당한 태도, 커다란 목소리, 치밀한 전략을 갖춰 자신만의 특별한 메시지를 전달하려 자기 내면을 들여다볼 것이다. 당신은 사람들을 제치고 독주하는 대신 앞에서 달리며 다른 사람들을 이끌 것이다.

'밀물이 밀려오면 모든 배가 뜬다'는 발상을 세상에 전파하려는 사람들이 있다. 절친한 친구이자 팟캐스트 공동 진행자로 『위대한 우정Big Friendship』이라는 책을 함께 쓴 여성 사업가 아미나투 소우와 앤 프리드먼은 수년에 걸쳐 샤인 이론Shine Theory을 개발했다.[4] 친구를 자랑하는 일의 효과는 『자랑의 기술』에서도 상당 부분 다뤘지만 소우와 프리드먼은 샤인 이론을 상세하게 정리했다.

소우와 프리드먼의 이야기를 들어보자.

> 샤인 이론은 장기 투자로, 다른 사람이 최상의 모습을 선보이게 돕고 나도 보답으로 도움받는 일을 말한다. 친구에게 자신을 온전히 보여주겠다고, 불안감이나 질투심이 우정을 망치게 둘 수 없다고 의식적으로 결정하는 일이다. "경쟁자보다 협력자가 되는 편이 나을까?" 이 질문에 샤인

이론에서는 항상 '그렇다'고 답한다.

친구를 보면 그 사람의 됨됨이를 알 수 있다. 샤인 이론에 따르면, 진정한 자신감을 인식하는 행위는 옆 사람에게도 전염된다. 누군가가 당신을 무너뜨리려 하거나 경쟁자로 대한다면 자신감이나 자존감이 낮아서 그런 것이다. 친구가 잘나갈 때 진심으로 기뻐하고 즐거워할 줄 알아야 한다. 그리고 친구가 어려울 때는 곁에 있어줘야 한다.

나와 내 친한 친구는 서로에게 최고의 대변자 역할을 하는데, 우리 관계가 샤인 이론을 잘 보여준다. 친구는 나와 달리 주로 무대 뒤에서 일하는데, 회사가 아무리 늦게 끝나도 늘 내 강연을 들으러 온다. 얼마 전 친구가 중요한 콘퍼런스에 패널로 참가했다. 친구가 사람들 앞에 나서는 일이 흔치 않기에 나는 거의 축구 경기를 응원하는 사람처럼 하고 갔다. 손가락 응원 도구까지 끼고 싶었지만 겨우 참았다. 일찍 도착해서 제일 앞줄에 앉았다. 계속 사진을 찍고 친구 이름이 적힌 플래카드를 들어 친구가 부끄러워하게 했다. 친구에게 연단 옆에서 포즈 좀 잡아보라고도 시켰다. 친구가 멋지게 활약하는 모습을 보고 현장에서 축하해줄 수 있어 너무나 행복했다. 끝나고는 당연히 자랑하라고 시켰다.

프리드먼과 소우는 한 팀으로, 그리고 각자 1인 크리에이터로서 자기 이야기를 나누며 원칙을 실행에 옮긴다. "우리는 서로의 일, 경험, 관점을 진심으로 좋아하고 존중해요. 그래서 공동 작업을 하면 당연히 기쁘죠. 하지만 개인으로서 알리고 싶은 자질과 능력은 서로 확실히 달라요. 자주 공개적으로 교류하면서 합작품이 각자의 커리어에 전체적으로 어떻게 어우러지는지 큰 그림을 확인해요. 각자 진행하는 일도 끊이지 않는 상황이니까요." 두 친구는 서로의 작품과 목소리를 띄우는 일이 어떤 가치를 갖는지 잘 안다. 설령 한 무대에 선다 해도 말이다. "팟캐스트에서 우리 둘의 목소리는 달라요. 대화하면서 의견이 서로 일치할 때도 있지만 한편으로는 다양한 관점에서 소통하려고 해요. 함께하되 하나가 되고 싶진 않아요!" 두 친구는 대화를 많이 하고 우정을 가장 중요하게 생각하면서 균형을 잃지 않으려고 노력한다.

샤인 이론은 친한 친구 사이에만 적용되는 건 아니다. 건너 건너 아는 지인 중에 내가 참가하는 행사에 자주 오는 분이 계신다. 그렇게까지 친한 사이는 아닌데도 나를 응원해주려는 마음이 감동적이었다. 그분은 유명한 테크 기업과 함께 행사를 준비중이었는데 직접 말은 안 했지만 아주 중요한 일이구나 싶었다. 그 행사에 참가 신청을 해 행사장에 들어가자 지인은 깜짝 놀라며 기뻐했다. 마침 행사 주관사에 아는 분들이 계셔서 높은 분들에게 지인 이야기를 좋게 해줄 수 있었다. 주최측에 지인을 칭찬하고, 그날 강연의 주제였던 일을 어떻게 홍보할지 전략도 함께 짰다. 지인에게도 큰 의미가 있었겠지만 나도 왠지 이 사람을 빛내는 게 내 의무라는 생각이 들었다.

모든 사람이 빛나게 노력하다보면 주위에 강력한 무리tribe가 형성된다. 경영인 클레오 킴은 뜻이 맞고 무슨 일이 있어도 자신을 지지해줄 사람들로 강력한 네트워크를 구축해서 자기 능력으로 커리어의 폭풍을 뚫고 나아가는 데 집중한다. 킴은 이렇게 말한다. "주변에 어떤 무리를 형성하느냐에 달렸어요. 내가 사랑하고 나에게 조언을 해주는 사람들, 나를 아끼고 보살펴주는 사람들로 이루어진 다양한 네트워크가 필요하죠. 넘어지면 저를 일으켜주고, 위험한 기회를 돌파하도록 곁에서 도와줄 테니까요." 전부 혼자 짊어질 필요는 없다. 아무 도움도 받지 않고 성공하는 사람은 단 한 명도 없다. "주변에 무리를 잘 구축해두는 일은 예상치 못한 역풍이 불 때 정말로 중요해져요. 그래야 외롭지 않고 혼자 견뎌야 한다는 생각도 안 드니까요."

키아 브라운: 나와 다른 인생을 산 사람을 찾는다

키아 브라운은 작가이자 장애인 활동가다. #장애인이면서귀여워DisabledAndCute라는 해시태그를 만들었고 『예쁜 애The Pretty One』라는 책을 썼다.

"포용해줄 목소리를 찾는 데는 시간이 필요해요. 적극적으로 포용하는 태도를 지켜야 하고 나중에 사과할 걱정을 하지 않아야 합니다. 어울리는 집단이 다르고 다른 삶을 살아가는 사람들을 찾는 일은 분명 노력이자 기회죠. (…) 자신과 다르게 살아온 사람들을 찾아야 합니다."

2014년 노르웨이에서 사무직 노동자를 대상으로 진행한 연구에 따르면 "지위가 높은 여성 대표가 늘어날수록 하위 직급에서 성별에 따른 승진율의 차이가 줄어든다".[5] 그러니까 먹이 사슬에서 더 위에 위치한 여성들이 아래쪽 여성들을 돕는다.

다른 사람이 존재감을 얻게 돕는다고 해서 당신의 존재감이 사라지는 건 아니다. 당신이 관심을 얻을 때도 주변 사람들은 손해보다 이득을 본다. 이에 더해 같은 일을 하는 친구가 있어도 좋다.[6] 여론 조사 전문 회사 갤럽에 따르면, 직장에 친구가 존재하면 직업 만족도와 생산성이 크게 향상됐는데 여성일수록 더 그랬다. "조사 결과, 직장 내 절친한 동료가 있느냐 없느냐와 직원이 업무에 투자하는 노력의 정도가 밀접하게 관련된다는 사실이 수차례 증명됐다. 예를 들어, 직장에 절친한 동료가 있다고 응답한 여성이 일에 몰두할 확률(63퍼센트)은 그런 동료가 없다고 응답한 여성(29퍼센트)보다 두 배 이상 높았다." 또한 갤럽 조사에 따르면 직원들이 서로 친한 기업에서 안전사고가 적게 발생하고, 수익이 높으며 이런 기업을 고객도 더 많이 지지한다고 한다.

킴벌리 드루의 자랑론:
내 목소리로 다른 사람에게 빛을 비추자

'블랙 컨템포러리 아트'라는 인기 텀블러 블로그를 운영하는 킴벌리 드루는 흑인 아티스트의 힘을 발견하면서 자신의 작업과 커리어의 노선이 달라졌다고 말한다. 블로그를 성장시키며 미술계에 흑인 아티스트가 미치는 영향력을 증명한 드루는 자신이 다른 사람을 빛낸다는 걸 잘 안다.

먼저 인지하라

"흑인 아티스트들을 알게 되고, 처음 듣는 이름이라고 인지한 순간 번쩍 깨달았어요. 곧바로 이런 생각이 들었죠. '그래, 내가 나서야겠다.' 인지하기가 그날 이후로 제 개인적인 신조가 되었습니다. (…) 흑인 아티스트 다섯 명의 이름을 인지했더니 나중에는 5000명으로 늘어났고 그 덕에 아예 직업이 바뀌었어요."

낙관주의를 택하라

"두려워하다보면 '내가 설 자리가 없어. 나처럼 생긴 사람은 없어'라는 생각마저 들 수 있고, 심지어 목표를 달성하지도 못해요. 그러면 이 분야의 가능성을 어떻게 더 크게 그리겠어요? 장담하는데, 낙관주의는 우리가 가진 유일한 무기입니다. 만약 제가 비관하면서 지금처럼 일하고 생활했더라면 절대 여기까지 오지 못했을 거예요. (…) 삶을 불행으로 채우지 마세요. 이로울 게 하나도 없어요."

제도보다는 자신을 두려워하라

"저는 그 어떤 제도보다도 제 자신이 더 무서워요. 나를 실망시키는 일은 도저히 할 수가 없어요. (…) 스스로에게 부끄럽지 않게 살 거예요. '그런 말을 왜 했지' 하는 상황을 만들지 않을 거예요. 집에 가서 '그러게, 오늘은 목소리를 별로 높이지 못했네' 이런 생각을 하는 순간도 분명 있죠. 말을 안 하는 바람에 일어날 열 가지 일이 머릿속에 가득할 때도 있고요. (…) 목소리를 내기는 힘들지만 자신에게 실망하는 마음으로 집에 가고 싶지는 않다는 사실만은 확실해요."

대신 자랑하는 기쁨

다른 사람을 대신해서 자랑하면 진정한 기쁨도 맛볼 수 있다. 나는 확실히 그랬다.

전에 한 언론 기관이 웨스트코스트에서 행사를 연다며 다양성을 보여주고 흥미로운 목소리를 가진 사람을 찾는다고 해서 나선 적이 있다. 지인 중에 포용을 이야기하는 사람들을 떠올렸다. 여성, 유색인종, 성소수자를 위해 싸우고 그런 이들의 목소리가 들리도록 애쓰는 사람들 말이다. 나는 그 주제에 적합한 강연자가 아니었다. 다양성 문제를 많이 경험하지 않은 백인 여성이었기에 나로서는 심도 있는 이야기를 들려줄 수 없었다. 그래서 선한 영향력을 발휘하기로 했다. 친한 친구 두 명을 선정했다. 둘 다 무대에 올라 긴 시간 동안 멋진 생각을 청중에게 들려주었고 목소리를 높여 인지도도 올릴 수 있었다.

한 친구는 이 강연회를 계기로 새로운 일을 맡았다. 언론사가 주최하는 강연회에 패널로 참가한 덕분에 자기 의견을 나눌 기회가 주어졌다. 친구들이 드디어 인정을 받아서 얼마나 뿌듯했는지 모른다. 다른 친구는 행사를 주최한 나이 많은 백인 남성이 주축인 언론사에 대고 어디 가서도 못 들을 귀중한 조언을 해주었다. 심지어는 콘퍼런스 담당자들에게 사고를 더 깊고 넓게 하라고 질책까지 했다. 콘퍼런스 주최측에게는 선물과 같은 일이었다.

일을 얼마나 잘하는지 알고 신경쓰던 두 친구가 활약하는 모습을 지켜볼 수 있었다. 마이크를 넘겨서 사랑하는 친구들을 홍보하고 친구들이 성공하는 모습을 보게 돼서 너무나 행복했다. 사람들이 주목하는 위치에 오르면 선한 영향력도 발휘해야 한다.

러비 아자이는 선한 영향력이 아직 숨어 있는 사람들에게 큰 용기를 주어 목소리를 높이게 한다고 말한다. "마이크를 쥐고 권력을 가졌을 때, 우리는 그 공간을 뒤집어엎어야 해요. 평소에 마이크를 받지 못하는 사람에게 마이크를 넘기라고 해야 하고요. 그 특권은 무한합니다." 아자이는 회의 때 인턴을 참여시키라고 대기업에 조언한다. 아자이는 "이 세상에서 다른 권력자들이 권력을 더 나은 방향으로 제대로 사용하고 선택하도록 도전하는 일"을 무엇보다 중시한다.

설령 모르는 사람이래도, 우리 삶에 존재하는 모든 사람의 목소리가 더 잘 들리도록 특별히 더 노력하자. 스타트업, 피칭, 투자, 해시태그 #더많은목소리morevoices를 주제로 팟캐스트 〈피치 메이크오버Pitch Makeover〉를 제작하고 진행하는 나탈리아 오버티 노구에라는 뭔가를 선택할 때 이런 식으로 고려한다고 말한다. "오늘 아침 회의를 어디서 하지? 셰프나 식당 주인이 여성이나 논바이너리나 유색인종인 곳인가? 조사하는 데 시간이 걸리지 않느냐고요? 당연하죠." 하지만 길게 보면 그럴 가치가 있단다. 오버티 노구에라는 "포용은 일상적인 활동"이라고 강조한다. 우리 모두 배워서 보여줘야 할 능력이다.

킴벌리 드루:
가장 위대한 태도는 겸손이다

작가이자 미술 전문가 킴벌리 드루는 무엇보다도 겸손을 강조한다.

"저는 '능력이 최소 조건'인 경기장에서 뛰고 있어요. 흑인 여성 전문가로 산다는 건 바로 그런 의미죠. 능력이 유일한 선택지일 때도 있어요. 어떤 사람들은 제게 '저는 백인이에요. 제가 뭘 할 수 있을까요?'라고 묻습니다. 자신이 뭐든 다 할 수 없다는 사실부터 이해해야 해요. 겸손한 태도를 갖는 게 정말로 본인한테 도움이 되는 것 같아요. (…) 특권 때문에 자기가 더 큰 힘을 가졌다고 행동하는 건 말도 안 돼요. (…) 무엇보다도 겸손해야 해요."

내 자랑을 듣는 기분은 최고니까

유명 인사가 아무 이유 없이 나를 홍보해준 적도 있었는데 그후 내 인생이 달라졌다. 사업가 네트워크에서 잘나가는 여성 사업가나 평소 존경하던 분이 내 기사를 공유하면 정말 기분이 최고였다. 제일 기억에 남는 순간은 숀다 라임스(그렇다, 〈그레이 아나토미〉를 만든 그 숀다 라임스 프로듀서다)가 내 기사를 트위터에 올렸을 때다. 처음 봤을 때는 조작인 줄 알았다. 친구 하나가 그걸 캡처해서 보내줬기 때문이다. 곧바로 라임스의 트위터 피드에 들어가보니 진짜로 거기 있었다. 세상에! 청소도구함 같은 좁은 사무실에서 꺅 하고 소리

질렀다. 하던 일을 멈추고 기쁨의 춤을 잠깐 추고서 모든 지인들에게 소식을 전했다. 다른 사람이 대신 자랑해주니 기분이 정말 좋았다. 다른 사람이 당신을 자랑해주면 그 순간을 즐기고 주변 사람들에게도 즐거움을 나눠주자.

가까운 사람이 무언가를 이뤘을 때 축하해주면 관계가 더욱 돈독해진다. 축하 정신이 지역사회나 그 너머까지 뻗어나가게 한다면 당신은 훌륭한 시민이다.

동료의 자랑을 돕는 법

2014년에 이런 연구 결과가 나왔다.[7] "직장에서 동료애를 주고받는 사내 문화는 직원의 만족도 및 팀워크와 정적 상관관계를 갖고, 결근 및 업무상 피로와는 부적 상관관계를 보인다."

동료를 자랑할 때 어떻게 홍보를 도울 수 있느냐고 직접 물으면 큰 도움이 된다. 하지만 동료는 다르게 생각할 수도 있으니 먼저 확인해야 한다.

내 동료는 무엇을 필요로 하는가?

동료를 자랑하고 홍보할 방법은 많다. 우선은 뭘 도와주면 좋겠느냐고 묻자. 앞에서도 말했지만 저마다 자랑의 기술이 다르고 남들보다 앞에, 중심에 서고자 하는 사람들이 있다. 우선 첫번째 단계로, 동료의 일을 홍보하고 동료의 목소리에 힘을 실어주고 승리하게 도우려면 어떻게 해야 할지 물어보자.

질문을 받은 사람이 무엇을 원하는지를 들으면 놀랄 것이다. 이 순간 당신은 자랑의 기술에서 제일 중요한 원칙을 이행하는 셈이다. 마이크를 넘기고 다른 사람의 대변자를 자처하는 거다. 어떤 사람은 직접적인 행동은 필요 없다며 관심만 원한다. 그럴 때는 굳이 나서서 자랑해주기보다는 옆에 앉아서 이야기를 들어주고 그가 얼마나 중요한 사람인지 알려주자. 때로는 그런 질문을 던져서 누군가 그에게 신경쓴다고 느끼게만 해줘도 충분하다. 거창한 자랑이 아니라 가벼운 인정만으로도 도와줄 수 있다.

회의중에 힘을 실어주려면

전략적으로 동료를 밀어줄 수도 있다. 일을 잘하는 동료가 있으면 회의 때 그 사람이 의견을 내면 공감을 표현해보자. 그러면 의사 결정자들은 그 동료의 아이디어를 더 좋고 영향력 있는 것으로 여길 것이다. 실제로 다른 사람의 말이나 아이디어를 따라서 말하면 그 말의 영향력이 더욱 커진다고 한다. 과학적으로 증명된 사실이다. 이런 행동의 부정적인 측면을 검증한 연구도 있었다. 1977년 한 연구진이 허위 진술을 반복하다보면 피험자가 이 진술을 진실로 받아들일 가능성이 크다고 결론지었다.[8] 하지만 이 원리를 좋은 쪽으로 활용할 수 있다. 동료의 진정한 성과를 여러 사람이 이야기하면 듣는 사람은 이를 더욱 타당하다고 느낄 것이다.

회의 자리에서 전략적으로 동맹을 맺을 수도 있다. 동료와 한 팀으로 협력해 함께 목소리를 높이는 것이다. 나도 동맹을 맺은 동료와 여러 회의 자리에서 좋은 질문을 미리 준비해 서로 주고받았다. 서로의 좋은 모습을 보여줄 말을 미리 준비했다. 중요한 회의나 프레젠테이션을 앞뒀다면 자랑을 함께할 친구를 찾아보자.

동료의 상사에게 동료가 얼마나 가치 있는 사람인지 보여줄 수도 있다. 사전에 동료에게 동의를 구하고 고민도 많이 해봐야 하지만, 연봉 협상이나 연말 평가 등을 진행할 때 다른 사람의 칭찬은 크게 작용한다. 상사에게 칭찬을 대신 해줘도 괜찮겠느냐고 동료에게 묻자. 상사에게 말할 때는 부하 직원 중 누가 유능한지를 알려주자.

중요한 클라이언트와 프로젝트를 진행할 때의 일이다. 똑똑하고 실력이 출중한 파트너를 뽑고 싶었다. 그 일에 완벽한 적임자를 찾았지만, 클라이언트는 내가 뽑고 싶은 파트너의 가치를 처음에는 몰랐기 때문에 그를 설득해야 했다. 그래서 가능성 있는 파트너를 위해 약간의 작전을 짰다. 그리고 양쪽에 중매쟁이 노릇을 조금 했다. 업무 외 공통 관심사를 찾아내 각자에게 그 이야기를 했다. 한쪽에게 다른 한쪽을 찬양했다. 그런 다음 내가 쥔 패를 조금 보여주고, 채용하고 싶은 파트너에게 내부 정보를 조금 흘렸다. 주장에 맞춰 프레임을 수정하는 법, 일을 보여주는 법을 가르쳐주고 인용이 어느 정도로 들어가야 하는지도 알려줬다. 클라이언트가 원하는 방식대로 정보를 보여주게 말이다. 이 작전은 마법처럼 통했다. 파트너는 클라이언트의 언어로 이야기했다. 2시간 동안 영화 이야기를 하느라 클라이언트는 다음 회의에 늦었고, 파트너는 일을 따냈다. 전문가들을 맺어주는 중매쟁이 놀이는 재미도 있었지만 모두가 이득을 보았고, 이 경우에는 훨씬 뛰어난 업무 성과도 거둘 수 있었다.

후배를 돕는 선배

비슷한 직위를 가진 상대뿐 아니라 직위가 더 높거나 낮은 사람들을 위한 전략도 있다.

후배들은 선배인 당신이 본보기를 보여줄 뿐 아니라 손 내밀어 뒤따르는 사람들을 도와주리라 기대할 것이다.

까마득한 선배 기업가가 유명 잡지에 나를 추천해준 일은 평생 잊지 못할 것이다. 그 잡지사와 일할 가능성이 없다고 생각했고, 그분이 나를 추천해줄 이유도 없었다. 그는 그냥 내 능력을 믿고 내가 성공했으면 하고 바랐을 뿐이다. 그 얘기를 들으니 자신감이 커졌고 피칭 메일을 보낼 용기가 났다. 결국 그 잡지사는 내 제의를 받아들였고 기사가 실렸다. 선배가 나를 추천하고 밀어주지 않았더라면 초창기에 쓴 기사 몇 편은 세상의 빛을 못 봤을 것이다.

후배든 선배든 함께 일하는 사람의 공을 인정하면 그들도 똑같이 보답한다. 자신감을 갖고 다른 사람에게 손을 뻗을 것이다. 그 선배 기업가가 나를 도와줬기 때문에 나도 후배에게 도움의 손길을 내밀 의무가 생긴 셈이다. 누군가의 자랑을 대신해주면 그 사람의 커리어가 달라질 수도 있다. 공을 나누고, 공을 돌리자. 프로젝트에서 성과를 거두었는데 후배가 도왔다면 그의 이름도 큰 소리로 알리자. 상사가 승진할 사람이나 새로 진행될 주요 프로젝트를 맡길 사람을 찾는다면 적격이다 싶은 동료나 부하 직원을 추천해주자.

함께이기에 더 강하다

회의 자리에서 말을 못 해서 고민이라는 사람을 지도한 적이 있다. 그에게 동료를 찾아서 자신이 수줍음이 많지만 회의에 참여해야 하고 도움이 필요하다는 사실을 알리라고 해결책을 제시해주었다. 동료가 원하는 답을 유도하는 질문을 던져줄 수도, 그냥 내 클라이언트의 말에 동의를 표해줄 수도 있다. 어느 방법이든 큰 도움이 된다. 이런 주장을 뒷받침하는 연구도 많다. 동료들이 누군가의 의견을 반복해서 말하면, 특히 최초 발언자가 여성이라면 그 자리에 있던 사람들이 의견을 더 잘 받아들인다고 한다.

오바마 정부에서는 여성 보좌관들이 이런 식으로 서로를 자주 도왔다고 한다.

> 오바마 대통령이 취임했을 때 수석 보좌관 중 3분의 2가 남성이었다. 여성 보좌관들은 중요한 회의가 있을 때마다 사람들을 밀치고 들어가야 한다고 불평했다. 그렇게 회의에 들어가도 발언이 무시되기 일쑤였다. 그래서 여성 보좌관들은 '확성'이라는 회의 전략을 세웠다. 한 여성 보좌관이 중요한 의견을 내면 다른 여성 보좌관이 이를 따라 말하고 의견을 낸 사람에게 공을 돌렸다. 회의에 참여한 남성 보좌관들은 의견을 받아들일 수밖에 없었고, 아이디어를 가로챌 기회도 잡지 못했다. 여성 보좌관들의 말에 따르면, 오바마도 이를 눈치채고 여성 보좌관과 신임 보좌관을 회의에 더 자주 불렀다.[9]

반대로 당신도 이렇게 도울 수 있다.

정말로 하고 싶던 사업이 있었고, 내가 좋아하는 사업가 친구와 그 일을 함께하고 싶었다. 둘이 머리를 맞대고 어떻게 사업을 발전시킬지 다각도로 접근하고 서로의 강점을 어떻게 활용할지 거듭 회의했다. 대본을 쓰며 상대를 빛내줄, 그 일에 적격이고 유능한 사람으로 보이게 해줄 질문을 잠재 클라이언트 몫으로, 또 서로의 몫으로 준비했다. 일치하는 의견과 일치하지 않는 의견도 준비했다. 이 모든 게 그 일을 얻기 위한 전략이었다. 경쟁하기보다는 서로의 목소리를 키우고 함께하면서 더 강해졌다. 연습도 즐겁게 했지만 실전에서도 끝내줬다. 친구와 나는 결국 계약을 따냈다.

제시카 베넷의 자랑론: 자랑 자매를 찾아라

뉴욕 타임스 기자이자 『페미니스트 파이트 클럽Feminist Fight Club』을 쓴 제시카 베넷은 성공 비결로 자랑 동지 찾기를 꼽았다. 베넷은 이런 자랑 파트너를 '자랑 자매'라고 부르면서 이를 어떻게 찾는지 소개한다.

자랑 자매가 필요한 이유

"저는 이걸 '자랑 자매'라고 불러요. 자랑을 대신해주는 사람 말이에요. 여러분도 그 사람 자랑을 대신해주고요. 남을 자랑하면 이타적이고 착한 사람, 좋은 동료와 팀원으로 보인다는 연구 결과가 있습니다. 여러분이 자랑이나 보증을 해주는 사람은 노력을 인정받고요.
저는 일하다가 힘들면 솔직하게 말했어요. 회의에서 의견을 내는 게 긴장된다거나, 사람들이 제 말을 안 듣는다고 느껴지거나, 다른 사람이 제 의견을 가로챌 것 같다는 불안감에 사로잡힌다고 털어놓았죠. (제 자랑 자매는) 친구면서 동지였어요."

귀를 기울이고 관심을 보낸다

"회의 참여자의 성별이 섞인 상황에서 누군가 의견을 냈을 때 그 의견이 나중에 어떻게 기억되는지 알아본 연구가 몇 개 있어요. 그걸 보면 회의 석상에서 나온 의견을 남자가 낸 의견으로 기억할 확률이 더 높다고 해요. (…) 이런 상황에 익숙하지 않고, 이게 제도적인 문제라는 걸 모른다면 알아채지 못할 수 있어요. 누구 발언이 더 자주 가로막히지? 누가 병풍 취급을 받지? 혹시 상사가 그 의견을 다른 사람이 냈다고 잘못 기억하지 않을까? 만약 그렇다면 그 사람 의견이 아니라고 정정할 수 있을까?"

자랑 형제

"『뉴스위크』에서 신입 기자로 일할 때 남자 동료가 있었어요. 저희는 아이디어 회의 때 한 사람이 아이디어를 내면 고개를 힘차게 끄덕여주자고 의견을 모았죠. 좋은 생각이라고 동석한 다른 사람들에게 보여주자는 취지였죠. 특히 제 의견이 잘 받아들여지는 것 같았거든요. 마침 그 친구는 백인 남성에 평판도 좋았고요. (…) 꼭 그렇게 해야 했을까요? 꼭 그를 이용해야 했을까요? 아니죠. 하지만 효과가 있었냐고요? 그럼요."

자랑을 받았으면 돌려주자

"고질적인 문제를 제일 손쉽게 해결하는 방법이에요. 통하지 않을 때도 있겠지만 시도해서 나쁠 것 없잖아요. (…) 굳이 '내 자랑 자매가 되어줄래?' 이렇게 묻지 않아도 돼요. 어쨌든 다른 사람을 대신해 자랑을 할 수 있습니다."

다른 사람을 자랑하면 인생이 즐거워진다. 그동안 선배들에게 받았던 가르침을 베풀고, 다른 이들도 용기내 스포트라이트를 받도록 도울 수 있다. 회사에서는 특히 관심을 나눠 갖기가 쉽지만은 않을 것이다. 하지만 결국에는 모두가 승자다.

물러날 때를 알아야 한다

다른 사람을 자랑하다 선을 넘는 경우도 있다. 나도 이런 실수를 저질러봐서 안다. 한 행사에서 친구 때문에 자랑스러웠던 적이 있다. 친구는 자기 업계 사람과 대화중이었는데 뭔가 술술 풀려가는 듯했다. 친구가 알아서 하게 두지 않고 대화에 끼어들었다. 친구네 업계 사람에게 친구를 하나부터 열까지 칭찬했다. 친구는 살짝 당황한 듯했지만 부끄러워서 그런가보다 하고 넘기며 친구의 보디랭귀지를 읽지 않았다. 친구는 나를 발로 걷어차지만 않았을 뿐 내 입을 막으려고 별별 짓을 다 했다. 하지만 나는 친구의 자랑을 멈추지 않았다. 친구를 빛내야 한다는 목표를 향해 달리기 바빴다.

알고 보니 친구는 대화 상대와 일로 복잡한 관계에 처해 있었다. 이미 아는 사이였고 상황이 엉망으로 꼬여 있었다. 본의 아니게 내 행동이 갈등을 더 키웠다. 친구에게 피해를 준 셈이었다. 친구가 신호를 보냈지만 무시했다. 재수없게 행동했고, 실제로도 재수없는 인간처럼 느껴졌다.

내 자랑은 계속 진화중이다. 지금도 다른 사람의 자랑에 귀를 기울이려고 한다. 자랑의 기술에는 친구와 동료를 치켜세우는 기술도 포함되지만, 그 순간에 친구가 당신에게 무엇을 원하는지도 반드시 파악해야 한다.

자랑은 자랑을 부른다

자랑을 하면 그 자랑을 듣는 다른 조용한 실력자에게도 메시지가 전해진다. 당신도 나처럼 자부심을 가지고 표현해도 괜찮다고 전하는 셈이다. 당신은 앞장서서 모범으로 자랑을 선보인다. 자신을 찬양하겠다고 결심해도 괜찮은지 아직 확신하지 못하는 사람들에게 말 그대로 모델이 되어준다.

보지 못하면 따라 할 수도 없다. 그러니 다른 조용한 실력자들이 직접 자랑하고 싶다고 느끼게 하려면 당신이 자랑하는 모습을 봐야 한다. 조용한 실력자 동지들에게 당당한 태도, 커다란 목소리, 치밀한 전략이 성공 비결이라는 것을, 중요한 강점이라는 사실을 보여주자.

우리 모두가 자랑을 잘하면 모든 사람이 사방에서 아이디어를 내놓을 것이다. 자랑의 기술을 따르는 조용한 실력자가 늘어날수록 우리가 공유하는 아이디어에, 우리가 일구는 사업에, 전국적인 담론에 경험자들의 목소리도 더해질 것이다. 더 나은 국가와 더 나은 일터를 세우기 위해 이미 크게 떠들고 있는 사람뿐 아니라 모두의 목소리가 들려야 한다. 우리에게는 당신이 필요하다.

여자를 돕는 남자

당신의 목소리를 다른 사람에게 요청해 어떻게 증폭시키는지는 앞서 다루었다. 이는 여성들의 목소리를 전하는 데 특히 강력하게 작용한다. 우리 사회가 여성의 목소리를 덜 진지하게 받아들인다는 걸 보여주는 연구 결과는 무수하다. 진짜로 이제는 바뀌어야 한다.

이때 남자들이 필요하다. 남자를 내쫓거나 남자의 입을 막는 게 우리 목표가 아니다. 그보다는 여자들이 자랑을 잘할 수 있게 같은 공간에서 남자들이 도와줬으면 한다. 이 책을 읽는 남성분들, 당신의 힘이 간절히 필요하다. 여자들의 힘만으로는 안 된다. 『하버드 비즈니스 리뷰』에 이런 기사가 실렸다.[10] "남성이 의도적으로 젠더 통합 프로젝트에 참여했을 때는 조직의 96퍼센트가 성장했으나 남성의 참여가 없었던 조직은 30퍼센트만 성장했다."

남성의 발언이 가진 강력한 힘 때문에 가짜를 만들어낼 수밖에 없었던 여성들도 있다. 대표적인 사례가 퍼넬러피 가진과 케이트 드와이어다.[11] 미술품 판매 스타트업인 위치시Witchsy를 만든 이들은 피칭 자료에 키스 만이라는 허구의 남성 공동 창립자를 추가했다. 그러자 투자자들의 반응이 긍정적으로 변했다. "하늘과 땅 차이였어요." 패스트 컴퍼니와의 인터뷰에서 드와이어는 이렇게 말했다. "저는 며칠을 기다려야 겨우 답을 받았는데 키스에게는 답장은 기본이고 진척 상황까지 알려주더군요. 다른 요구 사항이 있는지, 다른 도움은 필요 없는지까지 묻더라니까요."

남성은 대체로 여성보다 사회적 자본과 우수한 인맥을 더 많이 갖췄다.[12] 중년 남성분들이여, 너무 불공평한 거 아닌가? 대기업 총수와 정치 지도자를 대상으로 2004년 진행한 연구를 보면 "일반적으로 남성은 정치, 경제, 시민사회 영역에서 다른 엘리트들과 더 폭넓게 교류한다"고 한다. 그러니 진심으로 동지가 되고 싶은 남성분들이라면, 그 사회적 자본을 좋은 일에 써보자. 부디 당신의 힘을 가치 있는 곳에 써달라.

여성 동료의 말을 반복하여 따라 해줄 수 있는가? 좋다. 회의실에서, 그리고 단상에서 여자들이 설 공간을 만들고, 이미 세상에 잘 들리는 당신의 목소리로 어떻게 하면 긍정적인 변화를 도울지 고민해보자. 남성이 뒷받침만 해줘도 여성 동료의 의견은 더욱 설득력 있게 전해진다. 갈 길은 멀지만 일단 오늘은 그렇게 단순하고 손쉬운 행동으로도 충분하다. 게다가 이건 당신이 해야 할 일이다. 클라이언트를, 아니면 사업상 메일링 목록에 있는 사람을 도울 수 있다. 주변 사람들의 목소리에 힘을 실어달라. 그러면서 상대에게 똑같이 해달라고 부탁할 수도 있다.

단순히 '여성'의 목소리를 띄워주기 위해 말을 따라 하는 게 아니다. 크든 작든 프로젝트를 진행할 때는 다양한 목소리를 넣도록 주의를 기울이자. 이번 프로젝트에 성차별이 없는가? 인종차별은 없을까? 다양한 연령대로 구성됐는가? 이제 눈을 떠야 한다.

남성인 미국 국립보건원의 원장이 패널을 남성으로만 꾸리지 않겠다고 약속한 일이 있다.[13] "과학계에서는 학술 발표회나 그 밖의 주요 콘퍼런스에서, 눈을 씻고 찾아봐도 여성을 비롯해 소외 집단에 속한 강연자가 보이지 않는 경우가 너무나 많다. 지금 이 순간부터 강연에 초청을 받았을 때, 배경과 상관없이 모든 학자가 발언 기회를 얻고 공정하게 평가받는 공평한 경쟁의 장이 열리기를 기대한다. 만약 포용성이 합의되지 않는다면 참가하지 않겠다."

전부 남자만으로, 특히 백인 남자만으로 이루어진 '매널manel'은 이제 필요 없다. 패널이나 참가자 명단을 전부 남자로 꾸리면 남자들만 손해다. 남자만으로 구성됐다는 사실을 사람들이 알아차려서 그에 대한 반발로 관련된 남성 참가자들의 이미지가 손상될 것이기 때문이다. 패널을 전부 남자로 구성하는 식으로 다양한 목소리를 쳐낸다면 수많은 잠재 고객과 사업 파트너도 쳐내는 셈이다. 패널과 참가자는 다양한 목소리를 낼수록 좋다. 현실을 반영하는 목소리가 필요하다. 지금 우리는 눈에 보이는 것보다도 훨씬 다양한 세계에 살고 있다.

팻 미첼: 여성의 목소리가 중요하다는 믿음에서 시작된다

테드위민의 공동 창립자 팻 미첼은 여성의 목소리가 지닌 가치를 안다.

“제가 남자들에게 ‘베이징에서 열리는 여성 콘퍼런스에 갈 거야’라고 말했을 때 남자들이 하는 질문을 보면 여전히 여성 콘퍼런스를 수다 떠는 모임으로 인식하는구나 싶어요. 여자들이 모인다는 개념을 깔보는 시선이 있죠. 나흘간 여성 리더 50명이 기후 정의에 완전히 새롭게 접근한다는 사실에는 관심도 없죠.

여성의 목소리가 중요하다는 믿음에서 변화가 시작됩니다. 단지 옳은 말이라서 중요하다는 게 아니에요. 우리에게 꼭 필요한 시점에 실제로 이 세상에 새로운 발상을 가져오니까 중요한 거죠. (…) 그러려면 우선 여성의 목소리를 가치 있게 여기고 더 많은 여성이 목소리를 내도록 용기를 줘야 합니다.”

체크 포인트

- 자랑할 친구를 고르자. 의견을 내지 못하거나 기여도를 인정받지 못하는 친구나 동료가 없는가? 직장에서 발언 기회를 좀처럼 잡지 못하는 사람은 없는가? 목소리와 의견이 묻혀서 조금 더 귀를 기울여야 할 사람들에게 초점을 맞추자.
- 어떻게 하면 PR을 도울 수 있겠느냐고 물어보자. 그전에 도움을 받고 싶은지, 도움을 원하지 않는지 꼭 확인하라.
- 직장 동료나 거래처 직원을 자랑해보자. 단, 상대가 기뻐할 방법으로 자랑하자.

자랑을 부탁하는 법

다른 사람에게 당신을 홍보해달라고 부탁하는 것도, 당신에게 맞는 홍보 타이밍을 알려주는 것도 당신이 해야 한다. 다른 사람이 추측하게 하지 마라. 당신에게 제대로 힘을 실어줄 만한 위치에 상대를 세우자.

무엇을 원하는지를 스스로 파악해야 상대에게 어떤 행동을 해줬으면 좋겠다고 요청할 수 있다. 그쪽에서 먼저 알아내기가 힘들고, 그럴 리도 없기 때문이다. 그 사람만 괜히 불편해질 수 있다. 아니면 자기 방식대로 당신을 도우려 나설 수도 있다. 어떻게 하면 당신을 키워줄 수 있는지 방법을 알려야 한다. 당신이 쓴 기사를 공유해달라고 부탁하든, 친구들에게 메시지를 전해달라고 부탁하든, 축하만 해달라고 부탁하든 다 마찬가지다. 그렇게 주목을 받아서 어떤 결과를 얻고 싶은지, 어떻게 해야 당신에게 도움이 될지 천천히 생각해보자.

간단한 말로 부탁할 수도 있다. "이번에 새로 쓰는 기사나 강연을 홍보해줄 수 있어?" 하지만 앞에서도 말했듯 사람마다 자랑의 기술은 다르다. 게다가 다들 바쁜 시대다. 그러니까 다른 사람에게 PR을 부탁할 때는 전부 준비해서 코앞까지 대령해야 한다. 다시 말해, 아주 쉽게 도울 수 있게 만들어줘야 한다. 트위터나 페이스북에 올릴 글이나 당신의 프로젝트를 칭찬하는 글을 '샘플'로 써줄 수도 있다. 그렇게 하면 그가 당신을 홍보할 때 당신에게 유용할 글이 나올 것이다. 상대가 나를 빛내주기 쉽게 준비해야 한다.

부탁의 모든 것

자랑의 기술에서 부탁이 말 그대로 누군가에게 도움을 청하는 것을 의미할 때도 있다.

동료에게 개인적인 어려움을 털어놓기가 힘들 수 있다. 당신이 모든 상황을 통제하는 것처럼 사람들에게 보이고 싶을 것이다. 하지만 다른 사람에게 도움만 청해도 더 빠르고 더 건강하게 잘 해낼 일을 혼자 짊어진다면 생각보다 손해가 클지도 모른다.

동료들도 당신을 빛내고 싶을 것이다. 당신이 직접 부탁하기 전까지는 어떻게 도울지 모를 뿐이다. 이렇게 부탁해보자. "이번 프로젝트에서 내가 얼마나 잘했는지 윗사람들에게 보여주고 싶어. 회의 때 내 말을 반복하는 식으로 강조해줄 수 있어?" 함께 속해 있는 메일링 리스트 관리자에게 메일을 보낼 수도 있다. "제가 쓴 기사를 그룹에 공유하게 도와주실 수 있나요?" 트위터나 인스타그램에서 공개적으로 성과를 공유해달라고 부탁할 수도 있다. 타깃에 맞춘 표현으로 말이다.

타인에게 자랑을 부탁하면 주목도만 올라가는 게 아니다. 중요한 순간에 당신의 이름이 나올 수도 있다. 나는 클라이언트들에게는 내 작업에 만족한다면 다른 사람에게도 추천해주시면 감사하겠다고 말한다. 처음에는 추천해달라고 직접적으로 얘기하지 않았다. "과하다"는 소리를 들을까봐 두려웠기 때문이다. 물론 과한 게 아니었다. 새로운 클라이언트는 언제나 필요하니 말이다. 용기를 내서 부탁하면 새로운 비즈니스 관계가 이어진다. 상사에게 말 좀 잘해달라고 동료에게 부탁할 수도 있다. SNS 계정을 훨씬 많이 키운 친구에게 당신의 일을 공유해달라고 부탁할 수도 있다.

어려운 부탁

자기 자랑을 남에게 부탁하는 것도 중요하지만 당신에게 그럴 기회가 얼마나 있는지, 언제 부탁해야 하는지도 파악해야 한다. 성공한 사람들은 바빠도 다른 사람을 빛내주고 싶어한다. 하지만 한계가 있기에 부탁을 전부 받아들이지는 못하고, 돕더라도 신중하고 침착하게 고민한다.

자, 성공하기 위해 누구에게 도와달라거나 추천해달라고 부탁하겠는가? 추천을 부탁할 상대를 위에서부터 역순으로 결정할 수도 있다. 업계에서 평소 존경하던 사람들부터 쭉 적어보자. 나는 남과는 다른 길을 걸어온, 진정성 있는 모습을 보이는 사람들을 존경한다. 당신이 중요시하는 특성을 가진 사람을 고르자. 스포트라이트를 능수능란하게 다뤄서 마음에 들 수도 있고 승진을 따낸 방식이 마음에 드는 사람일 수도 있다. 그다음에는 그 사람에게 다가가 당신의 일을 홍보해달라고 부탁해도 어색하지 않을지를 판단하자.

존경하는 사람에게 먼저 다가갔대도 그가 당신의 커리어를 돕는다는 보장은 없다. 정중하면서도 솔직하게 상대를 찔러봐야 한다. 하지만 가끔 전혀 예상하지 못했던 업계 종사자가 제일 큰 도움을 주기도 한다. 내 경우에는 내 글을 공유해줄 거라 기대하지 않았던 거물이 나서줘서 홍보 효과를 톡톡히 보았다. 때로는 당신이 속한 업계를 벗어나 조언을 받거나 통찰을 얻을 수도 있다. 전혀 다른 업계에 멘토가 있으면 대화를 나누면서 새로운 사실들을 깨달을 수 있어서 좋다. 전혀 다른 전문 분야에서는 어떻게 보는지 알 수 있다.

작은 부탁부터 시작하자. 10년 전, 동경하던 동료와 친구가 되고 싶었다. 유쾌하고 쿨한 사람이었고 실력이 정말 괜찮아 보였기 때문이다. 그쪽에서도 나를 괜찮게 봐주면 다행인 상황이었는데 그에게 연락해 아주 구체적인 일을 조언해줄 수 있느냐고 물었다. 그는 기꺼이 그러겠다고 답해왔고 그때부터 우리는 친분을 쌓았다. 무작정 정상으로 올라가지는 말자. 위치와 상관없이 사람들을 주위에 두면 다양한 의견을 들을 수 있다.

무엇을 부탁할 것인가

첫번째로 결정할 문제는 '이 사람에게 구체적으로 무엇을 부탁할 것인가?'다. 아는 사람들에게 당신 이야기를 해달라는 부탁인가? 그렇게 누군가를 보증해달라는 건 쉬운 부탁이 아니다. 공개적으로 보증을 요청할 때는 신중해야 한다. 내 얘기를 들어주는 사람들이 있지만 나도 누가 소개해달라고 부탁해와도 이를 다 받아주지는 않는다. 내가 소중히 여기는 사람들, 그러니까 내 팔로워들에게 당장 이 사람을 보증해야겠다는 확신이 늘 드는 건 아니다. 당신도 그 점을 고려해야 한다.

그렇다고 시도도 하지 말라는 건 아니다. 『소녀들이여, 함께 세상에 고하자』를 썼고 허핑턴 포스트에서 여성 수석 기자로 일하는 에마 그레이는 도전해보라고 권한다. "동경하는 사람에게 커피 한잔 마시자고 해봐요. 리스크를 감수하고 DM이나 이메일을 보내보세요. 답이 없으면 뭐 어때요, 괜찮습니다. 하지만 당신이 원하는 커리어를 먼저 이뤄낸 사람과 인맥을 쌓고 진지한 대화를 나누는 것은 좋은 출발점이에요." 처음부터 어려운 부탁을 하거나 자기 글을 읽어달라고 요청할 필요는 없다. 그보다는 선배의 경험과 지식을 높이 사면서 친분을 맺고 싶다고 간단히 부탁할 수 있다.

단순히 자랑을 선보이고 싶을 수도 있다. 나도 존경하던 유명인에게 그런 요청을 한 적이 있다. 주변에 공유해달라고 부탁할 마음은 없었지만 그가 내 기사를 읽어봐줬으면 했다. 관심사가 맞는다고 생각했기 때문이다. 이메일로 인사를 건네며 "관심 있으실 것 같아서 제가 쓴 기사를 보내드리고 싶었습니다"라고 덧붙였다. 잘 읽었다는 말만 들어도 엄청난 성공이었다. 자랑으로 즉각적인 결과를 낼 필요는 없다. 장기적으로 노력해야 할 때도 있고 보상도 당장 가시화되지는 않을 것이다. 씨앗부터 심는 게 핵심이다. 언제든 돌아와서 수확할 수 있게 말이다.

누구에게 부탁할 것인가

이제 당신을 홍보해달라고 부탁하자고 결심했으니 타깃이 누구인지 찾아야 한다. 나는 '꿈의 부탁 리스트'라고 해서 나를 홍보해준다면 기뻐서 까무러칠 사람들의 명단을 엑셀 시트에 정리해두고 있다(1순위는 미셸 오바마다). 크게 생각하고 크게 꿈을 꾸자. 1순위부터 공략한다 해도 겁내지 말자. 당신의 1순위는 오프라 윈프리인가?

자랑을 부탁할 때도 자랑의 목표에 가까워지면 좋다. 새로운 일을 원하든 TV 출연을 원하든, 목표를 이루게 도와줄 사람에게 부탁하자. 타깃 목록을 만들고 한 명씩 연락처를 모으자. 타깃이 유명인이라면 다른 사람을 거쳐야 연결될 가능성이 크니 비서나 매니저와도 친분을 쌓는다. 내 경우 패션계에서 유명한 분에게 기사 공유를 부탁하고 싶어서 내가 패션에 관심이 많다는 사실을 분명히 밝혔다. 나도 지속 가능한 리셀 패션과 관련된 일을 하기 때문에 언젠가는 그분을 내 팟캐스트에 초대해 인터뷰하고도 싶었다. 상대가 바쁘다는 걸 알았고 인터뷰는 시간과 노력이 많이 드는 일이니까 처음부터 대뜸 부탁하기보다는 일단 인사를 나누고 친해지기로 결심했다. 가까워지고 싶다고 의사를 분명히 밝혔고, 내가 자랑을 부탁하는 데 편안하게 시간을 낸다는 사실만으로도 의미가 있었다.

어떻게 부탁할 것인가

부탁을 하려면 무서워도 시도해야 한다. 우선 용기를 모으자. 그런 다음 이메일로 부탁을 한다고 가정하고 컴퓨터 앞에 앉아 깊게 심호흡한다. 어려운 부탁을 할 때는 수신자 주소를 비워두고 초안을 써야 한다. 실수로 '전송'을 누를 경우를 대비해두자. 아무리 설득력 있게 써도 힘들 판에 쓰다 만 이메일을 보내는 것만큼 최악의 실수는 없다. 앞에서 배운 피칭 원칙처럼 간결하게 쓰자. 솔직하고 적절하고 실행 가능한 내용에 그가 뭘 해줬으면 좋겠다고 최대한 명확하게 담자. 언제나 예의를 갖춰서 말이다.

내가 어려운 부탁을 했을 때 효과적이었던 몇 가지 예를 보자.

유명인에게 기사 공유를 부탁할 때:

안녕하세요? 얼마 전에 (받는 사람이 최근에 쓴 기사나 트윗 등을 찾아보고 이를 언급한다) 무척 인상적이었어요. 혹시 제가 쓴 기사를 공유해주실 수 있을까 하여 연락드렸습니다. 한번 읽어봐주시면 감사하겠습니다. 공유해주신다면 영광이겠습니다. 링크는 다음과 같습니다: (링크 삽입). 만약 공유해주신다면 제가 쓴 예시 트윗을 사용하셔도 좋습니다. "메러디스가 플라이 낚시에 대해 쓴 기사 좋던데. 다들 읽어보기를: (링크 삽입)."

추천이나 소개를 부탁할 때:

[이름]님, 함께 일해서 즐거웠습니다. (그 사람의 업무 스타일이나 프로젝트 중에 했던 일을 칭찬한다)하실 때 정말 대단하다고 생각했어요. 다름이 아니라 한 가지 부탁이 있어 이렇게 연락을 드립니다. 혹시 파인포인트 웹사이트의 추천서를 써주실 수 있는지요. 클라이언트였던 분이 보증해주시면 제 사업에 큰 도움이 됩니다. 미리 감사드립니다.

언제 부탁할 것인가

어려운 부탁은 정말 필요할 순간을 위해 아껴두자. 당신에게, 또 상대에게 적합한 타이밍을 찾자. 내 경우를 사례로 들어보겠다. 중요한 프로젝트를 따기 위해 추천사가 필요했다. 명함을 받아뒀던 사람 중에 적임자가 있었는데 이런 부탁은 딱 한 번만 가능하다는 걸 알았다. 나 말고도 사방에서 많은 사람들이 빈번히 그를 찾기 때문이었다. 너무 바쁜, 누구나 알 만한 회사를 운영하는 거물이었다. 그래서 전략을 짜야 했다. 나에게 '언제'는 지금이었다. 다음으로는 그 사람에게 '언제'가 좋은지 고려해야 했다. 무슨 요일에 메일을 보내야 할까? 몇 시에 보내야 할까? 비서 연락처를 구해서 이메일 리스트에 좀 넣어달라고 해야 하나?

얼마나 긴장했는지 정성들여 메일을 쓰고서 이를 몇 주간 반복해서 읽었다. 메일을 보내야 한다고 용기를 쥐어짰다. 거절당할까봐 두려웠다. 일어나면 안 되는 내용을 메일에 써뒀기 때문이다("안 된다고 하셔도 괜찮아요!"). 하지만 시도조차 하지 않는다면 천하의 바보라고 생각해 결심했다. 수요일이 적격이다 싶었다. 이메일이 쏟아지는 월요일과도, 주말과도 어느 정도 떨어진 날짜라 괜찮을 것 같았다. 시간은 이른 오후, 두시쯤으로 정했다. 점심을 맛있게 먹고 일하러 돌아왔을 시간이라고 생각했다. 어떤 식으로 일하고 스케줄이 어떻게 되는지 아는 정보를 토대로 추측했다.

이름을 빌려달라는 이야기니 쉽지 않은 부탁이었다. 그렇기에 이 부탁이 그에게 어떤 의미인지, 어떤 타이밍에 부탁해야 할지 따져봤다. 메일을 보내자 곧바로 답장이 도착했다. 거기엔 두 문장으로 된 사랑스러운 추천사가 담겨 있었다.

안 된다는 답을 받을 수도, 아예 답을 못 받았을 수도 있다. 이번 주, 이번 달, 심지어 올해는 회의 때문에 바빠서 안 된다는 답이 돌아올지도 모른다(전부 내가 용기를 내서 부탁했다가 접해본 상황이다). 부탁하는 일이 제일 힘들다. 지금은 도와줄 수 없다는 답이 돌아오더라도 그 사람을 존중해주자. 정중하게 대하면 그쪽도 당신을 존중할 것이다.

다음 차례는?

시간과 에너지를 모두 쏟았고, 홍보해줬으면 했던 사람이 실제로 그래줬다. 일단 기쁨의 댄스를 조금 추고 상대에게 꼭 감사 인사를 전하자. 내 경우에는 그분이 답을 보내왔을 때 너무 놀랐다. 메일로 감사 인사를 전하고 감사 카드를 손으로 써서 책상에 놓을 화분과 함께 보냈다.

그다음에는 옥상에 올라가 추천사를 받았다고 외친다. 다시 말해 가족, 친구들, SNS, 개인 웹사이트에 공유하자. 내 경우에는 추천사가 공개적인 문서가 아니라 소수만 보는 문서에 들어갈 예정이었다. 결국 원하던 프로젝트를 따냈는데 나중에 채용 담당자에게 들으니 추천사가 결정을 크게 좌우했다고 했다. 역시 부탁하기를 잘했다 싶었다.

클레오 킴의 자랑론: 존재감이 핵심이다

메디치 그룹에서 플랫폼 전략가로 활동중인 트랜스여성 클레오 킴에게 다양성과 존재감은 평생의 과제다.

다양성은 경험을 풍부하게 만든다

"사람들이 다 비슷한 환경에서 자라고, 비슷한 경험을 하고, 비슷한 교육을 받았다면 아이디어도 비슷비슷할 거예요. 그러다가 다른 나라에서 자란 사람이나 같은 나라라고 해도 다른 도시나 지역 출신의 사람을 받아들이면, 그

즉시 전과 달리 풍부한 경험을 가진 구성원이 조직됩니다. 젠더든, 민족이든, 미국 태생이든, 이민자든 다른 차원의 다양성을 더하세요. 다양성을 가진 사람이 기하급수적으로 증가할 겁니다. 그런 사람들이 있으면 훨씬 다양한 데서 영감을 얻고 대화 주제도 다채로워집니다."

타인의 개성을 최대한 살린다

"우리가 어떻게 해야 이걸 더 잘할까?" 이 질문만 생각하면 지금도 가슴이 뛰고 뱃속이 떨려요. 트랜스 커뮤니티의 존재감이 점점 커지고 이에 대한 관심도 점점 늘어가서 무척 기쁩니다. (…) 제가 알고 싶고, 전부터 관심 가졌던, 특별히 더 열심히 하는 활동을 꼽자면 트랜스 커뮤니티에서의, 젠더 비순응 커뮤니티 내에서의 다른 목소리들을 더 크게 키우는 거예요. '나는 앞으로 어떻게 될까?' 하고 고민할 트랜스 친구들을 바깥세상에 보여주는 거예요.

첫째는 존재감이다

"저는 트랜스든, 누구든, 『포천』 500대 기업 같은 조직의 CEO 자리에 오를 수 있는 세상을 꿈꿔요. 당신도 싱크탱크나 세계적으로 유명한 과학 연구센터의 리더가 될 수 있습니다. 존재감이 핵심이죠."

자랑이 차오른다

자랑의 기술을 더 큰 그림으로 생각해보자. 이 모든 것이 당신의 커리어에, 함께 일하는 동료들의 커리어에 어떤 의미를 갖는지 생각해보자. 존재감을 가진 사람은 막중한 책임을 짊어진다. 좋은 일이다. 현재와 미래를 위한 엄청난 기회다.

체크 포인트

- 친구들에게 당신을 자랑해달라고 부탁하자. 이때 당신이 무엇을 원하는지, 친구가 구체적으로 어떻게 도울 수 있는지 알아야 한다.

에필로그

더 잘 자랑하기 위하여

자랑의 기술을 이제 실전에 적용해볼 때다. 이 책에서 익힌 기술을 당신의 커리어와 일상생활에 적용해보자. 두려울 수도 있지만 중요하고 신나는 일이다. 스스로를 위해, 친구와 동료, 가족을 위해 자랑하는 기술은 반드시 배워야 한다. 지금까지 이 책에서 계속해서 강조한 말이기도 하다. 이 세계와 미래를 바꿀 만큼 중요한 기술이다. 터득하는 데 시간이 걸리니 너무 초조해하지는 말자.

다른 것은 몰라도 자기 자신과 자기 일에 자부심을 가져야 한다는 사실만큼은 꼭 기억했으면 한다. 본인이 해낸 일들을 자랑스러워하고 소리 높여 떠들면 좋겠다. 당신의 힘이 필요하다. 아무도 내 이야기를 듣지 않을 거라는, 내면에 박힌 믿음은 위험하다(게다가 사실도 아니다). 그런 생각은 머릿속에서 떨치자.

조용한 실력자들이 자기 목소리를 낼 때 진행중인 담론이 긍정적으로 변화하고 사회 문제가 점차 해결되어나갈 것이다. 당신이 심사숙고해서 솔직하고 당당하게, 전략적으로 목소리를 높인다면 앞으로의 세대는 새로운 관점에서 자기 자신과 일을 대할 것이다. 누구에게 정보를 구할지는 따로 언급하지 않아도 알 것이다. 당신은 자기 일을 마음 깊이 이해하고 실력에 자부심을 가지며 성과를 내는 모습을 보임으로써 솔선수범할 것이다.

쉽지는 않을 것이다. 자랑을 하자니 불안하기도 하고 자기 자신을 믿기도 어렵다. 게다가 실력을 충분히 갖췄는지 의구심이 들기도 한다. 하지만 충분하다. 당신은 할 만큼 했다. 충분히 떠들어댈 만하다. 제발, 사람들에게 당신의 성취에 대해 떠들자.

목소리를 높이고, 더 시끄럽게 떠들고, 더 전략적으로 행동하는 능력은 특권이자 권리다. 어려운 일이기는 해도 국가적으로도 세계적으로도 이렇게 떠들어댈 기회를 가진 사람은 드물다. 당신에게는 기회도, 능력도 있다. 시간을 들여 노력함으로써 이바지할 수도 있다. 이런 특권을 못 누리는 사람도 많다. 사회 분위기, 정부, 지도자의 억압을 받아 자유롭고 솔직하게 발언할 권리를 펼치지 못하는 사람도 많다. 자랑의 기술을 구사하는 당신은 자유를 누리는 셈이다.

내가 하는 일에 대해 자주 생각한다. 미국 여성으로서 나는 특히 운이 좋은 편이다. 지금까지 커리어를 쌓으면서 성차별을 겪지 않았다면 거짓말이지만, 그럼에도 내 길을 만들고 다른 사람도 도울 수 있었다. 백인이라는 특권 덕분에 구조적인 불평등과 인종차별도 겪지 않았다. 미국에서 자랑하기는 적합한 활동으로 여겨지며, 내가 나를 자랑한대도 나와 가족, 친구를 해치겠다고 위협받는 식으로 박해당하지 않는다. 이 세상에는 그렇지 않은 나라도 굉장히 많다.

목소리를 낼 수 없는 사람들을 대신해 목소리를 높이자. 목소리가 외부에 전해지지 않거나 아예 목소리를 못 내게 가로막히는 사람들을 위해서라도 더 크게 떠들어야 한다.

전 세계 여성, 유색인종, 성소수자를 비롯한 억압받고 통제받는 '타자'들은 위험에 처해 있고 침묵을 강요당한다. 물리적 폭력이 아니기에 겉으로 드러나지 않을 뿐, 구조적 장벽도 물리적 폭력만큼 만연하고 끔찍하게 나타난다. 소외된 사람들이 자기 목소리를 내야 하지만 이는 당신 능력 밖의 일이다. 힘을 가진 이들이 힘없는 사람들을 일으켜줘야 한다. 이런 세상이 됐으면 좋겠다.

엉뚱한 사람들의 목소리에 귀기울인 탓에 우리는 시끄러운 말싸움이 오가고 진실과 거짓이 뒤섞인 시대를 살아간다. 목소리의 위기, 목소리 크기의 위기, 지식의 위기에 빠져 있다. 자기가 무슨 말을 하는지도 잘 모르는 사람이 '전문가'가 되었고, 능력 있는 이들은 혼란스러워하고 분노하면서도 어디부터 시작해야 할지를 모른다. 지금이 바로 조용한 실력자인 당신이 입장할 차례다.

목소리의 위기는 이제 끝날 것이다. 아니, 바뀔 것이다. 고함이 뒤섞인 곳에 우리가 사려 깊은 목소리를 더할 테니 말이다.

당신의 목소리가 당신을 어디까지 데려갈지 내다보자. 당신의 일에 빛을 비춰 그걸 더 발전시켜야 한다. 당신은 돈을 더 많이 벌 자격이, 무대에 더 많이 오를 자격이, 회의에 더 많이 참석할 자격이 있다. 또한 부지불식간에 당신의 목소리 덕에 다른 사람의 목소리도 높아질 것이다.

우리는 진실의 위기에도 빠져 있다. 사회 지도층과 언론은 거짓말과 기만을 일삼는다. 타인에게 책임감을 가지고 삶의 의미를 중시하는 우리의 핵심 가치에서 하루하루 멀어지는 듯하다.

다행히도 당신은 사려 깊게 목소리 내는 법을 배웠다. 당신이 자랑에 대해 배운 것들에 전념한다면 다른 사람들도, 더 나아가 미래 세대도 서두르지 않고 신중하게 자기 목소리를 내는 일의 중요성을 깨달을 것이다.

자랑은 기술이고, 이 기술을 터득하려면 부단히 노력해야 한다. 어떤 식으로 자랑하고 싶은지, 자기 자랑을 어떤 모습으로 보여줄지 정해야 한다. 게다가 몇 번이고 반복해서 연습해야 한다. 정말이지 험난한 과정이다.

당신은 혼자가 아니다. 당신이 제일 존경하는 사람은 물론이고 얼마나 많은 사람이 당신처럼 느끼는지 알면 깜짝 놀랄 것이다.

하지만 일단 목소리 내는 법을 배우면 거기에 점점 익숙해지고 다른 사람을 돕기도 수월해진다. 시간이 지나면 전처럼 고되지 않을 것이다.

당신이 자신을 드러내고 목소리를 높일 기회를 찾아 문을 열면 다른 사람들도 함께 그 방으로 들어와서 방을 둘러보고 당신을 뒤따를 것이다. 이런 기회를 이용해 대화의 물꼬를 트거나 대화를 시작해봐도 좋다.

이제 선한 영향력을 베풀면서, 뒤따르는 이들에게 당신의 목소리가 어떤 의미인지 생각해야 한다. 요즘 들어 점점 목소리가 크게 들려온다. 특히 청년 세대의 목소리가 그렇다. Z세대는 소리 지를 수밖에 없다. 총기 규제 문제든 기후 변화 문제든, 젊은 세대는 훌륭하게 잘해내고 있다. 이제는 우리가 그들을 따라잡을 때다.

당신이 남성이라면 여성과 그 외 소수자들의 목소리를 북돋울 책무가 있다. 그동안 세상은 남성의 목소리에 귀기울여왔기 때문이다. 다른 목소리를 내는 사람들과 연대한다면 아무도 들으려 하지 않았던 목소리가 더욱 확실히 전달될 것이다.

당신이 혹시 백인이라면 구조적인 인종차별 때문에 소외된 이들의 목소리를 키워주고 그들에게 마이크를 넘겨줘야 한다. 그리고 유색인종과 연대하길 바란다.

당신이 이성애자라면 전 세계 성소수자들의 이야기가 널리 퍼지게 도와야 한다. 성소수자들이 자기 이야기를 나누도록 돕고 우리가 가진 특권을 이용해 모두에게 필요한 대화를 이어가야 한다. 그들의 이야기를 대신해줄 필요는 없지만 직접 이야기할 수 있도록 자리를 만들어주어야 한다.

현재 직면한 심각한 문제들을 어떻게 해결할 수 있을까? 우리 목소리의 영향력을 활용한다면 오래 지속될 변화를 가져올 수 있다.

두려워 말고 뻔뻔해져야 한다. 이 시대의 중요한 문제들을 깨닫는 목소리, 그 문제들에 신경쓰는 목소리를 얻기 위해서라도 자랑해야 한다. 이것도 시민의 의무다. 남들이 다 듣도록 자랑하라. 그리고 투표도 잊지 말자.

이 싸움은 우리의 싸움이다. 그러니 우렁차게 자랑하라.

감사의 말

『자랑의 기술』이 세상에 태어나기까지 정말 많은 분의 도움을 받았다. 드디어 이 책을 완성하고 나니 감사할 분들이 너무 많다. 우선 담당 편집자 레아 트라우보스트와 펭귄 랜덤하우스 포트폴리오팀에게 고마움을 전한다. 에이전트 로라 리 매팅리는 콘셉트 단계에서 가능성을 발견해주고 이를 현실로 만들어주었다. 우연히 케이트 샤츠를 만났기에 방치해뒀던 콘셉트를 다시 꺼내 재시동을 걸고 책을 쓸 수 있었다.

원조 자랑의 여왕인 우리 어머니 에이미 네이선은 내게 침묵하지 말아야 한다고 가르쳐주셨고 워킹맘의 힘을 보여주셨다. 글쓰기를 좋아하고, 타의 모범으로 사람들을 이끌고, 조사를 철저히 하는 태도는 아버지 하워드 파인먼을 닮았다. 부제를 다는 센스도 아버지에게 물려받았다. 무슨 일이 있어도 누나 편인 남동생 닉 파인먼에게도 감사한다. 특히 망신스러웠던 그날 일은 인정하지 않겠지만 말이다. 유쾌한 서머 딜레이니와 결혼한 것도 고맙다. 그 덕에 집중해서 이 책을 쓰고 금발 친구를 사귈 수 있었다. 의논 상대가 되어준 베스와 폴 슈레터, 네이트 호먼과 레아 호먼에게도 감사를 전한다. 모건 제러드 에너지는 존재만으로도 고마운 사람이다. 당신은 내 유니콘이다.

아웃사이더 모임인 스레드, 가족과도 같은 HTG에게도 감사 인사를 전하고 싶다. 지난 10년 동안 나를 도와준 멋진 모임과 단체도 빼놓을 수 없다. 강한 여자들의 모임이 내게 특히 힘이 됐다. 리.스트(레이철 스클라와 글리니스 맥니콜), 라 코터리, TLM, 걸 업, 서밋 시리즈, 윙, 그 외 많은 모임에 감사를 전한다. 시드웰 프렌즈 스쿨, 메딜 케룹 프로그램, 펜실베이니아대학교에도.

에드 마티아스, 루스 앤 하니슈, 데이비드 아이젠하워, 다이애나 라자루스, 마그달레나 로시오 크라우제, 리베카 아일리프, 휘트니 존슨, 신디 갤럽, 데이나 말로, 수전 맥퍼슨 등 개인적으로 응원과 조언을 보내준 분들에게도 감사한다.

호세 로페스 산체스, 니샤 치탈, 애니 프리드먼, 조 슬롬, 재크 아이젠버그, 제시카 호이, 줄리아 서셸스키, 모건 올슨, 톰 매클라우드, 엘리자베스 모건. 분명 더 많을 텐데, 사랑하는 친구들에게도 감사한다. 브린 스티븐스, 어밀리아 쇼월터, 세라 스티비츠, 앤 메이너드에게도 여러모로 도움을 받았다. 게일 뉴펠드는 정말 모든 걸 극복하게 해준 사람이다. 마르가리타, SSRI, 베네치아 해변, 영화 〈오만과 편견〉(2005), 노라 에프론 감독도 힘이 됐다.

나를 채용한 분도, 해고한 분도, 내 일을 지지한 분도, 그런 일을 어떻게 하느냐고 기를 꺾은 분도 다 감사하다. 이 책의 아이디어를 "괜찮지만 대단하지는 않다"고 평가했던 에이전트에게도 감사하다. 그리고 우리 귀염둥이 빈, 사랑한다.

마지막으로, 2015년 강연 때 "제 꿈이 너무 거창한가요?"라고 물었던 젊은 여성분에게 한마디하겠다. 아니다, 내가 장담한다. 절대 거창하지 않다.

주석

1부

'자랑'이라는 말, 어떻게 들릴까?

1. Kangas Dwyer, Karen. "Is Public Speaking Really More Feared Than Death?" Communication Research Reports 29, no. 2 (April 2012): 99-107.
2. Gallo, Carmine. "Steve Jobs: Get Rid of the Crappy Stuff." Forbes, May 16, 2011. https://www.forbes.com/sites/carminegallo/2011/05/16/steve-jobs-get-rid-of-the-crappy-stuff/#38588d8a7145.

대놓고 자랑하기 어려운 이유

1. "Researchers Unveil Key Findings on Female 'Self-Promotion Gap' in Honor of Women's Entrepreneurship Day." PRWeb, November 18, 2019. https://www.prweb.com/releases/researchers_unveil_key_findings_on_female_self_promotion_gap_in_honor_of_womens_entrepreneurship_day/prweb16731017.htm. 다음의 웹사이트도 참고하라. The Self- romotion Gap, https://www.selfpromotiongap.com.
2. O'Toole, Garson. "Tell 'Em What You're Going to Tell 'Em; Next, Tell 'Em; Next, Tell 'Em What You Told 'Em." Quote Investigator, August 15, 2017. https:// quoteinvestigator.com/2017/08/15/tell-em/.
3. Kulwin, Noah. "Theranos CEO Elizabeth Holmes's Five Best Cover Story Appearances, Ranked." Vox, October 26, 2015. https://www.vox.com/2015/10/26/11620036/

theranos-ceo-elizabeth-holmess-five-best- cover-story-appearances. Weisul, Kimberly. "Why the Next Steve Jobs Will Be a Woman: A Rising Tide of Female Founders Will Produce the Next Iconic Entrepreneur." Inc., October 2015. https://www.inc.com/magazine/201510/kimberly-eisul/will-the-next-steve-jobs-be-a-woman.html.

4. Anderson, L. V. "Feeling Like an Impostor Is Not a Syndrome." Slate, April 12, 2016. https://slate.com/business/2016/04/is-impostor-syndrome-real-and-does-it-affect-women-more-than-men.html.
5. Chang, Angel. "This 1955 'Good House Wife's Guide' Explains How Wives Should Treat Their Husbands." Little Things. Accessed January 16, 2020. https:// www.littlethings.com/1950s-good-housewife-guide.
6. Beard, Mary. "The Public Voice of Women." London Review of Books 36, no. 6 (March 20, 2014): 11–14. https://www.lrb.co.uk/v36/n06/mary-beard/the-public-voice-of-women.
7. Anderson, Rindy C., and Casey A. Klofstad. "Preference for Leaders with Masculine Voices Holds in the Case of Feminine Leadership Roles." PLOS One 7, no. 12 (December 12, 2012). https://journals.plos.org/plosone/article?id=10.1371/journal.pone.0051216.
8. Klofstad, Casey A., Rindy C. Anderson, and Susan Peters. "Sounds Like a Winner: Voice Pitch Influences Perception of Leadership Capacity in Both Men and Women." Proceedings of the Royal Society B: Biological Sciences 279, no. 1738 (2012): 2698–704. https://doi.org/10.1098/rspb.2012.0311.

첫번째 핵심 요소 **당당한 태도**

1. Klaus, Peggy. Brag!: The Art of Tooting Your Own Horn Without Blowing It. Boston: Grand Central Publishing, 2008.

두번째 핵심 요소 **커다란 목소리**

1. Exley, Christine, and Judd Kessler. "Why Don't Women Self-Promote as Much as Men?" Harvard Business Review, December 19, 2019. https://hbr.org/2019/12/why-dont-women-self-promote-as-much-as-men.

2. Lerchenmueller, Marc. "Gender Differences in How Scientists Present the Importance of Their Research: Observational Study." BMJ 367 (December 2019): 16573. https://doi.org/10.1136/bmj.l6573. Cortes, Jan. "Men More Likely to Praise Their Scientific Work Than Women, Study Shows." Medical Daily, December 17, 2019. https://www.medicaldaily.com/men-more-likely-praise-scientific-work-women-study-shows-447209.
3. Fielding-Singh, Priya, Devon Magliozzi, and Swethaa Ballakrishnen. "Why Women Stay Out of the Spotlight at Work." Harvard Business Review, August 28, 2018. https://hbr.org/2018/08/why-women-stay-out-of-the-spotlight-at-work.
4. "Giving Thanks Can Make You Happier." Harvard Health Publishing. Accessed October 3, 2019. https://www.health.harvard.edu/healthbeat/giving-thanks-can-make-you-happier.
5. Half, Robert. "Humor in the Workplace: It's Good for Your Career and Business." Robert Half, July 23, 2018. https://www.roberthalf.com/blog/management-tips/humor-in-the-workplace-its-g ood-for-your-career-and-business.
6. "Bell Leadership Study Finds Humor Gives Leaders the Edge." Bell Leadership Institute, March 2012. https://www.bellleadership.com/humor-gives-leaders-edge/.
7. "CareerBuilder Study Reveals Surprising Factors That Play a Part in Determining Who Gets Hired." CareerBuilder, August 28, 2013. https://www.careerbuilder.com/share/aboutus/pressreleasesdetail.aspx?sd=8/28/2013&id=pr778&ed=12/31/2013.

2부

이력서, 프로필, 개인 웹사이트 **멍석이 깔렸을 때가 기회다**

1. Frost, Aja. "Can a Personal Website Help Your Job Search?" The Muse. Accessed October 3, 2019. https://www.themuse.com/advice/can-a-personal-w ebsite-help-your-job-search-what-6-hiring-managers-really-think.

자기소개 **먼저 계산기를 두들기자**

1. Nelissen, Rob M. A., and Marijn H. C. Meijers. "Social Benefits of Luxury Brands as Costly Signals of Wealth and Status." Evolution and Human Behavior 32, no. 5 (March 2011): 343–55. https://doi.org/10.1016/j.evolhumbehav.2010.12.002.

2. Brown, Michael, Ernesto Henriquez, and Jennifer Groscup. "The Effects of Eyeglasses and Race on Juror Decisions Involving a Violent Crime." American Journal of Forensic Psychology 26, no. 2 (2008): 25–43. https://www.researchgate.net/publication/228462377_The_Effects_of_Eyeglasses_and_Race_on_Juror_Decisions_Involving_a_Violent_Crime.
3. Oppenheimer, Daniel M. "Consequences of Erudite Vernacular Utilized Irrespective of Necessity: Problems with Using Long Words Needlessly." Applied Cognitive Psychology 20, no. 2 (2006): 139–56. https://doi.org/10.1002/acp.1178.
4. Humphrey, Judith. "Never, Ever 'Wing It.' This Is How to Prepare to Sound Spontaneous." Fast Company, October 4, 2018. https://www.fastcompany.com/90240947/never-ever-wing-it-this-is-how-to-prepare-to-sound-spontaneous.
5. Fullwood, Chris, and Gwyneth Doherty- Sneddon. "Effect of Gazing at the Camera During a Video Link on Recall." Applied Ergonomics 37, no. 2 (2006): 167–75. https://doi.org/10.1016/j.apergo.2005.05.003.
6. Christian, Jarrett. "The Psychology of Eye Contact, Digested." Research Digest, British Psychological Society, November 28, 2016. https://digest.bps.org.uk/2016/11/28/the-psychology-of-eye-contact-digested/.
7. Stewart, Greg L., Susan L. Dustin, Murray R. Barrick, and Todd C. Darnold. "Exploring the Handshake in Employment Interviews." Journal of Applied Psychology 93, no. 5 (2008): 1139–46. https://doi.org/10.1037/0021-9 010.93.5.1139.
8. Chaplin, William, Jeffrey Phillips, Jonathan Brown, Nancy Clanton, and Jennifer Stein. "Handshaking, Gender, Personality, and First Impressions." Journal of Personality and Social Psychology 79 (2000): 110–17. https://doi.org/10.1037/0022-3514.79.1.110.
9. Schroeder, Juliana, Jane Risen, Francesca Gino, and Michael I. Norton. "Handshaking Promotes Cooperative Dealmaking." SSRN, May 29, 2014. https://doi.org/10.2139/ssrn.2443551.

피칭 **거절은 끝이 아닌 시작점이다**

1. "Dual-Coding Theory." Wikipedia, December 22, 2018. https://en.wikipedia.org/

wiki/Dual-Coding_theory.

연봉 협상 **상대방도 돈 얘기는 껄끄럽다**

1. "Conversations About Personal Finance More Difficult Than Religion and Politics, According to New Wells Fargo Survey." Wells Fargo Newsroom, February 20, 2014. https://newsroom.wf.com/press-release/community-banking-and-small-business/conversations-about-personal-finance-more.
2. "Poll: How Comfortable Are Americans Discussing Money?" Lexington Law, August 6, 2018. https://www.lexingtonlaw.com/blog/news/lets-talk-about-money-survey.html.

강연 **의뢰를 받고 싶다고 말해야 한다**

1. Nakano, Chelsi. "Presentation Habits Presenters Don't Like to Admit." Prezi Blog, June 15, 2016. https://blog.prezi.com/presentation-habits-presenters-dont-like-to-admit/.
2. Gallo, Carmine. "Billionaire Warren Buffett Says This 1 Skill Will Boost Your Career Value by 50 Percent." Inc., January 5, 2017. https://www.inc.com/carmine-gallo/the-one-skill-warren-buffett-says-will-raise-your-value-by-50.html.

3부

자랑 공포증을 극복하는 법

1. Buxton, Madeline. "The Internet Problem We Don't Talk Enough About." Refinery29, March 15, 2017. https://www.refinery29.com/en-us/online-harassment-statistics-infographic.
2. Konnikova, Maria. "The Psychology of Online Comments." New Yorker, October 23, 2013. https://www.newyorker.com/tech/annals-of-technology/the-psychology-of-online-comments.

대신 자랑하는 법

1. "The Self-promotion Gap." Mighty Forces, Southpaw Insights, Upstream Analysis, and

Grey Horse Communications. Accessed January 5, 2020. https://www.selfpromotiongap.com/ home.

2. Menon, Tanya, and Leigh Thompson. "Envy at Work." Harvard Business Review, April 2010. https://hbr.org/2010/04/envy-at-work.
3. Mujcic, Redzo, and Andrew J. Oswald. "Is Envy Harmful to a Society's Psychological Health and Wellbeing? A Longitudinal Study of 18,000 Adults." Social Science & Medicine 198 (2018): 103–11. https://doi.org/10.1016/j.socscimed.2017.12.030.
4. Sow, Aminatou, and Ann Friedman. "What Is Shine Theory?" Shinetheory.com. Accessed October 3, 2019. https:// www.shinetheory.com/.
5. Kunze, Astrid, and Amalia Miller. "Women Helping Women? Evidence from Private Sector Data on Workplace Hierarchies." Working Paper 20761, National Bureau of Economic Research, December 2014. https://doi.org/10.3386/w20761.
6. Mann, Annamarie. "Why We Need Best Friends at Work." Gallup, January 15, 2018. https://www.gallup.com/workplace/236213/why-need-best-friends-w ork.aspx.
7. Barsade, Sigal G., and Olivia A. O'Neill. "What's Love Got to Do with It? A Longitudinal Study of the Culture of Companionate Love and Employee and Client Outcomes in a Long- Term Care Setting." Administrative Science Quarterly 59, no. 4 (May 2014): 551–98. https://doi.org/10.1177/0001839214538636.
8. Hasher, Lynn, David Goldstein, and Thomas Toppino. "Frequency and the Conference of Referential Validity." Journal of Verbal Learning and Verbal Behavior 16, no. 1 (February 1977): 107–12. https://doi.org/10.1016/S0022-5371(77)80012-1.
9. Eilperin, Juliet. "White House Women Want to Be in the Room Where It Happens." Washington Post, September 13, 2016. https://www.washingtonpost.com/news/powerpost/wp/2016/09/13/white-house-qomen-are-now-in-the-room-where-it-happens/.
10. Johnson, W. Brad, and David G. Smith. "How Men Can Become Better Allies to Women." Harvard Business Review, October 12, 2018. https://hbr.org/2018/10/how-men-can-become-better-allies-to-women.
11. Titlow, John Paul. "These Women Entrepreneurs Created a Fake Male Cofounder to Dodge Startup Sexism." Fast Company, August 29, 2017. https://www.fastcompany.com/40456604/these-women-entrepreneurs-created-a-fake-male-cofounder-to-

dodge-startup-sexism.

12. Palgi, Michal, and Gwen Moore. "Social Capital: Mentors and Contacts." Current Sociology 52, no. 3 (May 2004): 459–80. https://doi.org/10.1177/0011392104043087.

13. Collins, Francis S. "Time to End the Manel Tradition." National Institutes of Health, US Department of Health and Human Services, June 12, 2019. https://www.nih.gov/about-nih/who-we-are/nih-director/statements/time-end-manel-tradition.

옮긴이 **유혜인**

경희대학교 사회과학부를 졸업했다. 글밥아카데미 출판번역 과정을 수료하고 현재 바른번역에서 영어 번역가로 활동중이다. 옮긴 책으로 『봉제인형 살인사건』 『꼭두각시 살인사건』 『인 어 다크, 다크 우드』 『우먼 인 캐빈 10』 『아임 워칭 유』 『나는 상처받지 않기로 했다』 『나는 오늘부터 달라지기로 했다』 『정신 차리기 기술』 『여덟 가지 삶의 태도』 등이 있다.

자랑의 기술

초판 인쇄 2022년 3월 21일
초판 발행 2022년 3월 30일

지은이 메러디스 파인먼 | 옮긴이 유혜인
책임편집 황수진 | 편집 임혜지 구민정
디자인 이효진 | 마케팅 정민호 이숙재 한민아 김혜연 이가을 안남영 김수현 정경주 이소정
브랜딩 함유지 함근아 김희숙 정승민 | 저작권 박지영 형소진 이영은 김하림
제작 강신은 김동욱 임현식 | 제작처 천광인쇄사

펴낸곳 (주)문학동네 | 펴낸이 김소영
출판등록 1993년 10월 22일 제2003-000045호
주소 10881 경기도 파주시 회동길 210
전자우편 editor@munhak.com | 대표전화 031) 955-8888 | 팩스 031) 955-8855
문의전화 031) 955-3579(마케팅) 031) 955-1913(편집)
문학동네카페 http://cafe.naver.com/mhdn | 트위터 @munhakdongne
북클럽문학동네 http://bookclubmunhak.com

ISBN 978-89-546-8511-5 03320

* 잘못된 책은 구입하신 서점에서 교환해드립니다.
기타 교환 문의: 031) 955-2661, 3580

www.munhak.com